Béatrice COLLIGNON

LES INUIT

CE QU'ILS SAVENT DU TERRITOIRE

*Ouvrage publié avec le concours du
Laboratoire "Espace et Culture"*

L'Harmattan
5-7, rue de l'École-Polytechnique
75005 Paris - FRANCE

L'Harmattan Inc
55, rue Saint-Jacques
Montréal (Qc) - CANADA H2Y 1K9

Conception et réalisation cartographique :
Béatrice et Alban Rideau-Collignon (BARC)

Photo de couverture :
© Jean-François Le Mouël, "au pied d'*Ulukhaqtuuq* un soir de juin", 1980.
Illustrations infra texte :
© Holman Eskimo Co-op (lithographies scannérisées, avec l'autorisation des artistes)

© L'Harmattan, 1996
ISBN : 2-7384-4849-6

Collection

"Géographie et Cultures"

Les Minorités ethniques en Europe, André-Louis Sanguin (dir.)

Penser la ville de demain, Cynthia Ghorra-Gobin (dir.)

Villages perchés des Dogons du Mali, Jean-Christophe Huet

Ethnogéographies, Paul Claval et Singaravelou (dir.)

Langues régionales et relations transfrontalières en Europe, Henry Gœtschy et André-Louis Sanguin (dir.)

Des romans-géographes. Essai, Marc Brosseau

La maritimité aujourd'hui, Françoise Péron et Jean Rieucau (dir.)

La géographie des diasporas, Georges Prévélakis (dir.)

La géographie française à l'époque classique (1918-1968), Paul Claval et André-Louis Sanguin (dir.)

A paraître :

Systèmes électoraux et territorialité en Israël, Emmanuel Saadia

Métropolisation et politique, Paul Claval et André-Louis Sanguin (dir.)

La mise en scène de la nation. L'Afrique en ses musées, Anne Gaugue

Les représentations du territoire, Joël Bonnemaison, Luc Cambrésy et Laurence Quinty-Bourgeois (dir.)

Epistémologie et évolution de la géographie, Jean-François Staszak (dir.)

Vivre dans une île. Une géopolitique des insularités, André-Louis Sanguin (dir.)

Géographie des parfums, Robert Dulau et Jean-Robert Pitte (dir.)

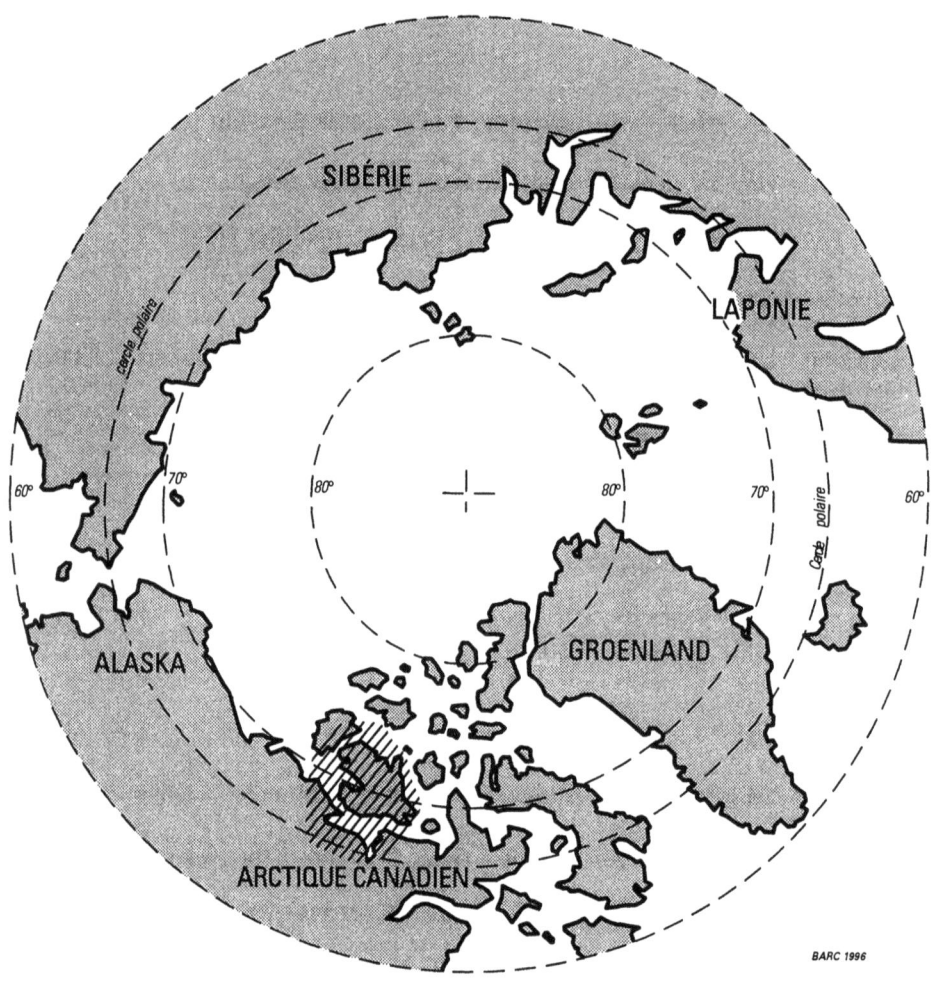

Fig. 1 : Vue circumpolaire du territoire des Inuinnait

INTRODUCTION

Comprendre et donner à voir le point de vue d'un groupe inuit sur ses objets géographiques, rendre compte du savoir géographique vernaculaire d'une culture orale et non occidentale de surcroît, tel est le projet de ce livre.

Il s'inscrit dans le prolongement des démarches entreprises dès le début du siècle par des géographes et des ethnologues pour élargir la compréhension des comportements des hommes vis à vis de l'environnement. Les géographies construites par chaque culture sont autant de voies dans la recherche, explicite ou implicite, d'un équilibre heureux avec le milieu dans lequel s'inscrit l'action des hommes. La géographie se situe, dans cette perspective, au cœur de la construction des identités collectives. C'est une interrogation sur l'avenir des Inuit qui est à l'origine de ma recherche sur leur savoir géographique. En abordant des questions épistémologiques intéressant la discipline géographique - le statut des savoirs vernaculaires par rapport aux savoirs savants par exemple - mon ambition est de contribuer à une meilleure compréhension des dynamiques de redéfinitions culturelles et identitaires en cours dans l'Arctique canadien. L'éclaircissement des modalités de construction d'une lecture efficace du territoire occupé peut, me semble-t-il, apporter des éléments de réflexion sur l'évolution contemporaine des sociétés eskimo. Du détroit de Béring au Groenland, toutes traversent en effet, aujourd'hui, une phase de profonde mutation culturelle qui affecte aussi la nature et le contenu de leur savoir géographique.

Depuis longtemps, la culture eskimo est considérée comme exemplaire. On peut évoquer les développements fréquents d'A. Leroi-Gourhan sur cette question dans ses cours au Collège de France (Le Mouël, 1989). Il y expliquait qu'elle présente pour le chercheur en sciences humaines un cas d'école, qui illustre à merveille les grands thèmes de migration, de diffusion, d'emprunt, de convergence et d'innovation. Cette idée était déjà présente dans les travaux de F. Boas et, un peu plus tard, donnait tout son intérêt au célèbre article que M. Mauss et H. Beuchat (1904-1905) consacraient aux variations saisonnières des Eskimo. Ce qui est identifié pour un groupe eskimo peut servir d'illustration pour évoquer certains processus communs à plusieurs cultures, ou de point de comparaison avec d'autres sociétés, notamment de chasseurs-cueilleurs récemment sédentarisés et confrontés à une culture allogène puissante.

C'est par une démarche ethnogéographique que j'ai approché le savoir géographique des Inuinnait, pour le présenter dans sa globalité et dans le respect de ses propres valeurs. Le dégagement des catégories opératoires propres aux Inuinnait va de pair avec une entreprise d'identification de lois régulières qui sous-tendraient l'organisation de ce savoir dans différentes cultures.

L'étude d'un savoir géographique vernaculaire se situe à la croisée de la géographique et de l'ethnologie. Pour ce qui est de la première, géographie des perceptions et géographie culturelle sont particulièrement concernées. Si elle n'est pas nouvelle, comme le rappelle P. Claval (1995), la géographie culturelle suscite un regain d'intérêt depuis une décennie. Elle met l'accent sur les fondements culturels de la relation à l'espace et au milieu, insiste sur les valeurs attribuées à l'espace par ceux qui l'habitent, sur les pratiques et la transmission des héritages. Elle accorde de ce fait une attention particulière aux études ethnogéographiques qui rendent compte des savoirs géographiques de groupes culturels spécifiques, qu'il s'agisse de savoirs vernaculaires ou savants, présents ou passés.

Née en France de l'approfondissement de la notion d'espace vécu définie voilà vingt ans par A. Frémont (1976), la géographie des perceptions rappelle que la géographie est affaire d'hommes, qui vivent leur rapport à l'espace en fonction de leur sensibilité, de leur histoire et de leur psychologie propres. Elle s'est attachée à saisir une représentation individuelle et collective de l'espace autrefois négligée. La prise en compte de l'expérience subjective dans l'étude des relations homme - lieux constitue une avancée importante dans la compréhension des modalités d'anthropisation des milieux physiques. Parrallèlement, dans le monde anglo-saxon, le mouvement de la géographie humaniste (ou phénoménologique) a exploré des voies comparables à partir des années soixante. Mon travail s'inspire en partie de ces travaux dans la mesure où, parce qu'il n'est pas écrit, le savoir géographique des Inuit s'appréhende notamment par les représentations individuelles et collectives, qui permettent d'identifier les aspects culturels du rapport au milieu.

A peine 3 500 aujourd'hui (sur environ 125 000 Eskimo, tous groupes confondus), les Inuinnait sont sédentarisés depuis les années 1950-1960 dans cinq localités de tailles très inégales : de 20 à 1 500 habitants.

Introduction

Eskimo ou Inuit ? Eskimo du Cuivre ou Inuinnait ?

Le nom Esquimau apparaît pour la première fois en France en 1611, dans le rapport de mission d'un Jésuite, le Père Biard. Il le tient des Indiens Cris Maskegon de la rive sud de la baie d'Hudson et le traduit, en le considérant comme un dérivé du mot algonquien *"esquimew"*, par l'expression "mangeur de viande crue". On pense aujourd'hui que cette interprétation péjorative est erronée et que ce nom, vraisemblablement d'origine montagnaise, signifierait "ceux qui parlent la langue d'une terre étrangère" ou peut-être "ceux qui attendent longtemps" (sous entendu au bord des trous de respiration que les phoques entretiennent dans la banquise en hiver - Mailhot, 1978). En 1932, au Congrès de Washington, la Convention Murdock fixe la transcription du nom pour toutes les langues d'alphabet latin sous la forme invariable *Eskimo*.

Les Eskimo eux-mêmes se désignent comme les *Inuit* : "les hommes par excellence" (singulier : *Inuk),* tandis qu'ils appellent les Indiens *Itqilit* : "les porteurs de poux" et les Blancs *Qallunaat* : "ceux aux longs sourcils". Dans les années 1970, les mouvements pour la reconnaissance des droits des autochtones ont milité pour l'abandon du nom Eskimo au profit de celui d'Inuit. En 1977, la première conférence circumpolaire - réunissant des Eskimo d'Alaska, du Canada et du Groenland - en demandait l'adoption officielle, ce que fit le Canada en 1978. En français comme en anglais on opta, par souci de clarté, pour la forme invariable Inuit. La langue prit le nom d'*inuktitut* : "à la manière d'un Inuit".

Le nom Inuit ne fait pourtant pas l'unanimité : les *Inupiat* d'Alaska restent attachés au nom Eskimo et les Groenlandais le reconnaissent mais ne l'utilisent pas, lui préférant leur nom de *Kallaalit,* sans doute une déformation d'un vieux mot norois. Son usage se limite en somme au Canada, soit aux Eskimo centraux (voir figure 3, page 24). Aussi nombre d'anthropologues ont-ils conservé le nom Eskimo pour désigner cette culture dans son ensemble alors que, pour ses parties, les noms plus régionaux sont retenus. Je suivrai ces choix terminologiques et désignerai comme Inuit uniquement les Eskimo du Canada.

On retrouve ces mêmes problèmes de dénomination pour les Inuinnait, qui furent d'abord baptisés Eskimo du Cuivre par Stefansson (1913), après sa première rencontre avec eux en 1911. Dans les années quatre-vingts certains les rebaptisèrent Inuit du Cuivre, *aggiornamento* terminologique peu convaincant (voir page 22). Depuis quelques années les linguistes les désignent comme les *Inuinnait,* forme dialectale du nom Inuit (singulier : *Inuinnaq).* Cette initiative me paraît plus heureuse, aussi est-ce ce nom que j'ai retenu pour ce texte. Suivant l'usage accepté pour Inuit, je l'emploie sous la forme invariable Inuinnait. Les mots en *inuinnaqtun* (dialecte des Inuinnait) ont été ici transcrits en suivant l'orthographe recommandée par l'I.C.I. - bien qu'elle ne soit pas acceptée par les Inuinnait (voir page 213) -, afin de permettre aux lecteurs familiers de l'*inuktitut* de s'y retrouver facilement. A. Kublu m'a assistée pour la transcription des toponymes et j'ai suivi pour les autres mots l'orthographe adoptée dans les dictionnaires de R. Lowe (1983) et de L.-J. Dorais (1990).

Introduction

On a coutume de dire qu'il y a plus de publications consacrées aux Eskimo que d'Eskimo... En Arctique, les conditions extrêmes, la fascination ancienne pour Thulé, l'image fantasmée de l'Eskimo habile mais rustre chasseur mangeur de viande crue, mais aussi l'exemplarité du "cas" eskimo expliquent les milliers de titres disponibles, tous types d'ouvrages confondus. Cependant, en sciences humaines, on est frappé par le grand déséquilibre qui règne entre les diverses disciplines. Si l'ethnologie, l'ethnographie et la linguistique sont bien représentées, la géographie humaine fait figure de parent pauvre. A l'intérieur de ces champs certains thèmes bénéficient d'une grande popularité (systèmes de parenté et d'alliances, chamanisme, signification du nom, etc.), tandis que d'autres sont bien plus rarement traités (étude comparative des différents groupes Eskimo, ethnolinguistique, évolution contemporaine de la culture traditionnelle, transmission des savoirs, etc.). Les études consacrées aux savoirs sont particulièrement peu nombreuses et, pour ce qui concerne le savoir géographique, on se trouve quasiment en terrain vierge. En dehors des recherches toponymiques de L. Müller-Wille (1985, 1986, 1987, 1991) on ne dispose que de quelques études sur l'orientation (Sonnenfeld, 1991 et 1992 ; Fortescue, 1988) et sur la perception de l'espace (Rundstrom, 1987 et 1988). La répartition géographique des études menées sur les Eskimo est également fort inégale. Au Canada on note une nette opposition entre l'Arctique oriental - Nouveau-Québec et Terre de Baffin - très étudié et l'Arctique central et occidental. Parmi les groupes qui habitent ce dernier, les Inuinnait sont les plus méconnus. L'ignorance dans laquelle la recherche scientifique les tient n'a d'égale que leur faible poids dans l'évolution politique de la région. Les recherches à leur endroit sont à la fois peu nombreuses et sans continuité dans le temps.

Au début du siècle, les plus occidentaux d'entre eux furent pourtant l'objet d'une étude approfondie menée dans le cadre de la *Canadian Arctic Expedition* (1913-1918) dirigée par Vilhjalmur Stefansson. Diamond Jenness se chargea de l'étude ethnographique, qu'il accomplit avec beaucoup de finesse. Au cours de l'hiver 1923-24 Knud Rasmussen, arrivant de l'Est avec la Cinquième Expédition de Thulé qu'il dirigeait, compléta ce travail en consacrant près de deux mois à la collecte d'informations ethnologiques et de matériel ethnographique auprès des Inuinnait les plus orientaux. Jusque dans les années soixante, les Inuinnait ne furent plus connus que par les relations des missionnaires et les rapports des représentants du gouvernement, notamment des forces de l'ordre. Une étude de géographie économique fut menée pour les villages de Coppermine et Holman (Usher, 1965), puis le système de parenté et, plus généralement, l'organisation sociale du groupe furent analysés (Damas, 1969 et 1972) et, de 1973 à 1975, une vaste enquête sur l'exploitation cynégétique du territoire fut conduite dans tous les villages inuit des Territoires du Nord-Ouest (Freeman dir., 1976). Une étude d'anthropologie médicale est ensuite conduite à Holman (Condon, 1981), suivie d'une recherche sur le comportement des adolescents du même village dans un contexte d'acculturation rapide (Condon, 1986). Pour la tradition orale, un recueil de 109 récits enregistrés à Coppermine, transcrits en alphabet latin et accompagnés d'une traduction française littérale fut publié (Métayer, 1973) suivi par un disque de chants enregistrés auprès des Anciens d'Holman (Le Mouël, 1986). L'*inuinnaqtun* - dialecte des Inuinnait - a été peu étudié. On dispose d'un dictionnaire et d'une grammaire du parler d'Holman, complétés par une analyse linguistique qui l'associe à deux dialectes *inuvialuktun* du delta du Mackenzie (Lowe, 1983, 1985 et 1991). Les travaux sont en somme peu nombreux et souvent limités à une seule communauté (Holman se taillant la part du lion).

Un savoir géographique peut se définir comme un ensemble de connaissances qui, mobilisées conjointement, fournissent à ceux qui le produisent une interprétation cohérente de l'œcoumène ou d'une partie de celui-ci. Cette compréhension globale découle de l'élaboration d'un système d'exploitation efficace du territoire autant qu'elle la nourrit. Ce savoir est une construction intellectuelle complexe et abstraite qui ne donne pas lieu, chez les Inuinnait, à un énoncé discursif qui en rendrait compte. Aussi n'est-il pas directement accessible à l'observateur, qui ne peut l'appréhender qu'en partant des connaissances qui le composent. Une fois celles-ci identifiées et analysées, il devient possible de comprendre comment elles s'articulent en un savoir. L'étude des données précède donc celle de la structure qui les organise. Le plan retenu pour cet ouvrage est fidèle à ce mouvement. Il progresse en déroulant un à un les éléments constitutifs du savoir, comme une invitation au lecteur à entrer dans un système géographique peu à peu dévoilé, dont les termes s'éclairent par leur description. Il est ainsi proche de la méthode employée par les Inuinnait eux-mêmes lorsqu'ils transmettent un savoir ou une idée, qui sont toujours ramenés à une pratique. Parce que le sens du savoir géographique est aussi compris dans les modalités de formulation propres à ceux à qui il appartient, il importe de ne pas trop s'en éloigner.

Considérant que le lecteur n'est sans doute familier ni des Eskimo, ni des Inuit, ni des Inuinnait, un premier chapitre présente assez longuement les traits principaux de cette culture. Ce sont ensuite les sources et les méthodes de l'enquête qui sont rapidement exposées. Le savoir géographique est une construction dans laquelle se trouvent associées des connaissances de diverses nature qu'il a fallu d'abord identifier. Ces connaissances appartiennent à deux grands champs du savoir - celui qui permet les activités cynégétiques (déplacements inclus) et celui qui est contenu dans la tradition orale - et sont

Introduction

analysées dans le chapitre trois. J'ai sur le terrain réservé une grande place au recueil de la toponymie endogène, principale porte d'entrée dans la géographie inuinnait, aussi les noms de lieux, qui participent de la tradition orale, ont-ils été ici séparés du reste pour être traités à part dans le quatrième chapitre. Les connaissances inventoriées, il fallait encore comprendre comment elles s'articulent entre elles pour former un ensemble cohérent, un savoir géographique. C'est à la caractérisation du savoir géographique, notamment par le relevé des catégories opératoires qui le structurent, qu'est consacré le cinquième chapitre. Cependant, ce savoir n'est pas épargné par la mutation contemporaine des sociétés arctiques. Le sixième chapitre en présente les principaux caractères et s'attache à qualifier le nouveau savoir géographique inuinnait en cours d'élaboration. Enfin il a paru utile de présenter en annexe d'une part la liste des toponymes recueillis, avec une traduction française qui n'est qu'une première proposition (Annexe 1), d'autre part quelques précisions sur les méthodes et outils employés lors du travail de terrain (Annexe 2).

Cependant, en amont de tout cela, c'est la vie encore actuelle des Inuinnait lorsqu'ils partent camper pour chasser et pêcher qu'il faut saisir. Aussi, avant le discours, laissons la place à la chronique ordinaire d'un campement populaire[1].

---

[1] Ce livre est la version légèrement remaniée d'une thèse de doctorat soutenue en 1994 et dirigée par Mme le Professeur Denise Pumain. J'ai bénéficié du soutien financier du Ministère de la Recherche (allocation de recherche) ainsi que du Club des Explorateurs - présidé alors par Mme le Ministre Alice Saunié-Séïté - associé au journal l'Express (prix Express-Exploration, 1991) et du Comte Jean de Beaumont (prix Exploration, 1991). Grâce aux services culturels de l'Ambassade du Canada, j'ai pu approfondir certains points en suivant cette année un stage linguistique à Iqaluit (bourse de recherche, 1996). L'équipe Histoire et Epistémologie de la géographie (EHGO) de l'URA 1243 a financé tous mes déplacements, avec la participation, depuis 1993, du GDR "Arctique". Le *Territorial Toponymy Program* du Gouvernement des Territoires du Nord-Ouest m'a apporté une aide matérielle considérable, tout comme Linna Weber, les universités McGill et Laval et les instituts arctiques des universités d'Alberta et de Calgary. Enfin les Inuinnait ont plus que collaboré à cette recherche : ils m'ont offert leur hospitalité et leur amitié.

(d'après Emerak, Holman)

Prologue

Tatiik, chronique d'un camp d'automne

Tatiik, "les deux lacs", voilà un nom apparemment neutre qui désigne simplement un lieu par les entités qui le composent : deux lacs. Mais à ceux qui l'exploitent régulièrement - les Inuinnait d'Holman - il dit beaucoup plus. Il symbolise tout un genre de vie, celui des camps et du semi-nomadisme, loin de la sédentarité du village.

Au tournant du siècle, de nombreuses familles inuinnait campaient à *Tatiik* au début et à la fin de l'été. C'était la première (et la dernière) étape de la migration estivale, au cours de laquelle les familles pénétraient à l'intérieur des terres en suivant la vallée de la *Kuujjuaq* ("la plus grande rivière"). Vers le mois d'octobre, elles rejoignaient l'embouchure du fleuve pour y attendre que la glace fût assez solide pour supporter le camp d'hiver (figure 9, page 38). Par la suite, la région de *Tatiik* fut exploitée pour la chasse automnale au caribou puis pour la trappe. Après la sédentarisation, ce lieu devint, en octobre, la destination favorite et bientôt unique de toutes les familles d'Holman, qui y posaient leurs filets pour prendre sous la jeune glace les ombles arctiques (famille des saumons, *salvelinus alpinus*) venus là se reproduire. En 1993 cependant, constatant l'épuisement du stock de poissons de ce complexe lacustre, le conseil municipal y interdit toute pêche pour une période de cinq ans (voir page 29). On évoque ici la vie à *Tatiik* dans les années quatre-vingts, quand la pêche y était encore miraculeuse.

ALLER A *TATIIK*

Le voyageur arrive depuis Holman, depuis le Sud. Au débouché d'une vallée peu encaissée, bordée de lourdes collines de trente à cent mètres de hauteur, s'ouvre devant lui une étendue plate balayée par le vent : *Tatiik*.

Prologue

C'est désormais en fonction du calendrier des *Qallunaat* (fins de semaines, si possible allongées par des jours fériés) que le voyage est planifié, mais les conditions météorologiques restent déterminantes : jusqu'au matin, jusqu'au moment où les motos-neige démarrent, on n'est jamais sûr de partir. Ce n'est pas tant la vigueur du froid que la visibilité qui importe. Si le temps est calme mais le ciel entièrement couvert de nuages, tout baigne dans une lumière blafarde sous laquelle les variations du relief deviennent invisibles. Le paysage n'est plus alors qu'une étendue blanche uniforme qui se confond avec le ciel. *Qapalaqiyuq* ! "C'est le *whiteout*" !, le "jour blanc", impossible de distinguer les repères familiers, mieux vaut remettre le voyage au lendemain. Le blizzard - *piqtuq* - cloue lui aussi souvent les voyageurs au village. En fonction de son expérience, chaque chasseur décide si le voyage est possible ou non.

En route, le conducteur de la moto-neige mobilise à la fois sa mémoire des lieux et ses savoir-faire techniques. Grâce à la première, il suit un itinéraire assez précis ; grâce aux seconds, il guide sa machine vers les zones enneigées qui lui semblent offrir les meilleures conditions de déplacement : neige durcie, couche suffisamment épaisse pour que la rocaille ne racle pas, ou le moins possible, les chenillettes de son véhicule et les patins de son traîneau. L'étendue parcourue n'est pas neutre, elle est peuplée d'histoires et d'esprits. Elle est aussi habitée par une faune que l'œil guette : un lièvre arctique, un renard blanc, un bœuf musqué ou peut-être même un caribou. Habituellement le chasseur les délaisse, mais il peut arriver, selon les besoins alimentaires du moment, qu'il abandonne son chargement pour se lancer à leur poursuite. Sur le traîneau les passagers observent le paysage, le scrutent dans ses moindres détails pour y retrouver les configurations mémorisées lors de passages précédents et y repérer eux aussi des animaux. Les souvenirs remontent. En passant *Atuaqtarvik* - "l'endroit où quelqu'un a laissé une hache" - on se souvient que *Nuttaina* y laissa tomber sa hache dans l'eau ; *Hanningayuq* - "le grand qui est de travers" - rappelle les longues parties de pêche de la fin du printemps, quand les journées durent vingt-quatre heures, etc.

Pour parcourir les quelques 70 km qui séparent le village de *Tatiik*, il faut trois à six heures, peut-être plus. Tout dépend du chargement, de la puissance de la moto-neige, de la qualité de la neige - souvent molle et peu épaisse en octobre, ce qui ralentit la course - et surtout du temps qu'il fait, de la direction et de la force du vent. Il faut encore tenir compte du temps passé à *Akulrutaaq* ("entre les deux"), petit lac enserré par deux collines qui doit à sa position, à mi-chemin entre Holman et *Tatiik*, d'être devenu une halte presque obligée pour les voyageurs. On sort les Thermos pour boire un thé, on mange un morceau de viande séchée. A l'abri du vent, s'il fait beau, on prend son temps, rien ne presse.

Au bout de la vallée, on débouche sur *Tatiik* par *Tuapaluin,* "les graviers" (figure 2). Autrefois, en été, c'est sur cette jolie plage que les Inuinnait installaient leurs tentes en peau de caribou[1]. Aujourd'hui, sa pente douce sert surtout de rampe d'accès au lac gelé, qu'il faut traverser pour rejoindre les berges plus élevées où la plupart des *Ulukhaqtuurmiut*[2] campent en automne. A la mi-octobre la glace est encore jeune et peu épaisse, le conducteur doit être attentif et repérer les passages sûrs où la glace est assez solide pour supporter le poids de la moto-neige et du traîneau chargé. Il lui faut se souvenir des zones où le courant est fort, de celles qui sont peu profondes, etc. Il n'est pas question de couper par le milieu du lac, d'aller droit devant soi. La piste que chacun trace est un compromis entre la ligne droite impossible et le long trajet sinueux le long des berges. D'un jour à l'autre le froid s'intensifie, la glace s'épaissit et la traversée du lac peut être plus directe.

Au camp, chacun retrouve ses marques. Implicitement, les berges ont été partagées entre les familles. Les tentes de chaque lignée sont plantées à proximité les unes des autres et séparées de celles d'un cercle de parenté différent par quelques centaines de mètres. D'une année à l'autre, la disposition reste pratiquement la même. On lit dans l'organisation spatiale de ce lieu de séjour temporaire la structure traditionnelle de l'organisme social. Les tentes s'ouvrent presque toutes vers l'Ouest, disposition la mieux adaptée aux conditions météorologiques locales, où les vents d'Est sont largement dominants. A l'intérieur des tentes, l'installation suit un modèle d'organisation de l'espace domestique qui n'a pratiquement pas changé depuis au moins huit siècles (voir note 27, page 97).

---

[1] Il arrivait que ces tentes d'été soient en peau de phoque, mais c'était assez rare chez les Inuinnait.

[2] "Ceux d'*Ulukhaqtuuq*", nom d'Holman en *inuinnaqtun*.

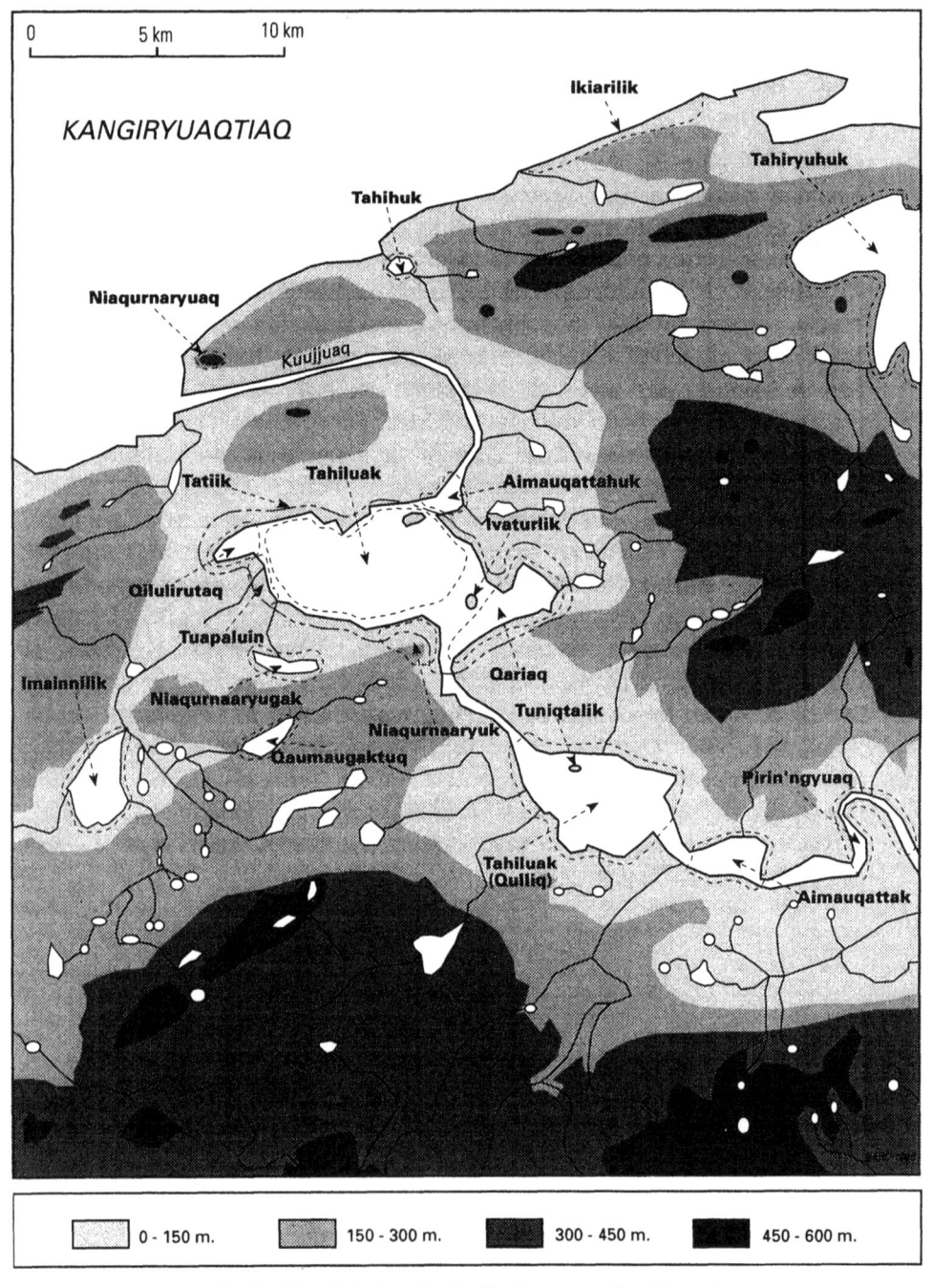

Fig. 2 : *La région de Tatiik - Péninsule de D. Jenness, île Victoria* (71°12' N - 116°34' O)

Vivre a *Tatiik*

Après le voyage, la vie au camp s'organise. Il faut découper un bloc de glace, pour faire de l'eau. Où aller ? Là où le lac est profond, pour que l'eau ne soit pas boueuse, mais aussi là où la glace est déjà assez épaisse, pour que le bloc dure longtemps. Peut-être remontera-t-on par la vallée jusqu'au petit lac au sommet de la colline, dont l'eau est plus pure.

Ensuite, chacun se précipite sur le ciseau à glace pour aller creuser dans le lac un trou où plonger sa ligne pour pêcher, enfin, les premiers poissons de cet automne. L'excitation est grande : pourvu que la pêche soit aussi bonne que cette fameuse année où, dès le premier soir, untel avait pris 15 saumons (*iqalukpik* : "le poisson par excellence", l'omble arctique) en moins de deux heures. L'emplacement du trou à creuser est soigneusement déterminé. Il faut d'abord repérer les zones où la glace est assez solide pour supporter le poids d'un homme. En aval, le lac se resserre, le courant est fort : mieux vaut éviter cette partie avant la fin octobre. Il arrive d'ailleurs qu'elle ne soit pas encore entièrement gelée tandis que l'on sillonne déjà le reste du lac. Telle gamine n'avait-elle pas pris, bien malgré elle, juste là, au droit de ce rocher sur la rive d'en face, un bon bain il y a quelques années ? Le point idéal, c'est juste avant : le lac est peu profond et le courant fort, les saumons devraient abonder. Untel et untel n'y ont-ils pas pris 10 *ihuuk* ("très gros poissons", truites ou saumons) en un rien de temps l'année dernière ? Le trou creusé, la ligne file. Quand elle a touché le fond, il faut la raccourcir d'une ou deux coudées : les saumons nagent à cette distance là du fond. S'il fait jour, on peut s'amuser à regarder par le trou, pour guetter les poissons et enrager parfois de les voir tourner autour de l'hameçon, jouer avec sans le prendre. Dans le crépuscule, à genoux sur un vieille peau de phoque ou de caribou, on attend que le poisson morde. Quand il fait vraiment noir, inutile de s'acharner : les poissons, les caribous, tous les animaux, comme les hommes, dorment la nuit.

Dans le camp, chaque lignée tend à se réunir sous une même tente où les voisins viennent en visite. On joue aux cartes, on raconte des histoires de pêche, ce que l'on a vu en chemin, les poissons déjà pris, ceux que l'on prendra, le vent qui se lève et la tempête qui s'annonce ou, au contraire, le temps calme. Peu importe la température. Dehors, quelqu'un siffle à l'aurore boréale. La tradition orale, confirmée par l'expérience, dit que si l'on siffle, *Aqqarniq* se déplace et change de forme. Par une belle nuit, c'est un jeu très

Prologue

amusant³. Les visiteurs partis, chacun se glisse dans son sac de couchage. C'est l'heure propice où les jeunes demandent aux Anciens de leur raconter des histoires. Géants, nains maléfiques, mésaventures de chasse, petits incidents, qui sait ce que le conteur choisira ?

Le premier jour est un jour important, celui où l'on pose les filets sous la jeune glace. Le chasseur dirige sa famille vers les zones habituellement les plus riches en cette saison. Quelques filets dans *Aimauqattahuk* - "Celui qui est presque comme un [lac] au milieu d'une rivière" - d'abord. Juste en aval de *Tatiik* ce n'est pas vraiment un lac, plutôt un évasement de la rivière, d'où son nom. Ici, les berges se resserrent, le courant est fort, l'eau pas trop profonde : on devrait y prendre des poissons. D'ailleurs, les Anciens ne manquaient jamais d'y jeter leurs lignes, avant l'introduction des filets par les Blancs. Ensuite, on repart vers l'Est, vers le fond de *Tatiik*. On traverse *Tahiluak* - "le vrai lac" (parce qu'il est au centre de ce complexe lacustre) - pour rejoindre *Qariaq* - "Une partie de quelque chose de plus grand mais dont elle est séparée" - qui s'étend en arrière d'une partie très peu profonde du lac. On passe devant *Ivaturlik* - "celui qui est avec des nids de canards" - où les Inuinnait allaient autrefois prendre des œufs dans les nids, au début de l'été. Il y a si peu d'eau ici qu'ils traversaient à pied depuis la berge et ne se mouillaient que les jambes. *Qariaq* regorge tous les ans de saumons et surtout de ceux qui sont bien rouges, parce qu'ils sont sur le point de pondre. A cause de sa couleur, on appelle ce saumon *ivitaruq*, "celui qui est rouge". Plus grand et plus gras que les autres, sa chair est particulièrement savoureuse, surtout lorsqu'elle est consommée *quaq*, gelée. Les eaux calmes de cette partie isolée du lac sont une bonne zone de reproduction, les chasseurs l'ont observé depuis longtemps. On dispose les filets parallèlement à la berge, ni trop près, ni trop loin, bien alignés à quelques centaines de mètres les uns des autres. Pour retourner au camp, on passe devant les longues pentes de *Niaqurnaaryuq* - "celui qui a la forme d'une petite tête". Sur le bas du versant, on trouve toutes sortes de vieilles choses que les gens d'autrefois, d'il y a si longtemps que même les Anciens ne les ont pas connus, ont dû y laisser. *Tatiik* est pétri d'histoires, habité par une multitude d'Inuinnait, vivants ou morts.

---

3 K. Rasmussen (1932 : 23) rapporte que, d'après les *Umingmakturmiut* (figure 6, page 30), *Aqqarniq* est un esprit vivant qui vient en aide aux chamans. Il faut siffler pour le faire venir plus près et cracher pour qu'il change de forme. Aujourd'hui, seule une partie de la tradition est encore connue : jamais je n'ai vu cracher à une aurore boréale, ni entendu dire que l'on pourrait le faire.

De retour au camp, on mange les poissons pris la veille, on répare la moto-neige, on pêche à la ligne. Le soir, tandis que les jeunes adultes jouent aux cartes, les Anciens sont ailleurs. Leurs pensées sont toutes tournées vers les filets, les poissons. Que font-ils, ces poissons ? Ils les voient nager - comme on les voit quand on regarde par le trou creusé dans la glace - et se prendre dans les filets. Pourvu qu'il y en ait beaucoup, comme cette autre année où il y en avait tant. A force d'y penser, peut-être les poissons vont-ils aller dans les filets, comme dans les histoires du temps passé, quand il suffisait de dire les choses pour qu'elles arrivent. De temps en temps, un des Anciens sort de son silence pour faire part à la cantonade, en une phrase, de son obsession du moment. Il n'attend pas de commentaire, ne cherche pas à commencer une discussion, il verbalise seulement son unique souhait, comme pour lui donner plus de force et donc plus de chances de se réaliser : pourvu qu'il y ait beaucoup de poissons demain ! Et toute la nuit encore, il rêve filets et poissons.

Le lendemain, on se lève tôt. Parce qu'il a rêvé que la pêche était bonne, le père est optimiste : les rêves ne mentent pas. Les jeunes tirent le filet, en s'efforçant de ne pas glisser. Le vieux chasseur les regarde, goguenard : ils se croient indispensables pour aider leur père, mais combien de fois est-il venu ici tout seul avec son partenaire de chasse encore plus âgé que lui ? Ils se débrouillent très bien, ils sont même plus efficaces à eux deux que tous ces jeunes qui n'ont pas assez appris. C'est pourquoi il faut leur montrer, encore et encore. Au fur et à mesure que le filet sort de la glace, tous comptent les poissons à haute voix : l'excitation redouble, mais laisse parfois la place à la déception : pourvu que les prises soient meilleures au prochain filet.

Le besoin familial en poissons est toujours le même, d'une année à l'autre. Si les poissons sont peu nombreux, on restera plus longtemps. Si vraiment la pêche est trop mauvaise, on essaiera peut-être d'autres lacs, ceux qui sont plus en amont, où l'on ne pose pas de filets d'habitude. Pourquoi pas à *Tahiluak*, pas celui de *Tatiik*, l'autre, "celui du haut", *Tahiluak qulliq*, comme on le précise parfois. Il faudra alors prendre garde de ne pas trop s'approcher de *Tuniqtalik*, "l'endroit qui a des petites personnes". Il faut leur déposer un peu de nourriture disaient les Anciens, mais les laisser tranquilles.

Les jours suivants, la vie s'organise au rythme des levées de filets. Entre temps, il y a toujours à s'occuper. Regarder autour de soi d'abord, repérer les zones de mauvaise glace, observer l'avancée de l'englacement du lac, la formation de bancs de neige en fonction de l'orientation du vent, etc. Autant de repères qui seront peut-être utiles un jour, si le brouillard se lève par exemple. Surtout, on guette le gibier. Le poisson, même le saumon, n'est jamais qu'un appoint dans l'alimentation, tout comme la pêche n'est qu'une activité secondaire pour les chasseurs. Les bœufs musqués sont toujours nombreux dans la région de *Tatiik* : on en tue quelques-uns, des jeunes dont la viande est plus tendre. Mais ce que l'on attend avec impatience, ce sont les caribous. Tous les ans, entre la mi-octobre et la fin du mois, ils commencent à arriver depuis le Nord. Un, puis deux, puis des petits groupes d'une dizaine de bêtes[4]. Alors, *Tatiik* est de moins un moins un lieu de pêche et de plus en plus un point à partir duquel les chasseurs poursuivent leurs proies sur toute la zone alentour. Sillonnée depuis des années, elle est connue dans ses moindres détails, un chasseur expérimenté ne pourrait s'y perdre. Quand bien même il serait un peu désorienté, ne lui suffit-il pas de suivre les vallées pour retrouver forcément, si ce n'est *Tatiik,* du moins la côte méridionale de *Kangiryuaqtiaq*, à partir de laquelle il est impossible de ne pas retrouver l'imposante embouchure de la *Kuujjuaq*. Il suffit alors de remonter la rivière pour retrouver *Aimauqattahuk,* puis *Tahiluak* et le camp.

Au fur et à mesure que l'on avance dans la saison et que le "très-jeune-hiver" devient "jeune-hiver", pour ne plus être bientôt que l'hiver, (voir figure 14, page 80), *Tatiik* change de fonction. Le camp de pêche se transforme en un lieu relais, point d'ancrage à partir duquel les chasseurs poursuivent les caribous et surveillent leurs lignes de trappe. A partir de décembre, ils vont de plus en plus loin vers le Nord. Quand la banquise est assez solide, ils traversent *Kangiryuaqtiaq* pour chasser et trapper le long de sa rive septentrionale. Ils apportent peu à peu à *Tatiik* tout l'équipement nécessaire aux activités cynégétiques d'hiver, y compris des tonneaux (de 100 litres) d'essence et de naphte. Ainsi ils n'ont pas besoin de retourner jusqu'au village pour faire le plein. Ils y entreposent aussi une partie de leurs prises, qu'ils ne rapportent que progressivement au village, afin de réguler la charge de leurs traîneaux. Au printemps, certains équipements sont déposés dans des caches, d'où on les ressortira à l'automne suivant. A partir d'avril, *Tatiik* redevient désert.

---

[4] Sur l'île Victoria, le caribou est une espèce résidente, dite caribou de Peary. Il ne migre pas vers la forêt boréale pour y passer l'hiver comme le font les caribous du continent et les bêtes vivent en petits groupes et non en grands troupeaux comme sur la toundra continentale. Les déplacements annuels sont limités à un rayon de quelques centaines de kilomètres.

Chapitre 1

Les Inuinnait

La famille nucléaire simple (de 4 à 6 membres) est l'unité de base de la société inuinnait. Elle s'intègre dans un petit noyau de peuplement, le "camp", structure souple dont la localisation, la taille et la composition varient en fonction des saisons. Le plus souvent composé d'une ou deux familles en été, il peut en rassembler plus d'une vingtaine en hiver. Ces variations saisonnières sont d'une grande régularité. D'une année à l'autre, chaque saison voit se constituer sur les mêmes lieux pratiquement les mêmes camps. Toutes les familles qui nomadisent sur un même territoire entretiennent entre elles des relations étroites et forment un sous-groupe[1], dont les membres sont liés par l'exploitation de ce territoire dont ils tirent leur identité. Chaque sous-groupe se désigne d'ailleurs par un nom construit sur un toponyme attaché à une entité remarquable de son territoire. Les sous-groupes qui partagent un série de caractéristiques - dialecte, organisation sociale et spatiale, tradition orale, culture matérielle - forment un groupe spécifique dont la cohérence est surtout perçue par ses membres dans la confrontation à d'autres groupes eskimo.

Sans doute parce que l'échelle régionale à laquelle il s'affirme ne présente guère d'intérêt pour ses membres, il n'est généralement pas nommé. Les noms qui désignent ces groupes - tels que Eskimo du Cuivre, Eskimo Caribou, *Natsilingmiut*, etc. - ont été créés par les premiers ethnologues au début de ce siècle, dans un contexte historique particulier où l'explorateur nommait les groupes qu'il "découvrait", tout comme il baptisait les lieux qu'il inscrivait sur ses cartes. Ces noms donnés aux groupes eskimo témoignent d'une grille d'observation marquée par la curiosité ethnographique du tournant

---

[1] Au Nouveau Québec "les Inuit partageant un même lieu résidentiel se divisaient en deux catégories : les *nunaqqatigiit* 'qui partagent un même territoire de façon discontinue' et les *silaqqatigiit* 'qui partagent un même territoire, un même camp, *sila* (littéralement un même 'air', un même 'environnement') de façon continue'. Dans les deux cas, il s'agissait de personnes unies par de solides liens d'assistance mutuelle." (Therrien, 1987 : 148). Il est possible que les Inuinnait aient opéré la même distinction.

du siècle. Ainsi les Eskimo du Cuivre doivent-ils leur nom à leur utilisation du cuivre natif, qui affleure sous forme de pépites en plusieurs points de leur territoire. Ils le travaillaient à froid pour façonner des lames, des armatures - de flèches et de harpons -, des aiguilles, parfois des rivets. Eux-mêmes ne se sont jamais désignés, en tant que groupe, par un nom spécifique. Dans leur dialecte - l'*inuinnaqtun* - l'ethnonyme *Inuinnait* désigne tout Eskimo, indépendamment de son groupe d'appartenance.

Dans les années quatre-vingts, certains ont cru bon de transformer les Eskimo du Cuivre en "Inuit du Cuivre". Cependant, cet *aggiornamento* terminologique n'est pas satisfaisant. Certes, on élimine une appellation - Eskimo - qui reste négativement connotée mais on perpétue la réduction d'un peuple à un trait de sa culture matérielle. La purification que l'on voulait ainsi opérer n'atteint donc pas son objectif. Elle aboutit à un résultat incohérent où la volonté de reconnaître à l'Autre le droit de choisir le nom qui le désigne se trouve annihilée par un attachement aux formes anciennes qui condamne ces Inuit à rester un minerai. Dans le contexte intellectuel de l'époque qui l'a produit, le nom Eskimo du Cuivre n'est pas choquant. Il le devient aujourd'hui, sous l'effet des progrès de la réflexion anthropologique. Il témoigne d'une forme dépassée de la pensée, c'est une sorte d'*artefact* pour l'histoire des sciences. Au contraire, "Inuit du Cuivre" est une construction bâtarde qui prétend répondre aux exigences de notre époque sans s'attaquer à la racine du problème. Cette révolution terminologique avortée est de ce fait irrecevable.

Pourtant, la recherche d'un nom plus conforme aux exigences de notre temps est louable, mais rendue difficile par l'absence d'un ethnonyme endogène préexistant et par le peu d'intérêt que les Eskimo du Cuivre eux-mêmes manifestent pour cette question, sans doute parce que la plupart ignorent qu'on les appelle ainsi dans les livres. La communauté scientifique peut cependant proposer des solutions. Le début du siècle était attentif aux techniques, on l'est plus aujourd'hui à la parole. Aussi l'initiative des linguistes - qui parlent désormais d'Inuinnait - me paraît-elle assez heureuse. Dans les pages qui suivent le nom Eskimo du Cuivre sera employé lorsqu'il sera spécifiquement question de la culture décrite au début du siècle par les ethnologues qui employaient ce nom, mais celui d'Inuinnait sera préféré dans tous les autres cas.

Depuis le milieu des années soixante-dix, les Inuinnait vivent une période de profond bouleversement culturel, étudiée au dernier chapitre de cet ouvrage. Ici, c'est la période qui précède qui est présentée, car on ne peut apprécier les changements en cours sans avoir compris les ressorts de la culture traditionnelle.

LES INUINNAIT : UN GROUPE ESKIMO DE L'ARCTIQUE CENTRAL

A l'issue de la cinquième expédition de Thulé (1921-1923), K. Birket-Smith (1936 : 233) dressait une liste de 17 groupes Eskimo, que l'on s'accorde à regrouper en quatre branches principales : sibérienne (*Yupik*), alaskienne (*Inupiaq*), centrale et groenlandaise (figure 3). Les Eskimo centraux se distinguaient par l'utilisation de la maison de neige (l'iglou) comme habitation d'hiver et par des activités cynégétiques organisées selon une alternance saisonnière centrée sur la chasse au phoque en hiver, au caribou en été.

Du détroit de Béring au Groenland l'occupation humaine est à peu près continue, la limite d'extension d'un groupe correspondant à celle du groupe voisin. A toutes les échelles de cet ensemble, les échanges entre individus, sous-groupes et groupes limitrophes assurent le *continuum* culturel. Les caractères particuliers de chaque groupe ne sont que des variations sur une matrice culturelle commune, mais elles sont loin d'être négligeables et sont fortement ressenties par les Eskimo eux-mêmes[2].

L'archipel arctique canadien et la bordure septentrionale du continent nord-américain forment l'Arctique Central, région géographique dont sont exclus le Nouveau Québec et le Labrador. L'Arctique Central se caractérise par la rigueur du climat - notamment la longueur de la saison de gel - et l'importance des variations annuelles en luminosité, trois facteurs déterminants pour l'écologie de la région. Les reliefs inscrivent une nette opposition entre l'île montagneuse de Baffin, où les glaciers sont nombreux, à l'Est et les plateaux et plaines marécageuses où dominent les modelés périglaciaires à l'Ouest. La partie occidentale de l'archipel arctique est habitée par les *Natsilingmiut*[3] ("Ceux du phoque marbré") à l'Est et les Inuinnait à l'Ouest (figure 4). L'aire d'extension de ces derniers, comprise entre 100° et 120° de longitude Ouest et 66° et 73° de latitude Nord et couvrant environ

---

[2] Ainsi, alors que j'étais à Coppermine avec une Inuinnait d'Holman, la sœur de cette dernière arriva un soir dans la maison où nous étions hébergées. Elle arrivait du village de Gjoa Haven (habité par des *Natsilingmiut*, figure 4), où elle venait de passer trois semaines. Elle s'assit en face de nous, nous regarda longuement en savourant sa tasse de thé puis s'exclama dans un soupir de soulagement : "Qu'il est bon de voir des gens normaux !". Et de nous décrire les étranges habitudes des habitants de Gjoa Haven.

[3] Ce nom désignait traditionnellement un sous-groupe qui vivait autour du lac "*Natsilik*". Par extension, K. Rasmussen l'employa pour désigner tout un groupe (A. Balikci, 1970 : xx).

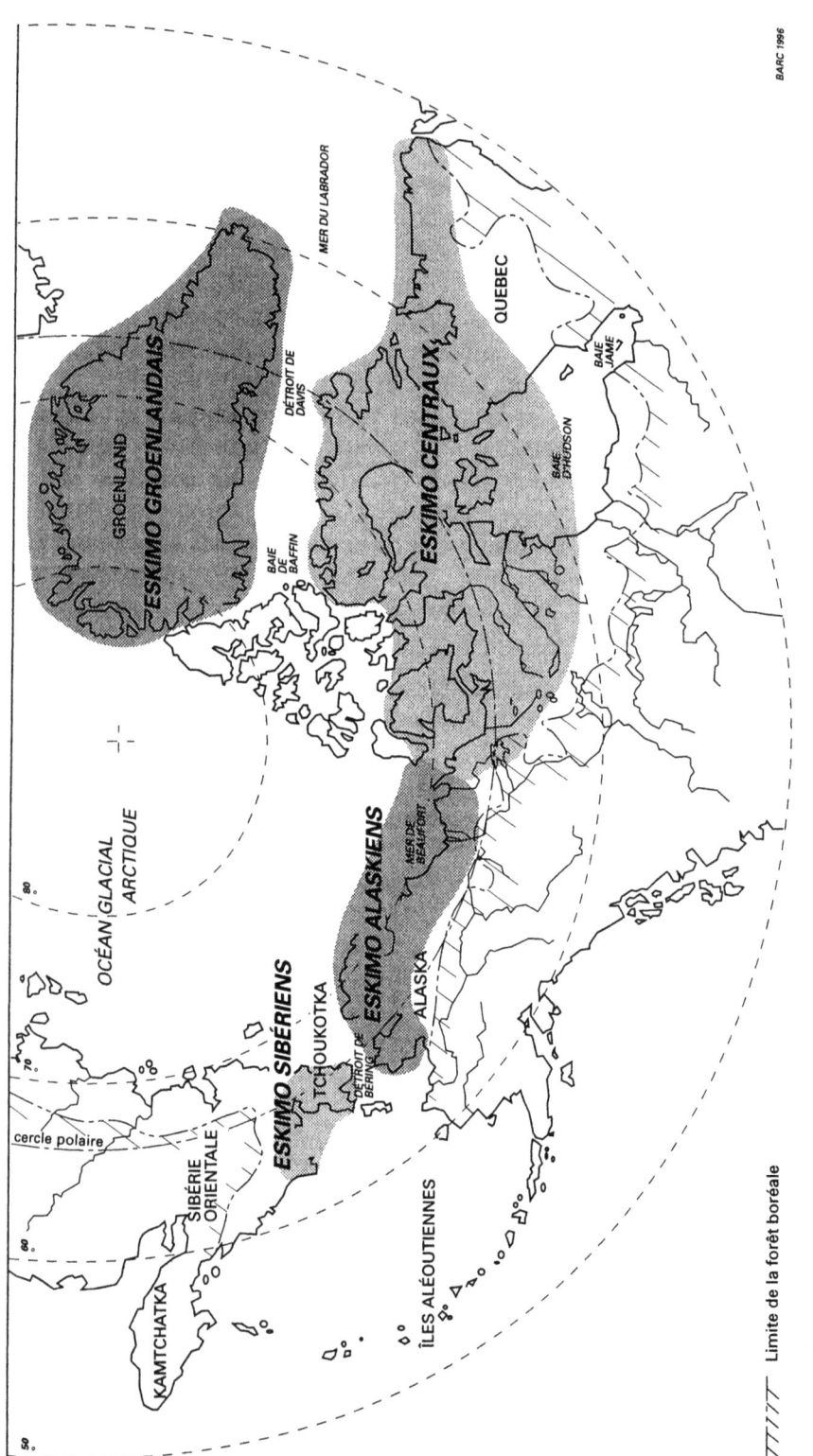

Fig. 3 : L'Arctique eskimo

700 000km², s'articule autour d'un long détroit[4] qui sépare la côte septentrionale du continent nord-américain des rives méridionales de l'île Victoria.

Une organisation sociale de chasseurs-cueilleurs

Les Inuinnait n'ont jamais été très nombreux. Sans doute 700 ou 800 au début du siècle (Abrahamson & al., 1963), ils sont aujourd'hui environ 3 500. En raison d'une grande vitalité démographique et d'un spectaculaire allongement de l'espérance de vie[5], leur nombre croît très rapidement depuis les années soixante. Seuls les fondements de l'organisation sociale traditionnelle sont présentés ici.

Un faible rapport ressources - territoire

Certains modelés topographiques de l'Arctique central occidental sont assez favorables au développement de la flore et de la faune. Les plaines morainiques marécageuses sont un habitat de prédilection pour nombre de plantes, mais aussi pour les oiseaux - migrateurs ou non - et les grands herbivores adaptés au froid (caribous et bœufs musqués). En dépit de la rigueur du climat, les Inuinnait peuvent ainsi compter sur une relative richesse écologique de leur région.

Les taxons (ou groupes végétaux) restent assez nombreux (environ 130 à 69° de latitude nord) et les colonisations sont souvent très denses, mais elles occupent de petites surfaces - rarement plus de 5km² - séparées par de vastes étendues rocailleuses où ne poussent que quelques lichens : en moyenne, au km², le milieu écologique est pauvre. De plus, les écosystèmes de la toundra et de l'Océan Glacial sont en équilibre fragile : ils sont extrêmement

---

[4] Les premiers explorateurs, arrivant par l'Est ou par l'Ouest, traversèrent ce détroit en se dirigeant vers le Nord au lieu d'en suivre la direction principale (peut-être parce que les conditions d'englacement ne le permettaient pas). Aussi restèrent-ils, chacun de leur côté, sous l'impression d'avoir découvert une baie profonde et non un bras de mer pouvant constituer un maillon du fameux passage du Nord-Ouest. Témoignage de cette erreur d'appréciation, ce détroit est encore aujourd'hui désigné par quatre noms au lieu d'un seul : d'Est en Ouest, il est successivement Golfe de la Reine Maude, Détroit de Dease, Golfe du Couronnement, Détroit du Dauphin et de l'Union (figure 4).

[5] De 25-30 ans dans les années quarante, elle est aujourd'hui d'environ 65 ans.

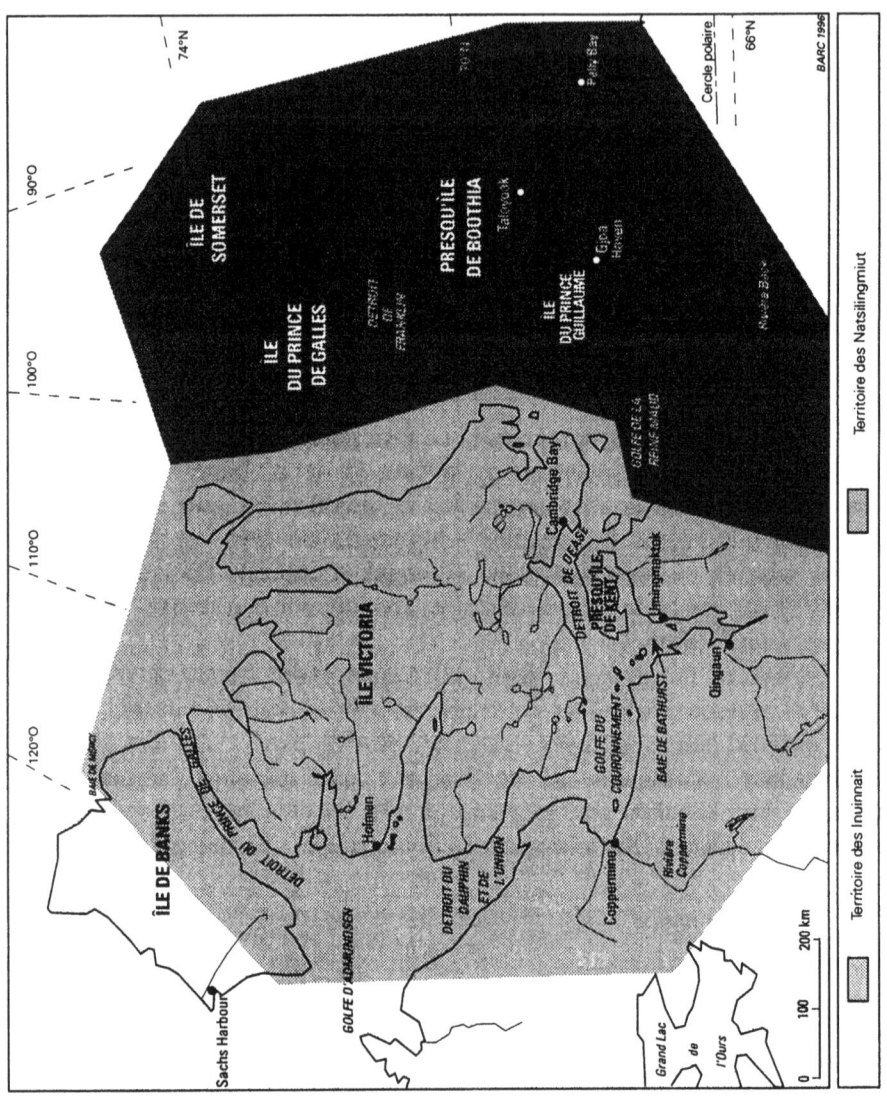

Fig. 4 : Territoires des Natsilingmiut et des Inuinnait

sensibles à la moindre modification des données environnementales et notamment aux variations de température. Enfin la majorité des espèces fauniques sont migratrices et ne séjournent à ces hautes latitudes que pendant le court été arctique. Les espèces résidentes sont en petit nombre, la variété du gibier s'en trouve réduite d'autant. La dispersion de la faune et le grand rayon sur lequel les espèces résidentes se déplacent au cours d'une année pour répondre à leurs besoins en nourriture constituent des données essentielles pour un peuple chasseur. Parce qu'au km^2 les ressources sont faibles, le seuil de surexploitation d'une zone de chasse, ou de pêche, est bas et donc facilement atteint : l'équilibre entre le prélèvement et le renouvellement des ressources est fragile. Quelques années de pêche intensive peuvent suffire à vider le lac le plus poissonneux de tout son stock.

Faiblesse numérique et éclatement spatial

Les chasseurs-cueilleurs sont étroitement dépendants du rapport ressources - territoire, car leur économie ne repose que sur le prélèvement. En l'absence de toute action de transformation du milieu pour l'enrichir, ils doivent adapter leur occupation de l'espace à la répartition des ressources exploitables. La taille du groupe et sa répartition spatiale dépendent donc tant de son niveau techno-économique que de la richesse écologique du milieu exploité. Aussi n'est-il pas étonnant de constater que, jusqu'à la sédentarisation, tous les groupes eskimo de l'Arctique central sont numériquement faibles et spatialement très dispersés. Chaque groupe doit en effet déployer ses activités sur un territoire étendu afin de nourrir tous ses membres. Par ailleurs, les techniques de déplacement réduisent l'extension du territoire de chasse quotidien à un faible rayon autour des camps. De plus, les ressources alimentaires ne pouvant venir que du territoire de chasse, elles sont limitées : un chasseur ne peut nourrir qu'un petit nombre de bouches[6]. La petite taille des familles - par la limitation des naissances et un recours fréquent à l'adoption - associée à de très faibles densités est une réponse de l'organisme social aux conditions techno-écologiques du moment.

---

[6] On a longtemps pensé que les techniques de chasse, avant l'introduction du fusil au début du siècle, ne permettaient qu'un nombre limité de prises et que les excédents étaient rares. Cependant, D. Nakashima (1991 : 300-304) invite, en se fondant sur plusieurs travaux, à nuancer ce jugement : les techniques cynégétiques antérieures étaient semble-t-il beaucoup plus efficaces qu'on a eu tendance à l'estimer.

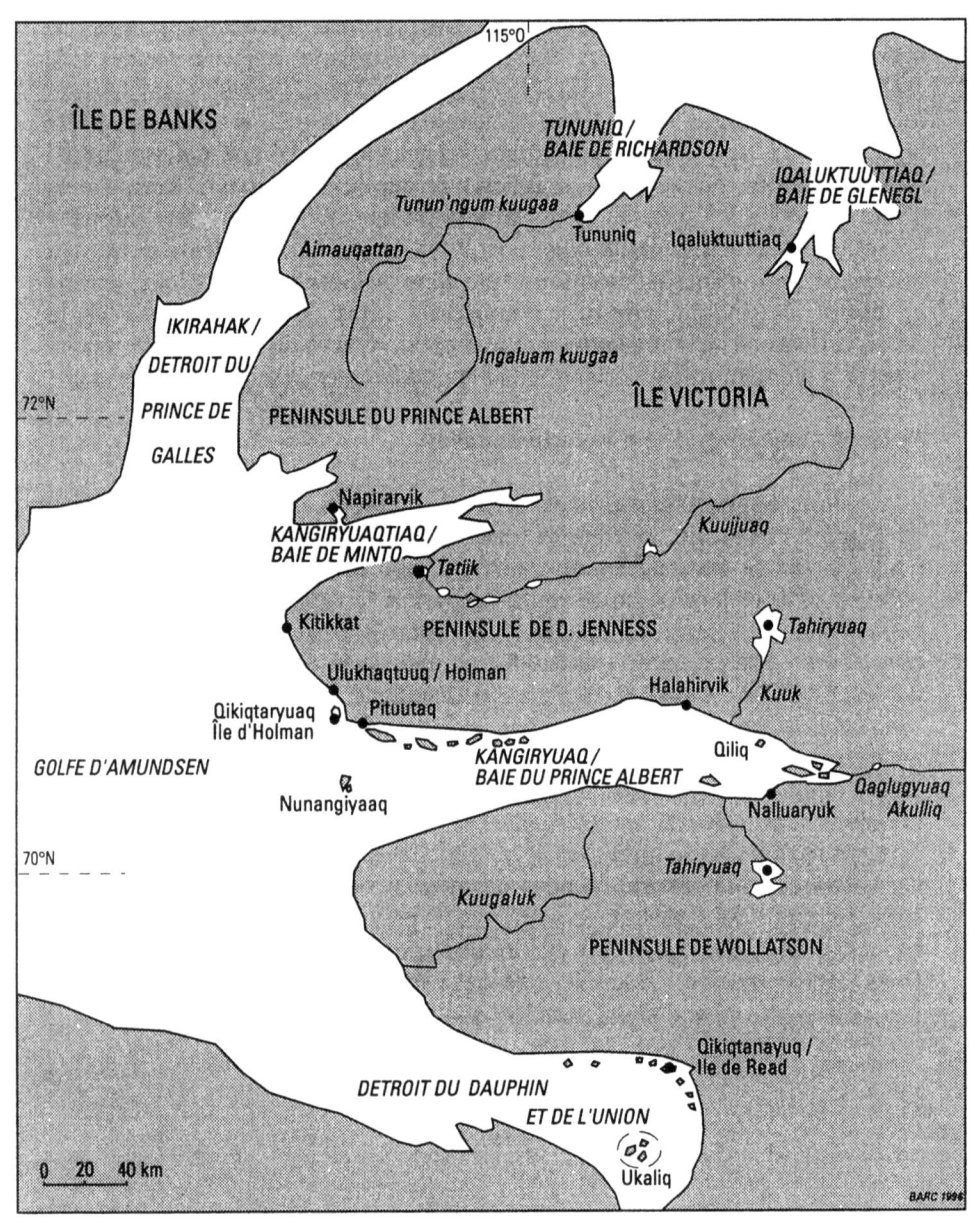

Fig. 5 : La côte ouest de l'île Victoria

Un milieu écologique en équilibre fragile

Le milieu écologique arctique est assez riche mais très fragile, comme l'illustre l'exemple suivant. Du 20 mai au 20 juin environ, les oiseaux migrateurs - oies et canards, eiders notamment - atteignent la région d'Holman, sur la côte Ouest de l'île Victoria, où ils viennent se reproduire. Il s'agit d'une migration massive : au printemps 1996, une équipe de biologistes ayant procédé à un comptage quotidien des passages autour de l'île d'Holman (figure 5) l'a évalué à 50 000 individus. En 1991, le printemps fut tardif dans la région. Au début du mois de juin les chenaux d'eau libre, qui à cette époque sillonnent habituellement la banquise, étaient fort rares et la neige recouvrait encore l'essentiel de la terre ferme. Oies et canards arrivèrent cette année-là en avance sur le printemps. Ils ne pouvaient ni se nourrir des petits poissons qu'ils pêchent dans les chenaux d'eau libre, ni se poser sur la terre ferme enneigée. Aussi presque tous ceux qui arrivèrent avant le 15 juin périrent-ils. Les Inuit d'Holman retrouvèrent leurs cadavres au pied des falaises, sur la banquise. En conséquence, la chasse aux oiseaux migrateurs fut bien sûr moins favorable en 1991 et, surtout, le taux de reproduction fut plus faible et la migration du printemps de 1992 nettement moins importante qu'à l'accoutumée, d'où une chasse à nouveau moins favorable. Il fallu plusieurs années pour que le stock d'oiseaux migrateurs retrouve son niveau moyen.

L'équilibre est également menacé par la surexploitation cynégétique, dont le seuil est rapidement atteint. Ainsi l'association des Chasseurs et Trappeurs d'Holman, après avoir hésité pendant deux ans, dû-t-elle prendre fin 1992 des mesures draconiennes pour tenter de renverser une situation catastrophique. Toute pêche fut interdite pour trois ans dans le complexe lacustre de *Tatiik*, dont on estimait les stocks en omble arctique épuisés à plus de 90% après quinze ans de pêche automnale intensive. De même, suite à leur quasi-disparition depuis le début de cette décennie, toute chasse au caribou fut-elle proscrite pour cinq ans sur la péninsule de D. Jenness. Au printemps 1996 cependant, il semblait que les caribous soient revenus en grand nombre et, lors d'une assemblée générale de tout le village, cette mesure fut assouplie.

Ces décisions sont prises sous l'influence des représentants du Service Canadien de la Faune, dont le souci est d'abord de préserver la faune. Ils se heurtent régulièrement aux Inuit, notamment aux Anciens, qui considèrent la gestion de la faune d'une toute autre façon. Il convient pour eux de respecter un équilibre qui passe par la poursuite du gibier par les Inuit : "s'il n'est plus chassé, il ne revient plus" disent-ils. De plus, ils remettent en question la validité des comptages effectués ponctuellement par des biologistes de passage, auxquels ils opposent leur longue observation des mouvements du gibier et le savoir zoologique transmis par leurs Anciens (voir note 5, page 159).

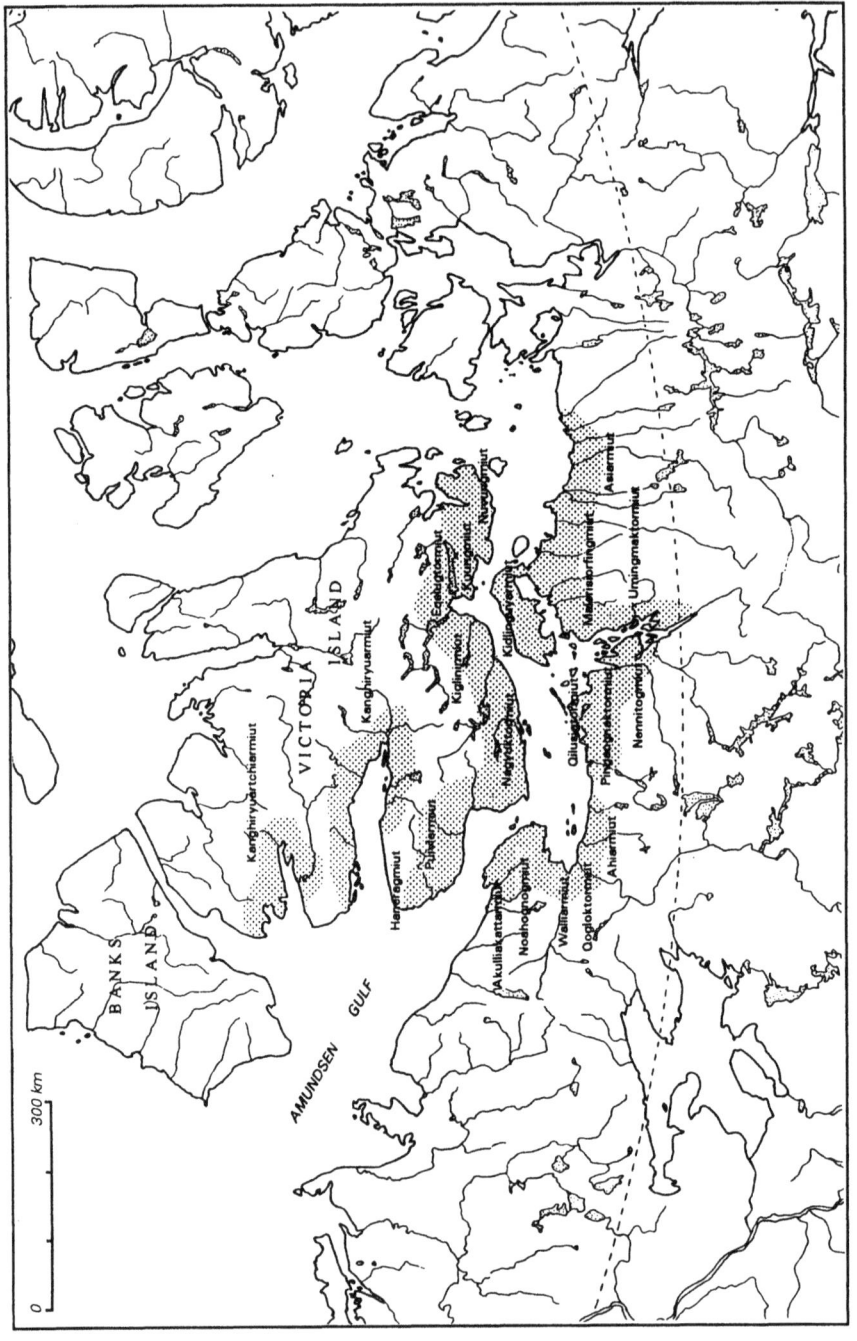

Fig. 6 : Les sous-groupes inuinnait au début du siècle, extension minimale (d'après D. Jenness et K. Rasmussen ; conception et réalisation de la carte : M. Hehmsoth-Le Mouël)

Dans le cas des Inuinnait, leur éclatement spatial était encore plus remarquable que leur faiblesse numérique : au nombre de 700 ou 800 au début du siècle, répartis en une vingtaine de sous-groupes de 50 à 150 membres (figure 6), ils exploitaient environ 700 000 km². Entre les sous-groupes, les échanges étaient nombreux, de biens comme de personnes[7]. Ceux qui étaient voisins se rencontraient régulièrement, en des lieux et des saisons bien déterminés. Un individu n'était pas lié à son sous-groupe d'origine. Il pouvait aller vivre au sein d'un autre, dont il prenait le nom après quelques années (Jenness, 1922 : 33)[8]. Par ailleurs, un sous-groupe pouvait disparaître un temps et renaître par la suite. Chaque sous-groupe s'identifiait par un ethnonyme construit sur un toponyme désignant une entité géographique emblématique de son territoire. Au toponyme, était accolé le suffixe -*miut* (singulier : -*miuk*) qui signifie l'appartenance et peut se traduire par "ceux de". Ainsi, ceux qui nomadisaient autour de Bathurst Inlet (*Kiluhiktuq*) étaient les *Kiluhikturmiut*, ceux qui vivaient autour de la rivière Coppermine (*Qurluqtuup kuugaa*) étaient les *Qurluqtuurmiut*, etc. Cette identification par le territoire témoigne de l'importance de la relation à celui-ci dans la construction de l'identité (Collignon, 1997).

Une société non hiérarchisée

L'éclatement spatial de la population imposait que chaque cellule familiale soit autonome, capable de répondre seule à ses besoins en nourriture, vêtements et outils. La répartition des tâches s'organisait donc au sein de chaque famille et non pas du camp, encore moins du sous-groupe. Les possibilités de spécialisation en étaient réduites d'autant. Celle-ci se limitait à une répartition stricte par genre[9]. Un adulte devait posséder toutes les techniques de base nécessaires à l'accomplissement des tâches qui lui revenaient naturellement en fonction de son sexe. Au sein du camp comme du

---

[7] Entre *Kangiryuarmiut* et *Kangiryuaqtiarmiut*, les passages étaient si fréquents qu'ils étaient perçus par les autres Inuinnait comme ne formant qu'un seul sous-groupe. Dans la suite de ce texte, je suivrai cette assimilation. Lorsqu'il sera fait simplement référence aux *Kangiryuarmiut*, il s'agira de tous les habitants de la côte Nord-Ouest de l'île Victoria.

[8] Ceci est à l'inverse des habitudes de plusieurs autres groupes de l'Arctique central. Ainsi A. Balikci (1970 : xix) précise-t-il pour les *Natsilingmiut* qu'un individu s'identifiait toute sa vie par le nom de son sous-groupe d'origine, même lorsqu'il ne vivait plus avec lui.

[9] A. Leroi-Gourhan (1964 : 214) résume ainsi la situation : "Dans tous les groupes humains connus, les rapports techno-économiques de l'homme et de la femme sont d'étroite complémentarité : pour les primitifs on peut même dire d'étroite spécialisation."

sous-groupe tous les ménages possédaient les mêmes compétences, chacun ayant reçu de ses aînés la même formation, à quelques nuances près. Même un mauvais chasseur devait se débrouiller le plus souvent seul pour nourrir sa famille et ne pouvait compter que sur une aide ponctuelle. Seuls les chamans possédaient des savoirs et des pouvoirs spécifiques, mais ils n'en avaient pas pour autant une position de chefs. D'après D. Jenness et la tradition orale, les chamans semblent n'avoir été intégrés au groupe que s'ils étaient aussi de bons chasseurs. Dans le cas contraire ils étaient mis à l'écart et vivaient en marge d'une société qui, tout à la fois, les évitait, les craignait et sollicitait ponctuellement leur intervention pour résoudre des situations crises d'ordres divers (manque de gibier, mauvais temps prolongé, maladie, etc.).

L'organisation sociale des Inuinnait peut donc être qualifiée de "simple", dans la mesure où elle repose sur le partage des mêmes qualités par toutes les cellules familiales, structures de base de la société. Il n'y a ni spécialisation en corps de métiers, ni hiérarchie sociale, ni exercice d'un pouvoir de type politique par un seul ou un petit nombre, que ce soit au sein des camps ou des sous-groupes. Le partage des pouvoirs ne s'effectue finalement qu'au sein de la maisonnée, où il établit un rapport de complémentarité bien plus que de domination.

Cette rapide présentation met en évidence trois éléments importants pour le savoir géographique des Inuinnait. D'emblée, l'absence d'une hiérarchie sociale structurée laisse supposer que ce savoir est accessible à tous. Ce n'est pas un outil de domination que se réserverait une classe pour contrôler la société. En revanche, la stricte répartition des tâches entre les hommes et les femmes incite à penser que leurs savoirs géographiques sont peut-être différents, puisque les pratiques (et donc les lectures) de l'espace le sont. Si cette hypothèse est vérifiée, il faudra s'interroger sur le rapport qui s'établit entre l'un et l'autre : domination ou complémentarité, à l'image de l'organisation socio-économique de la cellule familiale ? De même, y-a-t-il une spécificité du savoir géographique des chamans, issu d'une lecture et d'une pratique religieuse de l'espace ? Hélas, cette question n'a pas retenu l'attention des premiers ethnologues et il est aujourd'hui trop tard pour l'aborder sérieusement, même auprès des plus âgés parmi les Anciens. La tradition orale transcrite tout comme mes propres enquêtes de terrain montrent que nombre d'Inuinnait développent une lecture religieuse, voire mystique, de leur territoire, qui était certainement bien plus développée chez les chamans[10].

---

10 Un livre comme celui de G. Quppersimaan (1992) en fournit un témoignage précieux, malheureusement dans un groupe culturel trop différent de celui des Inuinnait (*Ammassalingmiut* - Groenland Oriental) pour que l'on puisse l'exploiter.

L'occupation du territoire : le cycle annuel du nomadisme

L'occupation humaine de l'archipel arctique nord-américain est attestée à partir du troisième millénaire avant J.C. Plusieurs vagues de peuplement se sont succédé, identifiées et décrites par les archéologues grâce à leurs vestiges matériels. Tous ces habitants successifs de l'Arctique nord-américain y développèrent des cultures de chasseurs-cueilleurs nomades. La pratique nomadique s'appuie sur une connaissance intime de l'espace qu'elle organise, connaissance construite année après année de fréquentation attentive et régulière[11].

"Variations saisonnières"[12] *au début du siècle*

Le nomadisme des Eskimo centraux était organisé à l'échelle de chaque sous-groupe et suivait un cycle annuel. Déplacements et occupation des différentes parties du territoire étaient étroitement liés aux fortes variations saisonnières auxquelles est soumise la zone polaire : variations des températures bien sûr, mais aussi de la nature des précipitations et de la luminosité (figures 7 et 8). Les températures jouent un rôle de premier ordre dans les profondes transformations annuelles du milieu : selon l'intensité du froid, les plaines sont de véritables marécages difficiles à traverser ou des surfaces dures propices à la circulation ; la mer est un liquide salé (*tariuq* : "le sel" et par extension, "la mer") ou une croûte de glace solide où il est possible de demeurer (*hiku* : "le couvert glacé", la banquise). Par ailleurs, la longueur du rayon d'action quotidien des chasseurs depuis les camps dépend de la luminosité : plus les jours sont longs, plus ils peuvent aller loin. Au cœur de la période sombre, leurs déplacements sont très limités[13].

---

[11] "La nourriture est liée à la connaissance approfondie des habitats animaux et végétaux, et la vieille image de la "horde" primitive errante est certainement fausse [...]. La situation normale est dans la fréquentation prolongée d'un territoire connu dans ses moindres possibilités alimentaires." (Leroi-Gourhan, 1964 : 213). Maintes études de géographes ont confirmé ces propos.

[12] M. Mauss et H. Beuchat (1904-1905). L'analyse qui suit s'appuie sur celle développée dans ce célèbre article. L'intérêt de H. Beuchat pour les Eskimo l'avait conduit à se joindre à la *Canadian Arctic Expedition* en 1914. Il devait se charger de l'étude ethnographique des Eskimo du Cuivre. Malheureusement, il périt en chemin sur la banquise, au Nord-Est du Détroit de Béring, alors que les bateaux de l'expédition étaient bloqués par des glaces de pression qui menaçaient de les broyer.

[13] Voir à ce sujet l'étude détaillée de J.-F Le Mouël (1978 : 113-116).

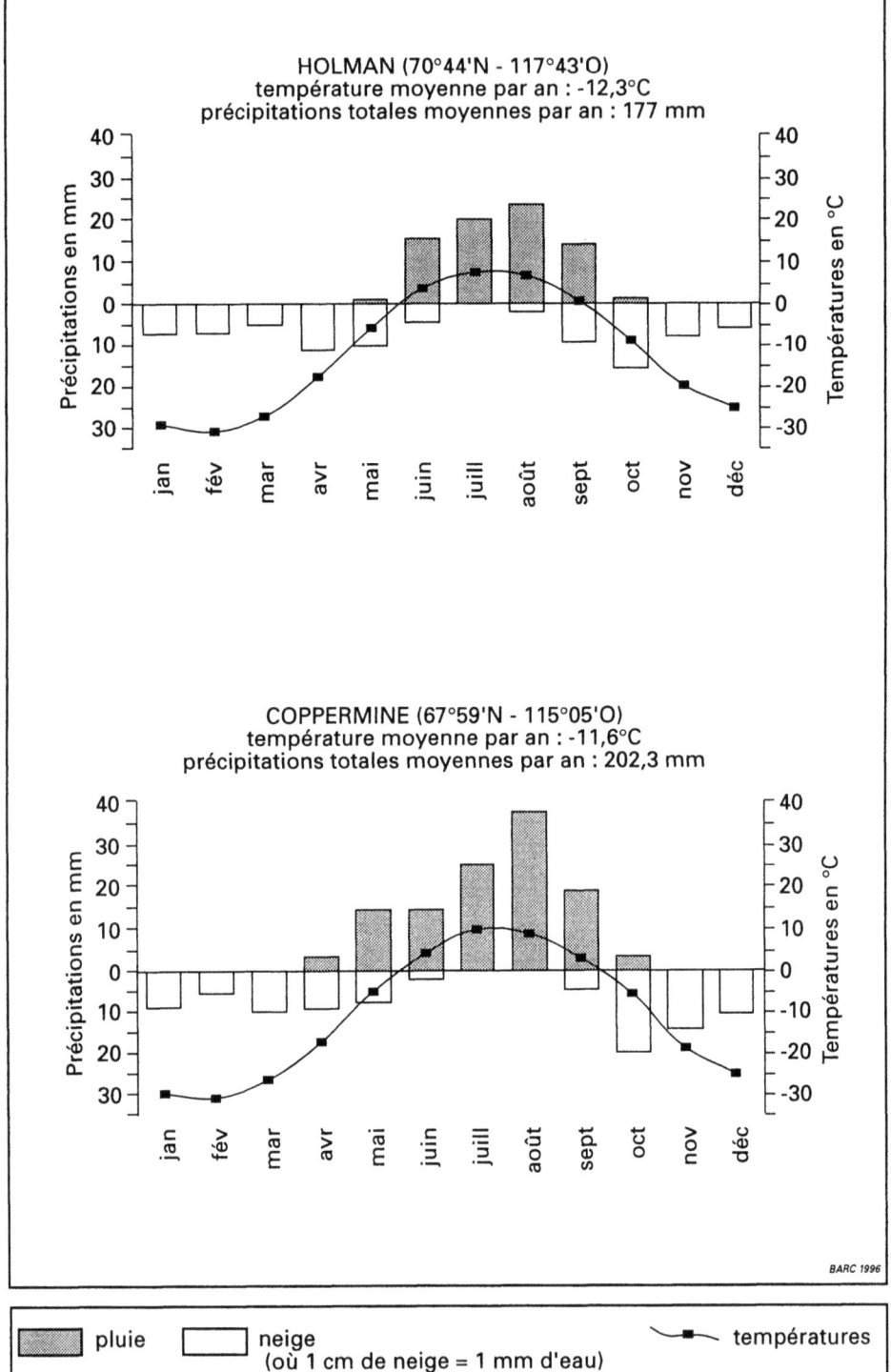

Fig. 7 : Diagrammes ombro-thermiques d'Holman et de Coppermine

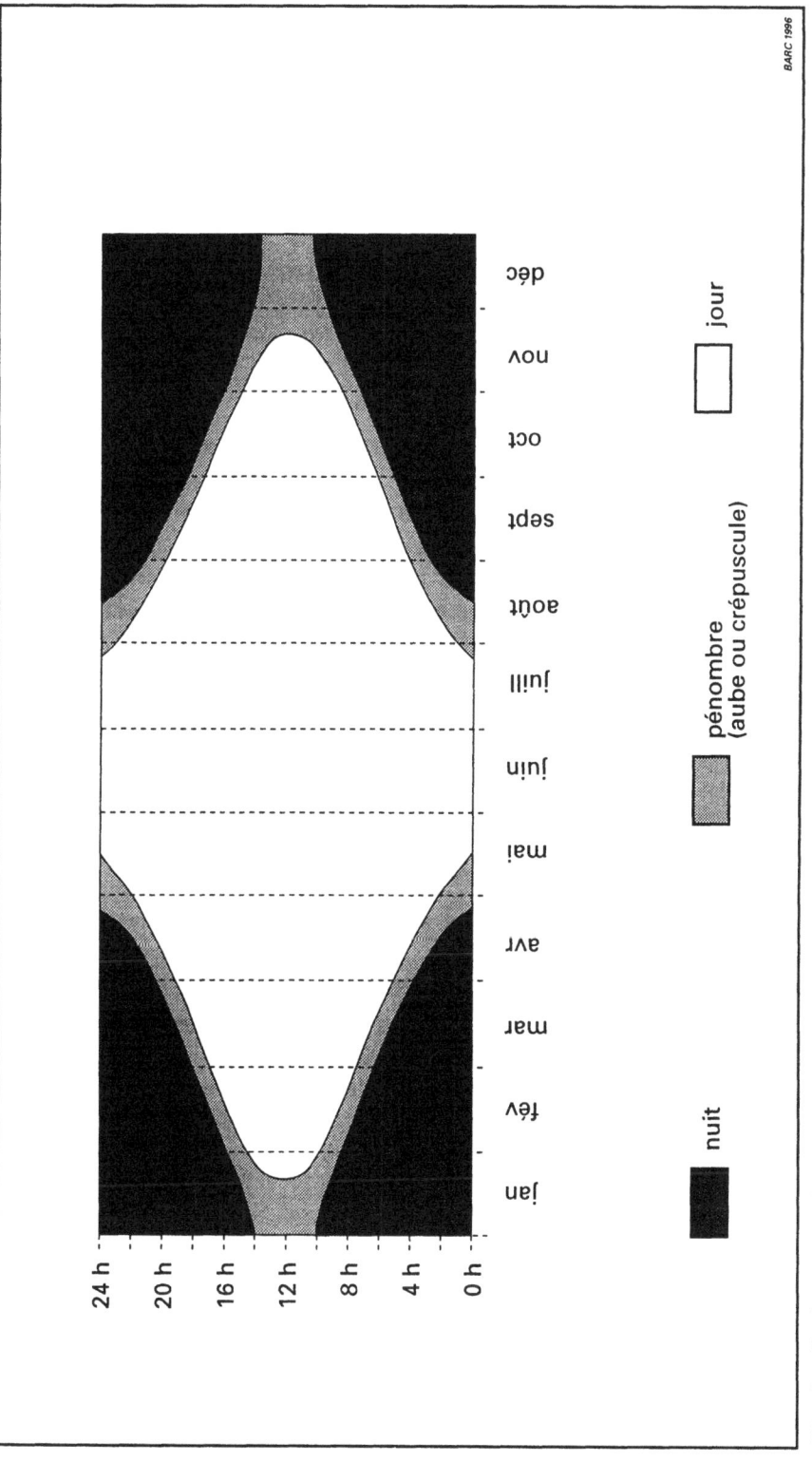

Fig. 8 : Cycle annuel de la luminosité à Holman (70°44' N - 117°43'O)

Chapitre 1

Le système nomadique des Eskimo centraux reposait sur l'exploitation alternée des deux écosystèmes sur lesquels s'articulent leurs territoires : la mer (*tariuq*) et la terre (*nuna*)[14]. L'opposition entre ces deux types d'espaces était renforcée par une série de tabous qui interdisaient tout mélange entre ces deux éléments[15]. M. Mauss et H. Beuchat (1904-1905) identifièrent l'alternance saisonnière comme le principe organisateur de la morphologie sociale des sociétés eskimo de l'Arctique central. On la retrouve dans l'exploitation du territoire des Inuinnait jusque dans les années soixante-dix et si D. Jenness (1922 : 143) s'interrogeait sur la pertinence du modèle proposé par ses collègues français pour appréhender le nomadisme des Eskimo du Cuivre, ce n'était au fond que sur des points secondaires.

Au début du siècle, l'alternance saisonnière suivait un schéma bien établi[16] (figure 9). En octobre, les familles se regroupaient en quelques points précis de la côte. Là, elles attendaient que la mer gèle et que la banquise soit suffisamment solide pour s'y installer et y chasser. Pendant cette période de transition les femmes consacraient tout leur temps à la confection de vêtements neufs pour chacun des membres de la famille[17]. Les hommes

---

14 A l'exception des Eskimo Caribou, qui vivaient toute l'année à l'intérieur des terres (région du Keewatin, voir figure 11, page 52).

15 Par exemple : ne pas manger de caribou sur la banquise ou du phoque sur la terre ferme, ne pas coudre de nouveaux vêtements (car ils sont en fourrure de caribou) sur la banquise, ne pas cuire ensemble du caribou et du phoque, etc. Si la liste est longue, D. Jenness (1924) puis K. Rasmussen (1932) notaient qu'elle était à la fois moins longue et moins stricte chez les Eskimo du Cuivre que chez les autres Eskimo centraux.

16 Le cycle annuel du nomadisme des Eskimo du Cuivre a été décrit avec précision par D. Jenness (1922), puis par D. Damas (1972). On trouve chez K. Rasmussen (1932) et V. Stefansson (1919) quelques détails, mais pas de présentation du système dans son ensemble.

17 Partout où les caribous sont présents, les Eskimo préféraient leur fourrure à toute autre pour se vêtir, en raison de son confort. En effet, elle est à la fois très serrée (ce qui signifie chaleur et protection contre le vent) et légère. Celle de bœuf musqué, trop lourde pour être portée, était utilisée comme couverture de sol, tout comme celle d'ours polaire. Toutefois, en raison de ses qualités thermiques, on confectionnait avec cette dernière des vêtements que les chasseurs portaient au cœur de l'hiver pour la chasse à l'*aglu*, pendant laquelle ils devaient rester de longues heures immobiles sur la banquise, penchés au dessus du trou de respiration du phoque attendu. La fourrure de caribou présente cependant l'inconvénient de fort mal vieillir : les poils tombent par poignées, surtout lorsqu'ils sont exposés à la chaleur. Aussi les vêtements ne résistaient-ils pas plus d'une année. L'été, les caribous muent : leur vieux pelage râpé est remplacé par une fourrure neuve qui les protégera du froid de l'hiver. Les vêtements étaient confectionnés avec cette nouvelle fourrure, donc en automne.

étaient moins occupés. Ils chassaient les caribous au nouveau pelage et passaient aussi beaucoup de temps à chanter et danser pour fêter les retrouvailles de la communauté, après la séparation estivale.

Quand la banquise était suffisamment solide (décembre ou janvier selon la latitude et les années), les Inuinnait quittaient la terre ferme pour s'installer sur la banquise[18]. Pour chaque sous-groupe, on comptait deux à quatre camps, qui pouvaient chacun réunir d'une vingtaine à plus de cent personnes. Les hommes pratiquaient en commun la chasse à l'*aglu*[19], d'autant plus efficace qu'un plus grand nombre de trous de respiration sont surveillés en même temps. Ils prenaient surtout des phoques marbrés, espèce la plus fréquente dans les eaux de la région. Les ours polaires étaient chassés à l'occasion, surtout au nord du 70ème parallèle, où ils sont nombreux. Pendant cette période, chaque camp se déplaçait lentement, abandonnant une aire de chasse lorsque les prises y devenaient moins fréquentes. Le "temps de la banquise"[20] était aussi celui de la vie communautaire et des longues veillées dans les iglous. Au début du printemps (mars), de nombreuses familles profitaient des bonnes conditions de circulation (glace encore bien dure, journées plus longues) pour aller rendre visite à des parents résidant dans d'autres camps, à l'intérieur de leur territoire ou sur celui d'un sous-groupe voisin.

Lorsque sous l'action de la chaleur - les températures absolues restent faibles mais elles sont accrues sur la banquise par l'albédo - la glace commençait à fondre en surface, le temps venait de quitter la banquise pour la terre ferme (vers avril / mai, selon les latitudes et les années). Le matériel inutile pour les migrations estivales (traîneaux, couteaux à neige, harpons à phoques, etc.) était entreposé sur certains points hauts des îles côtières et du

---

18 Les *Kangiryuarmiut* campaient au milieu de la banquise, loin des côtes, alors que les autres Inuinnait restaient sur les plages ou dans leur proximité, à l'intérieur de petites baies sur les côtes méridionales de l'île Victoria et du continent ou aux alentours de petites îles.

19 *Aglu* désigne le trou de respiration d'un phoque. Chaque phoque en entretient plusieurs et va de l'un à l'autre pour respirer entre deux plongées sous la banquise.

20 On désigne habituellement cette période par le terme "hiver", mais il me semble que cette expression est à proscrire, parce qu'elle laisse entendre que, de décembre à avril / mai, les conditions climatiques sont à peu près semblables, ce qui est tout à fait faux, comme le montrent les figures 7 et 8. Le temps de la banquise se divise en fait en quatre saisons principales : l'obscurité (décembre / janvier), les grands froids (février / début mars), le premier printemps - du retour des vraies journées (mars / début avril) -, le second printemps - des jours longs et des températures douces (avril / début mai) (voir figure 14, page 80).

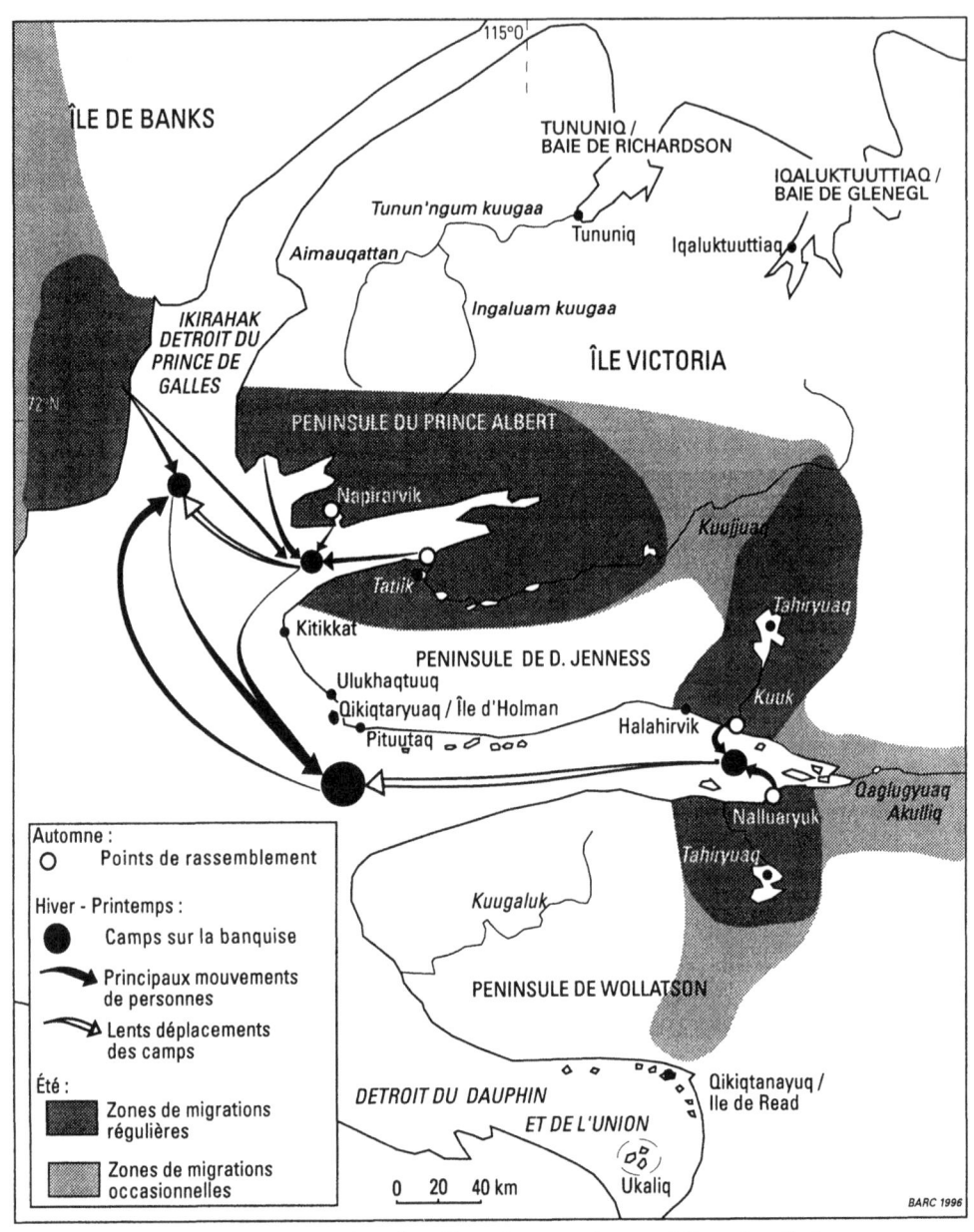

Fig. 9 : L'alternance saisonnière des Kangiryuarmiut au début du siècle

littoral. Par ailleurs, de la viande de phoque était déposée dans des caches[21] pour être consommée plus tard, en novembre / décembre, période de soudure souvent difficile où les tempêtes et l'obscurité gênent la chasse au caribou alors que celle au phoque demeure impossible sur une banquise trop fine.

Sur la terre ferme, les Inuinnait se séparaient pour voyager en très petits groupes : parfois une seule maisonnée, rarement plus de deux ou trois ; l'été était le temps de l'éclatement du groupe. Le début de la migration se faisait souvent en traîneaux, par le fond encore enneigé des vallées. Lorsque la neige faisait défaut, traîneaux et harnais étaient soigneusement entreposés, si possible sur des pitons rocheux, à l'abri des renards et de la curiosité des ours. Les familles partaient ensuite à pied, chargeant sur leurs dos et ceux de leurs chiens[22] l'équipement indispensable à la vie dans la toundra. Il arrivait qu'on laissât en arrière, avec quelques réserves, les vieillards insuffisamment valides pour suivre. Les déplacements sur la terre ferme s'organisaient d'abord en fonction de la chasse au caribou[23]. La pêche lacustre n'était qu'une activité secondaire, bien que ce fût souvent elle qui gardât les Inuinnait de la famine[24]. Les camps étaient éphémères, démontés et remontés plus loin tous les quatre ou cinq jours. La viande de caribou comme les poissons étaient immédiatement consommés pour partie, séchés puis mis dans des caches pour le reste. Les Inuinnait avançaient le plus loin possible à l'intérieur des terres,

---

21 La toundra est parsemée de ces caches, structures massives de pierres empilées, agencées de telle sorte que les renards ne puissent y pénétrer et voler la nourriture entreposée.

22 Avant la multiplication des fusils et, surtout, le passage à une économie de trappe, les Inuinnait avaient peu de chiens. D'après D. Jenness et K. Rasmussen, chaque famille en possédait un ou deux, le maximum semble avoir été de quatre. Les déplacements en traîneau étaient donc assez lents et il fallait souvent aider les chiens. L'usage voulait que les femmes se harnachent au devant d'eux pour les encourager, tandis que le chasseur poussait derrière le traîneau tout en dirigeant l'attelage. En fait, les Inuinnait utilisaient alors les chiens moins pour tirer leurs traîneaux que pour la chasse à l'*aglu*, où leur flair était mis à contribution pour reconnaître l'odeur de l'eau salée sous la mince pellicule de glace qui recouvre ces trous de respiration.

23 On connaît surtout ces migrations grâce à D. Jenness (1922), qui vécut avec les *Puivlirmiut* (voir figure 6) et les accompagna dans leur migration estivale à l'intérieur de la péninsule de Wollatson de la mi-mai à la fin octobre 1915.

24 Malgré des températures plus clémentes, l'été était une période difficile où la famine menaçait souvent. Sur l'île Victoria, les troupeaux de caribous sont de petite taille et les trouver relevait certes de la connaissance du territoire mais aussi de la chance. Sur le continent, les Inuinnait étaient à la merci d'un changement d'itinéraire des grands troupeaux qui paissent dans la toundra l'été et dans la forêt boréale l'hiver.

suivant des itinéraires qui variaient peu d'une année à l'autre. Puis, vers le milieu de l'été, ils mettaient un terme à leur progression et retournaient vers la mer, s'arrêtant sur le chemin du retour aux caches de viande élevées quelques semaines plus tôt, afin d'y récupérer la nourriture qu'ils y avaient déposée. Les caches sont ainsi les témoins les plus fidèles des migrations estivales. La difficulté vient de ce qu'il est pour l'instant impossible de les dater. M. Hehmsoth-Le Mouël (1983 et 1992) a montré que l'obligation de passer aux mêmes lieux à l'aller et au retour limitait l'extension du territoire de chasse estival et en favorisait une pratique routinière. De retour sur le littoral, les familles reformaient la communauté et attendaient ensemble de pouvoir s'installer sur la banquise.

Ce système d'occupation du territoire reposait sur la mise en valeur alternée de deux écosystèmes bien différents. L'alternance saisonnière était bien plus qu'une donnée de l'organisation économique des Inuinnait : c'est selon son principe que s'organisait la vie de la communauté et que se maintenait son équilibre. La terre ferme était associée à l'été, au caribou et à l'éclatement du groupe ; la banquise à l'hiver, au phoque et au resserrement du groupe. La terre était le temps de l'individu, la banquise celui de la communauté. Un espace était en revanche totalement ignoré : la mer en tant qu'élément liquide. Les Inuinnait n'ayant pas de kayaks de mer[25], ils ne pouvaient chasser le phoque en eau libre. Quant à la côte, elle n'était pas vraiment exploitée. Zone de transition, on n'y séjournait que dans l'attente de conditions favorables à une installation plus définitive ailleurs. On chassait d'ailleurs relativement peu en automne, une fois couverts les besoins en peau de caribou pour l'habillement. La viande fraiche se garde mal en cette saison humide, aussi consommait-on alors surtout du phoque, stocké dans les environs au printemps précédent[26], ainsi que du caribou et du poisson, séchés pendant l'été.

Un système d'occupation du territoire souple

L'étude de l'organisation de l'occupation de l'espace des Inuinnait révèle qu'au cours du XXè siècle, ils ont par deux fois au moins inventé des formes nouvelles d'exploitation du territoire (Collignon, 1993). Au XIXè siècle, si les rencontres sporadiques avec des navigateurs Occidentaux suscitent chez les Inuinnait une certaine perplexité, elles ne modifient en rien

---

25 Ils n'avaient que de petits kayaks qu'ils utilisaient pour chasser les caribous sur les lacs.

26 Pendant les mois d'été, à l'ombre et au sec, le phoque cru pourrit et devient *unniq*, mets très apprécié des Inuit.

leurs habitudes. A l'abri dans les eaux trop froides de l'archipel - qui ne sont donc fréquentées qu'exceptionnellement par les grandes baleines - ils sont préservés du choc culturel brutal qui touche les *Inupiat*[27] à l'arrivée des baleiniers. Les premiers échanges ont lieu au début de ce siècle. Les Eskimo du Cuivre les plus occidentaux rencontrent à l'occasion des trappeurs Blancs - tels le capitaine C. Klengenberg - venus de l'Ouest à la recherche de nouvelles terres riches en petits animaux à fourrures. Ils échangent avec les Inuinnait quelques biens, dans le but de les faire entrer dans une économie de traite. Le fusil s'impose très rapidement. D. Jenness le remarquait dès 1914-1916 et discutait longuement des conséquences de son introduction (1921). A la fin des années 1910, de petits postes de traite s'ouvrent un peu partout sur le territoire des Eskimo du Cuivre (Usher, 1972). Jusqu'au milieu des années vingt, le rythme des migrations saisonnières demeure cependant inchangé.

Sous l'influence des marchands qui organisent les échanges, les Inuinnait passent progressivement, entre 1920 et 1935, d'une économie de chasse à une économie de traite, fondée sur le piégeage des renards blancs. S'ils continuent à chasser pour se nourrir, c'est la trappe qui organise leurs mouvements et la vie du groupe. Un nouveau système nomadique, de trappeurs et non plus de chasseurs, se met alors en place et fonctionne de 1925/35 à 1955/60.

Les camps de la banquise disparaissent. Isolés les uns des autres, les hommes renoncent à la chasse à l'*aglu*, trop incertaine dans ces conditions. De novembre à avril, chaque famille se déplace le long de ses lignes de trappe, sur la côte et à l'intérieur des terres. La banquise n'est plus un espace de vie, tout juste un espace traversé où l'on ne s'attarde guère. D'estivale, la chasse au caribou devient hivernale. En été, deux ou trois familles campent désormais ensemble sur les bords de l'océan et chassent le phoque en eau libre grâce aux petits bateaux acquis au poste de traite. L'alternance saisonnière est totalement renversée, mais son principe est respecté. L'hiver et le printemps sont le temps de la terre ferme, du caribou et de l'individu ; l'été et l'automne sont celui de la mer, du phoque et de la communauté. Les camps estivaux de cette période restent cependant de taille modeste et l'époque de la trappe est celle de la dispersion maximale dans l'histoire des Eskimo du Cuivre. Le groupe ne se rassemble plus qu'à Noël et à Pâques, autour des missions - anglicanes et catholiques - et des postes de traite[28]. Ces pôles d'attraction allogènes imposent une nouvelle armature du territoire. En 1940, on compte

---

27 Eskimo de la côte Nord de l'Alaska.

28 A partir de 1939, le gouvernement fédéral canadien impose aux diverses institutions de s'installer sur les mêmes lieux (Buliard, 1950), afin sans doute de faciliter leur contrôle.

quatre centres : Cambridge Bay (*Iqaluktuuttiaq*), Burnside (*Qingaun*), Coppermine (*Qurluqtuuq*) et Holman Island[29] (*Ulukhaqtuuq*).

Les années cinquante - soixante voient la sédentarisation des Inuinnait (voir *infra*). Une fois de plus, ils modifient leur mode d'occupation du territoire. Ils doivent en effet s'adapter à une nouvelle organisation spatiale où l'espace n'est plus polarisé, structuré par de multiples camps, mais centralisé, organisé à partir d'un lieu unique et permanent de résidence. Cependant, le principe de l'alternance saisonnière perdure. A nouveau un autre système, cette fois semi-nomadique, se met en place (vers 1955/60). Il oriente la vie des Inuinnait jusqu'au tournant des années quatre-vingts.

L'hiver, les femmes et les jeunes enfants restent au village tandis que les hommes, accompagnés de leurs garçons adolescents, trappent les renards blancs et chassent le caribou. Ils s'absentent souvent trois à quatre semaines de suite. Au printemps, dès avril ou mai, le village est déserté et les familles renouent avec la vie des camps, se dispersant sur le territoire. Après avoir pêché dans les lacs proches de la côte, elles rejoignent le littoral en juin pour chasser les oies et les canards qui arrivent pour la nidification, ainsi que les phoques endormis au soleil sur la banquise. Puis, une fois la banquise disloquée, isolément ou à deux ou trois, les familles s'installent sur les plages de l'Océan Glacial : les hommes chassent le phoque en eau libre et tous pêchent aux embouchures des rivières et dans les lacs alentour. Septembre est le temps d'un premier retour au village, suivi quelques semaines plus tard par le dernier déplacement familial de l'année. Alors que les ombles arctiques amorcent leur descente vers la mer, les Inuinnait campent au bord des principaux lacs et rivières et posent leurs filets sous la fine glace nouvelle. Fin octobre, les familles réintègrent pour six à sept mois leurs petites maisons de villageois sédentaires. Ainsi, l'hiver demeure le temps du caribou mais il est redevenu celui de la communauté, avec une donnée nouvelle : la séparation marquée des sexes. L'été reste le temps du phoque et redevient celui de l'éclatement du groupe, de l'individu. Le printemps et l'automne sont des saisons de transition : entre communauté et individu, entre caribou et phoque, les activités cynégétiques se concentrent sur des gibiers secondaires : oiseaux migrateurs et poissons.

Le système d'exploitation du territoire suivi par les Inuinnait se révèle d'une grande souplesse. Tout au long de ce siècle, il leur a permis de s'adapter

---

29 Ce nom est celui d'une île (*Qikiqtaryuaq* : "la grande île") située à cinq kilomètres au Sud-Est du site même d'implantation. Malgré cet éloignement, il fut choisit pour désigner la nouvelle localité, parce que c'était le toponyme anglais le plus proche, les autorités de l'époque n'imaginant pas d'utiliser la toponymie locale.

à de nouvelles conditions techno-économiques sans pour autant renoncer à leur identité propre, fondée sur le principe de l'alternance saisonnière. En ce sens, on peut dire que la société, même après la sédentarisation, reste traditionnelle[30].

A partir du milieu des années soixante-dix cependant, le système s'est effondré. La multiplication des emplois salariés permanents, l'introduction de la télévision dans les foyers, pour ne citer que les changements les plus frappants[31], ont eu raison de l'alternance saisonnière. Dans les années quatre-vingts, le territoire effectivement exploité a fortement diminué en surface et toute forme élaborée d'occupation de l'espace a disparu. Aujourd'hui, le territoire de chasse, de trappe et de pêche des villages est d'abord une réserve de nourriture et non un lieu de vie, surtout pour les jeunes générations.

Territoire / Identité / Appropriation

Les Inuinnait désormais mieux connus, il est temps de revenir sur la notion de territoire. Pour certains géographes l'emploi de ce terme doit se limiter à la désignation d'entités administratives, de maillages d'espaces nationaux contrôlés par diverses formes de pouvoirs (technique, financier, politique, etc.). Je l'emploie pour ma part dans un sens plus large et plus anthropologique, tel qu'entendu dans les textes suivants :

> "Lieu de vie du groupe, d'où il tire les expériences au travers desquelles il reconstitue l'univers et élabore sa conception du monde [...]. Partie de l'espace, et tout comme lui, l'espace humanisé est fonction du Temps. Il apparaît ainsi comme le lieu où s'inscrit dans le Temps la vie du groupe, où les rapports de celui-ci avec son milieu prennent une réalité saisissable pour l'analyse, où s'établit enfin, au fil des saisons, son équilibre écologique." (Le Mouël, 1978 : 89)

---

30 Le terme "traditionnel" est d'un emploi délicat. Il sous-entend la fidélité à des habitudes établies de longue date et souligne l'ancrage dans la durée. Cependant, par un glissement de sens, on l'associe souvent au statisme, au repli, au refus des changements ; par opposition à l'ouverture aux manières nouvelles de faire et au dynamisme. Or, une société traditionnelle peut très bien être dynamique. J. Bonnemaison (1987) a ainsi montré que, sur l'île de Tanna, les "hommes de la coutume" sont des traditionalistes, mais la recherche du maintien des équilibres anciens n'est pas contradictoire avec une pratique dynamique de la coutume, qu'ils n'hésitent pas à réaménager afin qu'elle puisse répondre à de nouveaux besoins.

31 Les facteurs du changement sont présentés plus longuement au chapitre 6.

Chapitre 1

> "L'espace des géographes est bien une structure et un système [...] mais il est aussi pour les hommes qui l'habitent un territoire, perçu à travers les grilles de leur culture. Le territoire est lié à l'ethnie et à la culture qui le mettent en forme. Traduit en termes d'espaces, le concept de culture renvoie immanquablement à celui de territoire. L'existence de la culture crée en effet le territoire et c'est par le territoire que s'incarne la relation symbolique qui existe entre la culture et l'espace. Le territoire devient dès lors un "géosymbole", c'est-à-dire un lieu, un itinéraire, un espace, qui prend aux yeux des peuples et des groupes ethniques, une dimension symbolique et culturelle, où s'enracinent leurs valeurs et se conforte leur identité."
> "Le territoire est tout à la fois "espace social" et "espace culturel."
> "... le territoire fait appel à tout ce qui dans l'homme se dérobe au discours scientifique et frôle l'irrationnel : il est vécu, affectivité, subjectivité, et bien souvent le nœud d'une religiosité, terrienne, païenne ou déiste. [...] Le territoire naît ainsi de points et de marques sur le sol : autour de lui, s'ordonne le milieu de vie et s'enracine le groupe social, tandis qu'à sa périphérie et de façon variable, le territoire s'atténue progressivement en espaces secondaires aux contours plus ou moins nets." (Bonnemaison, 1981 : 249, 255 et 261)

Les définitions proposées ci-dessus rendent bien compte de ce qu'est le territoire pour les Inuinnait : un espace parcouru, régulièrement fréquenté, mis en valeur économiquement et investi affectivement, par la parole et par les gestes. Le territoire est le lieu de l'identité (Collignon, 1997).

Le sous-groupe se désigne d'ailleurs à partir d'une entité géographique, emblème de son territoire de nomadisation. Ce dernier porte l'histoire des hommes qui y vivent comme de ceux qui y ont vécu et dont la mémoire s'accroche aux lieux. La prise de possession du territoire prend de multiples aspects : construction de formes - *inukhut*[32], caches à viande, pièges

---

[32] Sing. : *inukhuk*, "ce qui est comme un homme". Cairns de pierres empilées de telle sorte que la construction a une forme humaine, il en existe de toutes tailles. Ils sont en fait à deux types : points de repères destiner à aider les hommes à s'orienter, ou leurres utilisés lors de chasses estivales au caribou. A cette fin, les Inuinnait élevaient plusieurs *inukhut* disposés en deux lignes à peu près parallèles. Les rabatteurs - souvent les femmes et les enfants - dirigeaient les caribous à l'intérieur du couloir dessiné par ces alignements. Là, effrayées par ces formes humaines, les bêtes couraient droit devant elles. Cette sorte de canal se terminait le plus souvent sur un lac - si possible sur un à-pic - où les chasseurs en kayak attendaient pour transpercer leurs proies de leurs flèches. Parfois, quelques chasseurs se cachaient derrière les *inukhut* et tiraient depuis leurs abris sur les bêtes affolées. Ainsi affaiblies elles ne pourraient échapper aux hommes à l'affût sur le lac.

à renards, etc. -, inscription de signes sur la terre - pierres disposées en cercles (anciens ronds de tentes), trous creusés dans le sol (dépôts où la graisse de phoque se transforme en huile), etc. - et, surtout, désignation des lieux par des toponymes. Le territoire est nommé et ainsi "possédé-par-la-parole" (Le Mouël, 1978 : 90). Cette action est une véritable démarche d'appropriation. Les enquêtes toponymiques révèlent la force de ce sentiment. Lors de ces enquêtes, arrivés aux frontières de leur territoire, les chasseurs disent toujours à peu près ceci :

> "Au-delà, je connais encore des toponymes, mais ce ne sont pas les nôtres. Ce sont ceux de X (nom d'un groupe). C'est à eux qu'il faut les demander, je pourrais mal les dire, car ce ne sont pas les miens".

> "[...] parcouru selon des trajets propres à tirer les ressources qu'il recèle, domaine non possédé *de jure* mais *de facto* par les habitants qui le sillonnent : c'est le territoire" (Le Mouël, 1978 : 89).

Ces dernières lignes résument bien ce qu'il en est du territoire pour les Eskimo : il appartient à ceux qui l'utilisent. On retrouve cette idée dans la seconde définition donnée pour ce concept dans *les mots de la géographie* : "Espace approprié avec sentiment ou conscience de son appropriation" (Brunet dir., 1992 : 480). Cette appropriation, dans le contexte culturel eskimo, n'a de réalité ni politique, ni juridique. Elle ne s'accompagne pas d'un processus d'exclusion, comme on l'on observe chez d'autres chasseurs-cueilleurs. Le territoire est à celui qui l'utilise régulièrement, ce qui n'empêche pas qu'un autre l'exploite aussi. Tout homme peut s'installer et exploiter une zone donnée, même si elle est associée à un groupe spécifique qui en porte le nom[33]. La fréquentation régulière d'un lieu ou d'une zone implique l'appropriation de la surface au titre de territoire, qui se manifeste par une identification qui signale l'existence d'une relation forte et entretenue entre un ou des hommes et une portion d'espace et non par l'application d'un principe d'exclusivité. Le suffixe *-miut* souligne d'ailleurs que les hommes

---

33 On ne connaît pas de récits d'explorateurs chassés d'un lieu par des Eskimo. L'équipe "méridionale" (*Southern party*) de l'expédition *Canadian Arctic Expedition* passa ainsi deux ans à Bernard Harbour - *Nulahugyuk* - sur le territoire des *Nuahungnirmiut* (figure 6), sans que ceux-ci lui en fassent jamais le moindre reproche. Plus récemment, de 1980 à 1986, la M.I.A.F.A.R. - Mission Archéologique Française de l'Arctique - installa son camp de fouilles, avec l'accord de la communauté d'Holman, sur le bout d'une presqu'île du nom de *Nauyat*, à une trentaine de kilomètres du village. Dix ans plus tard on précise toujours à Holman que ce lieu est "celui des Français", parce qu'ils sont les derniers à l'avoir occupé de façon régulière, ce qui n'empêche pas les *Ulukhaqtuurmiut* d'y séjourner à l'occasion.

> **Eskimo du cuivre et sociétés eskimo : le contexte ethnologique global**
>
> Les Eskimo du Cuivre se distinguent des autres Eskimo Centraux par plusieurs traits, dont les principaux sont les suivants.
>
> Chez les Eskimo Centraux, la société s'organise suivant un système clanique patrilinéaire où l'autorité du père, du patriarche, bien que toujours sous le contrôle de la communauté, est bien assise. Chez les Inuinnait en revanche, l'autorité du chef de la famille nucléaire, (c'est-à-dire du chasseur principal) ne s'étend pas au-delà de cette cellule élémentaire. Par ailleurs, les tabous ne semblent pas avoir eu ici, au XXè siècle du moins, la force qu'ils avaient partout ailleurs en Arctique central. C'est même à partir de cette observation que D. Jenness (1924 : 143), qui en avait été frappé, avait jugé bon de remettre en question la portée générale de l'analyse de M. Mauss et H. Beuchat (1904-1905) sur la morphologie sociale des Eskimo. D'une part les tabous semblent avoir été moins nombreux et moins précis qu'ailleurs, d'autre part les entorses étaient pour ce qu'on en sait assez fréquentes (voir M. Métayer, 1973, récit 46 : le camp décide de ne pas respecter un tabou et se protège de la colère légitime de l'esprit offensé par une séance préventive de chamanisme. On peut donc briser un tabou à condition de connaître les moyens d'éviter les représailles).
>
> Diverses théories ont été avancées pour expliquer ces différences. W. Stefansson, qui croyait avoir rencontré des "Eskimo blonds" (1913), défendait l'idée qu'il s'agissait d'un groupe culturel à part, n'appartenant pas à la famille eskimo. Cette hypothèse fut rapidement balayée. Parce que les Eskimo du Cuivre furent parmi les derniers groupes à être "découverts", on pensa ensuite qu'ils témoignaient de l'organisation originelle de tous les groupes eskimo, qui auraient ailleurs évolué, sous l'influence des baleiniers et des missionnaires, avant même que les ethnologues aient pu les observer. Aujourd'hui cette théorie est écartée mais les explications alternatives manquent. La faiblesse numérique et l'éclatement spatial, en l'absence de tout contrôle social fort, auraient pu favoriser la prise de libertés face aux contraintes, mais pourquoi dans ce groupe plus que chez les autres Eskimo centraux ?
>
> Le contexte ethnologique dans lequel s'inscrit l'étude du savoir géographique des Inuinnait est, on le voit, assez mal connu. De ce fait, l'extension des conclusions de cette étude à l'ensemble des groupes inuit de l'Arctique central doit se faire avec beaucoup de prudence.

appartiennent autant au territoire que celui-ci leur appartient. Aussi est-il plus pertinent de parler de filiation plutôt que d'appropriation.

Ainsi se dessine et se précise peu à peu l'image de la territorialité des Inuinnait. Faite d'enracinement, elle est la base sur laquelle ce peuple construit son identité.

> "La territorialité découle [...] de l'ethnie en ce qu'elle est d'abord la relation culturellement vécue entre un groupe humain et une trame de lieux hiérarchisés et interdépendants, dont la figure au sol constitue un système spatial, autrement dit un territoire. [...] La territorialité se comprend [...] par la relation sociale et culturelle qu'un groupe entretient avec la trame des lieux et d'itinéraires qui constituent son territoire." (Bonnemaison, 1982 : 253 - 254)

C'est aussi cette territorialité que l'analyse du savoir géographique aide à comprendre.

DES INUIT SOUS ADMINISTRATION ALLOGENE

Il n'existe pas, à l'heure actuelle, d'Etat eskimo indépendant. Les Eskimo sont partout sous administration allogène mais, selon les Etats, ils bénéficient d'une autonomie plus ou moins large. Elle n'est nulle part aussi forte qu'au Groenland, qui bénéficie du *Home rule d*epuis 1979 mais reste cependant sous tutelle danoise.

Considéré selon un point de vue circumpolaire, le territoire des Inuinnait occupe une position relativement centrale dans l'Arctique nord-américain. Cependant, par un effet de retournement il s'est retrouvé, sous l'œil des Occidentaux, en situation périphérique. Les explorateurs cherchaient le passage du Nord-Ouest et abordaient l'archipel arctique soit par l'Est (Labrador, baie d'Ungava et Terre de Baffin), soit par l'Ouest (détroit de Béring, côte alaskienne et mer de Beaufort). L'Arctique central, de leur point de vue, était un môle dont la traversée était un véritable défi. Les Inuit qui l'habitaient - *Natsilingmiut* et Eskimo du Cuivre - se sont ainsi trouvés isolés, longtemps tenus à l'écart des échanges avec le monde occidental. Sans doute ces derniers doivent-ils aussi à cette marginalisation le petit nombre d'études dont ils ont fait l'objet tout au long du siècle.

Chapitre 1

Le gouvernement fédéral canadien ne s'est véritablement préoccupé d'administrer son Nord qu'après la seconde guerre mondiale. Auparavant, il s'était déchargé de cette tâche auprès de trois institutions (par ordre d'apparition en Arctique) : la Compagnie de la baie d'Hudson, les Eglises (Anglicane et Catholique) et la Gendarmerie Royale du Canada.

La sédentarisation (1950 - 1965)

Au Canada, la sédentarisation des Inuit, dans les années cinquante, est le fruit de la conjonction de plusieurs événements indépendants les uns des autres. Jusque dans les années quarante, si les missionnaires souhaitaient une sédentarisation - parce qu'elle favorise la pratique régulière - ils n'avaient pas les moyens de la mettre en place. En revanche les responsables des postes de traite y étaient hostiles, parce qu'ils craignaient qu'elle ne s'accompagne d'une baisse des prises de la trappe. Le gouvernement fédéral lui-même n'y était pas favorable, notamment parce qu'il en redoutait les conséquences financières.

Au début des années cinquante, l'Arctique canadien est le théâtre d'un projet militaire américain de grande envergure : la construction de la *Distant Early Warning Line* (Ligne d'Alerte Avancée, souvent appelée *D.E.W. line*). Dans le contexte de la guerre froide, l'objectif est d'installer des postes d'observation radar tout au long du 70ème parallèle Nord afin de repérer le plus tôt possible une éventuelle attaque de l'U.R.S.S. par le pôle. L'unique mission des stations est de prévenir le Pentagone, afin qu'il dispose de quelques heures pour mettre en place une stratégie de défense du territoire américain. Pour construire ces postes, on fit appel pour partie à une main d'œuvre d'Inuit attirés tant par les salaires proposés que par la curiosité. Bon nombre de ces charpentiers d'un été se sédentarisèrent autour des stations principales une fois la construction achevée. En territoire inuinnait, Cambridge Bay fut choisie en 1955 pour l'installation d'une station relais contrôlant des postes plus petits placés sur la côte Sud de l'île Victoria et la côte Nord du continent. Jusqu'à 200 Inuit travaillèrent en même temps à l'édification de ce gros centre. Beaucoup d'Inuinnait venus pour s'embaucher une saison ne repartirent jamais et s'installèrent définitivement à Cambridge Bay, dont l'histoire est ainsi liée à celle de la Ligne d'Alerte Avancée.

Par ailleurs, au cours des mêmes années, le gouvernement change sa position sur la sédentarisation. Il l'appuie officiellement à partir de 1959 (Judd, 1969). Cette révision est motivée par un ensemble de considérations parmi lesquelles il ne faut pas négliger une certaine philanthropie de l'Etat canadien. Le souci d'assurer aux enfants inuit une formation scolaire[34] et à l'ensemble des Inuit un suivi médical efficace[35] pèse lourd dans la décision des autorités, tout comme l'émotion suscitée dans l'opinion publique canadienne par la publication par le quotidien torontois *The Globe and Mail* d'un reportage sur la terrible famine que subissait dans la même décennie un groupe d'Eskimo Caribou vivant à l'intérieur des terres (district du Keewatin, figure 10), parce que les caribous avaient changé leurs itinéraires de migration annuelle.

A Cambridge Bay et Coppermine, la sédentarisation s'opéra dans les années cinquante et était pratiquement achevée en 1960. A Holman et dans la baie de Bathurst, elle ne s'amorça qu'à la fin des années cinquante et fut très rapide[36]. A Holman, la dernière famille rejoignit la localité en 1967. En baie de Bathurst, les Inuinnait s'installèrent d'abord sur la rive occidentale de l'embouchure de la rivière *Burnside* (*Ayappaqpaqturvik*, "l'endroit où quelqu'un perdit l'équilibre"), au lieu-dit *Qingaun* ("le lieu élevé") officiellement appelé *Bathurst*, à proximité du poste de traite de la Compagnie de la baie d'Hudson. En 1964, ce poste fut déménagé plus au Nord de la baie, sur sa rive orientale, au lieu-dit *Umingmaktuuq* ("Qui est avec des bœufs musqués", orthographe officielle : "Umingmaktok"), aussi appelé *Bay Chimo*, mais ce nom n'est pas officiel. La plupart des familles suivirent le poste sur son nouvel emplacement. Seules deux d'entre elles, une vingtaine de personnes, résident encore en permanence à *Qingaun*.

La sédentarisation a touché tous les Inuinnait. Après avoir goûté à cette nouvelle vie, quelques-uns décidèrent de quitter les villages pour demeurer dans des camps permanents (*outpost camps*) où ils se construisirent de petites maisons de planches en utilisant du bois de récupération. Le gouvernement les subventionne - sous la forme de dons en fuel domestique essentiellement - afin d'encourager ce mode de vie. Ces familles ne séjournent que quelques semaines par an dans leur village de rattachement (Coppermine ou Umingmaktok).

---

34 Cette formation est donnée dans une logique d'assimilation. Elle se fait en anglais et suit les programmes des écoles de l'Alberta. Alors que l'*inuktitut* est depuis devenu langue d'enseignement à part entière en Arctique canadien oriental et central, l'anglais domine toujours très largement à l'Ouest, dans les écoles des villages inuinnait et *Inuvialuit*.

35 En 1956, un Inuit sur six était soigné dans le Sud du pays pour tuberculose. Cette affection pulmonaire avait pris une forme épidémique et ravagea la population inuit dans les années cinquante.

36 Pour les localisations voir figure 4, p. 26.

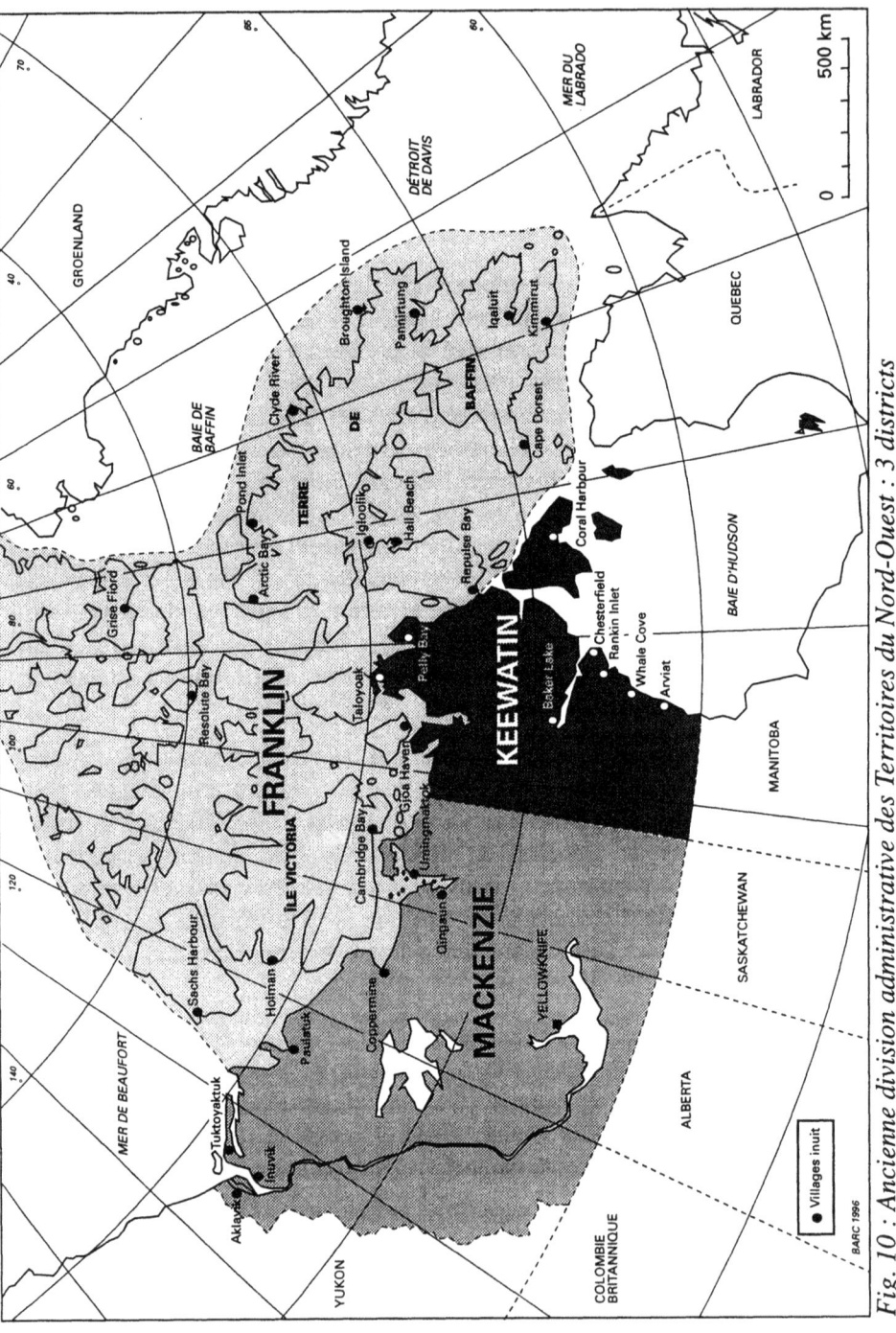

Fig. 10 : Ancienne division administrative des Territoires du Nord-Ouest : 3 districts

Les Inuinnait

L'encadrement administratif

Du fait de la structure fédérale de l'Etat canadien, les Inuit ne dépendent pas tous des mêmes autorités. Ceux du Labrador et du Nouveau Québec sont administrés par les gouvernements provinciaux de Terre-Neuve et de Québec, les autres par le gouvernement territorial des Territoires du Nord-Ouest, qui demeure assez dépendant du ministère des affaires indiennes et du Nord du gouvernement fédéral, notamment pour des raisons financières.

Les Territoires du Nord-Ouest - vaste entité de quelques 3 377 000 km^2 - furent d'abord divisés en trois districts - Franklin, Keewatin, Mackenzie (figure 10) - puis en cinq régions - Baffin, Fort Smith, Inuvik, Keewatin et Kitikmeot (figure 11). Aujourd'hui, les districts ne correspondent plus à aucun niveau administratif, mais ils n'ont pas été supprimés. Ils figurent toujours sur les cartes, alors que, le plus souvent, les régions ne sont pas indiquées. La région Kitikmeot[37] administre les *Natsilingmiut* et les Inuinnait. Cambridge Bay, qui occupe une position relativement centrale et bénéficie d'une bonne infrastructure de transports aériens grâce à la station de la *D.E.W. Line*, a été élevée au rang de capitale régionale. Au sein de la région, la reconnaissance *de facto* de deux entités culturelles distinctes limite les difficultés liées à une composition hétérogène d'autant plus marquée qu'elle se fonde sur une conscience aiguë, dans les deux communautés, des différences, souvent considérées comme de véritables oppositions (voir note 2, p. 23).

Depuis les années soixante, le système administratif évolue d'une part vers une décentralisation de plus en plus poussée, d'autre part vers l'octroi d'une autonomie croissante aux autochtones. Le gouvernement territorial, nommé par les membres élus de l'assemblée législative territoriale[38] est aujourd'hui le principal organe de décision pour tout ce qui regarde le territoire (économie, encadrement social, etc.). Ses attributions sont proches de celles des gouvernements provinciaux, à ceci près qu'il reste financièrement très dépendant du gouvernement fédéral, qui prend en charge l'essentiel des dépenses dans les Territoires du Nord-Ouest (T.N.O.). Autrefois en revanche, l'assemblée territoriale n'avait qu'un rôle consultatif auprès du tout puissant

---

37 Transcription du mot *Qitirmiut* - "Ceux-du-milieu" - qui désignait le groupe *natsilingmiut* le plus occidental. Il entretenait d'étroites relations avec les Inuinnait les plus orientaux, dont beaucoup de ses membres étaient issus. (Csonka, 1995)

38 Les députés de l'assemblée législative sont élus au suffrage universel uninominal à un tour. Les circonscriptions ne correspondent pas toujours au découpage administratif : Holman - région Kitikmeot - est dans la même circonscription que Paulatuk, région Inuvik.

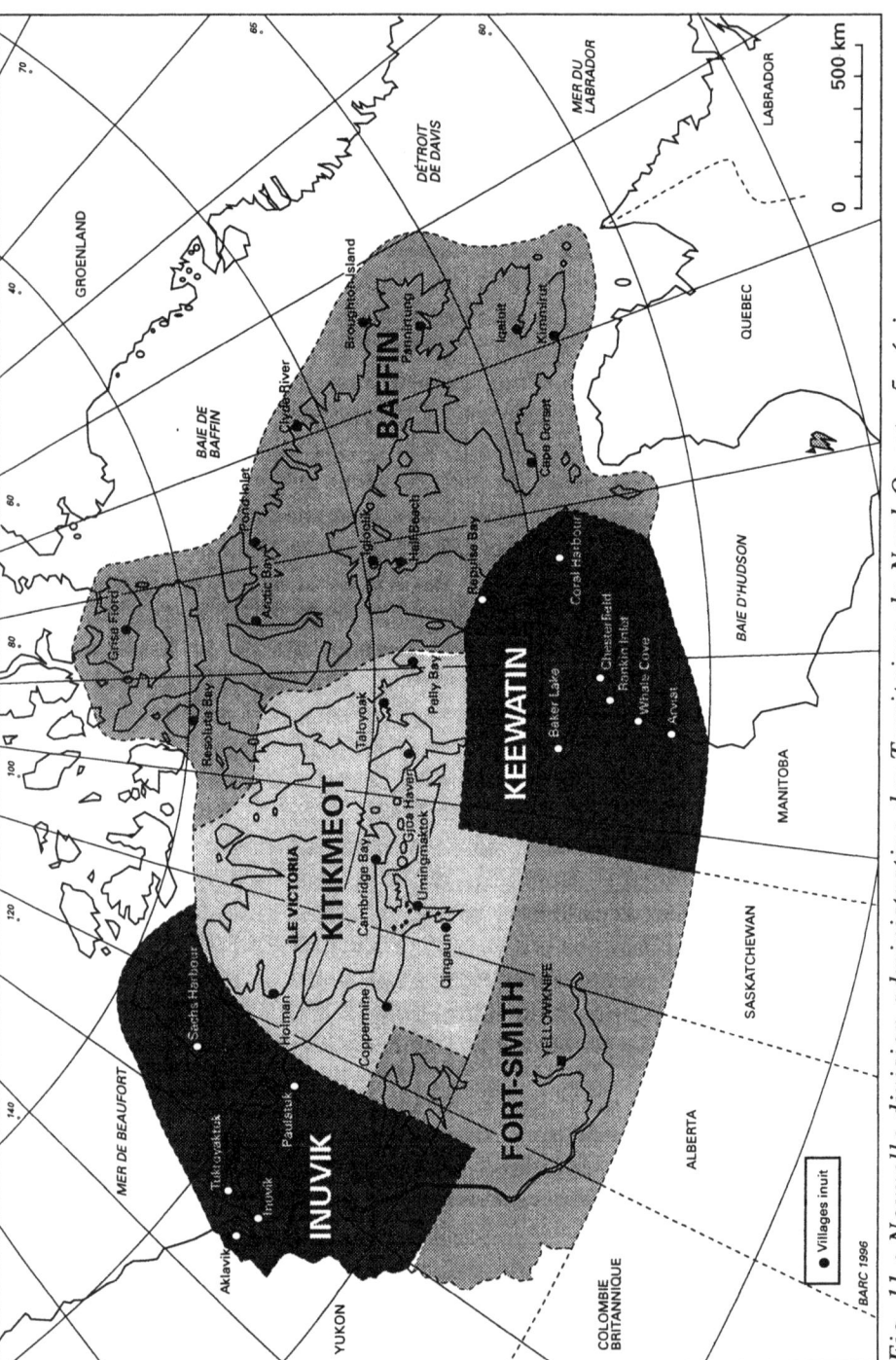

Fig. 11 : Nouvelle division administrative des Territoires du Nord-Ouest : 5 régions

Commissaire Territorial, directement nommé par le gouvernement fédéral, à Ottawa. Depuis les années quatre-vingts, la charge de ce dernier tend à devenir purement honorifique.

Ce système disparaîtra en 1997, en même temps que les T.N.O. qui seront divisés en deux parties. Le Nord et l'Est deviendront un territoire inuit autonome - le *Nunavut* -, tandis que la vallée du Mackenzie et la mer de Beaufort (y compris l'île de Banks et la côte Nord-Ouest de l'île Victoria) formeront un territoire au statut encore mal défini, pour lequel on cherche encore un nom. Il comprendra le territoire autonome des *Inuvialuit*, autour de la mer de Beaufort, un territoire autonome *Déné*[39], dont l'étendue et les pouvoirs sont encore en cours de négociation, et des zones demeurant Terres de la Couronne, sous administration gouvernementale. A côté des autochtones, les Euro-canadiens forment une forte minorité dans l'ensemble de cette région, alors que les Inuit sont majoritaires à plus de 90% au *Nunavut*.

Répartition des Inuinnait en 1992

En juin 1992, le Kitikmeot occidental comptait aux alentours de 3 500 habitants, dont environ 3 200 Inuinnait. Les Euro-canadiens se concentrent surtout à Cambridge Bay (environ 200), où ils sont employés dans les services administratifs régionaux divers et, en moindre proportion, à Coppermine. Ils ne sont qu'une vingtaine à Holman et Umingmaktok n'en compte qu'un, très intégré à la communauté. Les Inuinnait se répartissent entre cinq villages, de tailles et de compositions très différentes : Bathurst (*Qingaun*), Cambridge Bay (*Iqaluktuuttiaq*), Coppermine (*Qurluqtuuq*), Holman (*Ulukhaqtuuq*) et Umingmaktok (*Umingmaktuuq*).

Cambridge Bay, avec environ 1 500 habitants, est la plus grosse localité de la région Kitikmeot. C'est aussi la plus hétérogène. Hormis les Euro-canadiens, on y compte une petite minorité *Natsilingmiut*. De plus les Inuinnait, qui forment la majorité de la population, sont eux-mêmes très divisés car issus de sous-groupes différents qui se sont sédentarisés au même lieu sans pour autant s'assembler pour former une communauté soudée. Coppermine ressemble un peu à Cambridge Bay par sa taille (environ 1 100 habitants) et sa composition. Si les Euro-canadiens y sont nettement moins nombreux, on y retrouve l'absence de réelle unité entre des habitants issus de sous-groupes différents. Près de quarante ans après la sédentarisation, la vie locale de ces deux villages s'organise toujours en fonction des sous-groupes

---

39 Ce nom générique désigne tous les Indiens de la vallée du Mackenzie, qui appartiennent à six nations (et parlent six langues) différentes.

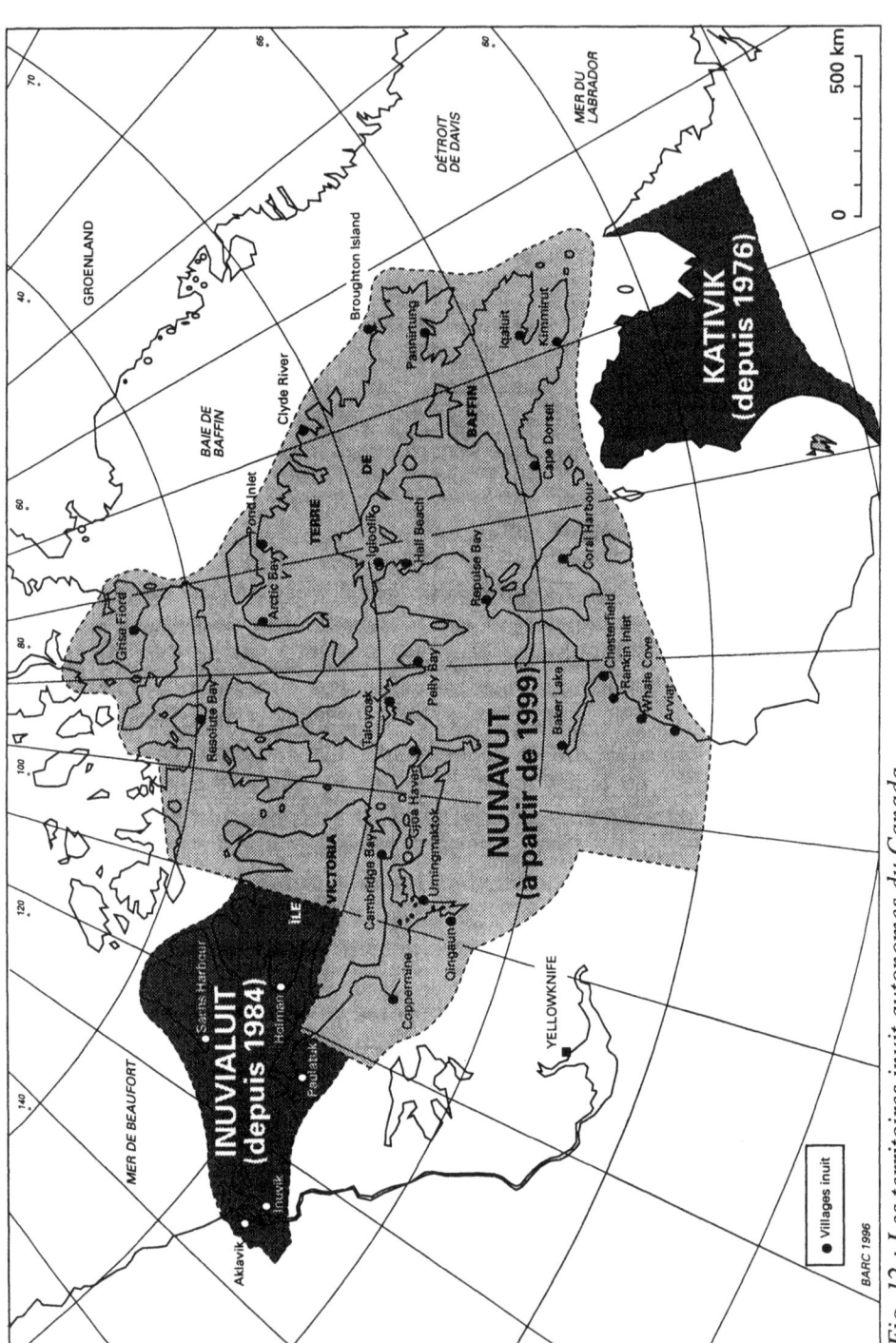

Fig. 12 : Les territoires inuit autonomes du Canada

Le *Kativik*, la Terre des *Inuvialuit* et le *Nunavut* (figure 12)

Ces noms sont ceux des trois territoires inuit autonomes du Canada. Il s'agit de territoires discontinus, car l'autonomie n'est accordée que sur une partie du territoire reconnu comme traditionnellement habité par les Inuit (18% de celui-ci pour le *Nunavut)*. Les zones identifiées sur les cartes correspondent aux ensembles à l'intérieur desquels se trouvent ces terres, qui côtoient celles qui demeurent Terres de la Couronne, sous l'administration de l'Etat.

En 1976, à la faveur du projet de la société Hydro-Québec de construction d'un immense barrage dans la baie James (sud de la baie d'Hudson), ce qui nécessitait l'ennoiement d'une bonne partie du territoire de communautés indiennes Cris et allait modifier l'écosystème régional, et toucher ainsi les Inuit, les premiers accords reconnaissant un droit d'autonomie territoriale aux autochtones du Canada furent signés entre les gouvernements fédéral et provincial, les Cris et les Inuit du Nouveau-Québec. Le changement de nom de cette région administrative, qui devient le *Kativik,* marque l'accès à une autonomie qui reste cependant très limitée : elle consiste essentiellement en la gestion des fonds versés aux Inuit en compensation de la perte de leur territoire. En 1988, ces derniers choisissent par référendum le mot *Nunavik* ("l'endroit où est la terre", sous entendu : "où se trouve notre terre"), pour désigner tout leur territoire, qui ne correspond pas exactement aux limites du *Kativik.* Des négociations sont en cours pour l'octroi d'une autonomie réelle au *Nunavik.*

Dans les T.NO., ce fut le "rapport Berger", enquête menée dans le cadre d'un projet de construction d'un oléoduc dans la vallée du Mackenzie, qui joua le rôle de déclencheur : pour la première fois, une commission mandatée par le gouvernement donnait la parole aux autochtones de la région concernée. En 1974, les travaux en vue de l'obtention d'un territoire autonome rassemblant tous les Inuit des T.N.O. commencèrent. Cependant, la lenteur des négociations, des différences de points de vue et des intérêts spécifiques liés à l'exploitation du pétrole de la mer de Beaufort (à partir de la fin des années soixante-dix) amenèrent les Inuit du delta du Mackenzie - les *Inuvialuit* - à négocier séparément un accord avec le gouvernement fédéral à partir de 1978. Conclut en 1982, il donne naissance à une nouvelle région qui ne porte pas d'autre nom que *Inuvialuit Land* : "la Terre des *Inuvialuit".* Bien qu'habité en majorité par des Inuinnait, le village d'Holman fut intégré à cet ensemble, sous l'influence de quelques *Inuvialuit* installés sur l'île Victoria depuis les années trente - quarante.

A l'issue de près de vingt ans d'efforts, les autres Inuit des T.N.O. aboutirent à un accord signé le 30 octobre 1992 en vertu duquel les Inuit de l'Est et du centre des T.N.O. habiteront, à partir de 1999, un territoire autonome, le *Nunavut* : "notre terre". Leurs pouvoirs y seront beaucoup plus étendus que ceux dont disposent le *Kativik* et les *Inuvialuit,* notamment parce qu'ils seront administrés par leur propre gouvernement.

Chapitre 1

d'origine, car leur taille[40] rend difficile la formation d'une identité commune. A Coppermine, ce processus est cependant plus avancé qu'à Cambridge Bay, même s'il est loin d'être achevé. Le malaise que ressentent les Inuinnait contraints de vivre avec des individus issus d'autres sous-groupes que le leur s'exprime notamment dans la plainte qui revient comme un *leitmotiv* dans toutes les bouches : "il est si dur de vivre avec des voisins que l'on ne connaît pas", ce qu'il faut comprendre au sens de "avec des voisins avec lesquels nous n'avons pas de liens" (de parenté ou autres, tels qu'ils se tissaient autrefois au sein de chaque sous-groupe). Il est remarquable d'entendre les jeunes adultes nés après la sédentarisation reprendre à leur compte cette lamentation, alors qu'ils voient tous les jours depuis l'enfance ces "voisins qu'on ne connaît pas".

Holman, Umingmaktok et Bathurst participent d'une toute autre réalité. Dans ces trois cas, les habitants sont tous issus d'un même sous-groupe et chacune de ces localités forme une véritable communauté, très unie. A l'automne 1992, Holman a dépassé le seuil des 400 habitants (et approche en 1996 celui des 450) tandis qu'Umingmaktok en comptait 60 au printemps 1992, auxquels il faut ajouter une famille de 5 personnes qui vit seule dans un camp à une cinquantaine de kilomètres mais garde à Umingmaktok une petite maison qu'elle occupe lors de ses courts séjours au village. Par ailleurs, la plupart des *Umingmakturmiut* passent quatre à huit mois par an dans des camps d'une ou deux familles nucléaires, en dehors du village. Les liens entre Umingmaktok et Bathurst sont très forts et les déplacements incessants entre ces deux localités, dont les habitants communiquent quotidiennement par radio (C.B.). Cette très grande proximité autorise à parler à son endroit d'une communauté "bicéphale" dotée d'antennes périphériques que sont les camps de chaque famille. Par commodité, je les désignerai dorénavant par le nom du sous-groupe qui occupait autrefois cette région : *Kiluhikturmiut*, du toponyme *Kiluhiktuq* ("celui qui est loin vers l'intérieur des terres"), qui désigne la baie de Bathurst.

---

40 Pour les Inuit, un village de plus de 500 habitants est un gros village, au-delà de 1 000 habitants, c'est une ville. N'oublions pas que les camps les plus importants comptaient rarement plus de 100 individus.

CONCLUSION

La sédentarisation et la révolution techno-économique des années soixante-dix ont profondément bouleversé tous les Inuit du Canada, qui sont entrés dans le monde sédentaire à l'aube de la troisième révolution industrielle, marquée par l'avènement de systèmes de communication extrêmement rapides. En une quinzaine d'années, les Inuit ont été confrontés au choc de la sédentarisation puis à celui de la découverte de la société de consommation nord-américaine. Le phénomène est assez différent au Groenland et en Alaska car les Eskimo y étaient de longue date plus semi-sédentaires que véritablement nomades.

La culture telle que présentée ci-dessus est aujourd'hui plus qu'en danger : elle appartient d'ores et déjà au passé. Les dysfonctionnements de la société inuinnait sont aujourd'hui nombreux et témoignent d'une angoisse profonde devant l'avenir. Bien des adultes de moins de 35 ans se demandent aujourd'hui quelles peuvent être les raisons de vivre, si ce n'est élever ses enfants, mais sur quel modèle et pour quoi faire ? Ayant perdu ses repères, la société inuinnait vit une phase de profonde interrogation, où la question sous-jacente n'est autre que celle de l'identité.

Le tableau est bien noir. Pourtant, les raisons d'espérer sont réelles. Elles tiennent d'abord à la capacité d'adaptation d'un peuple qui garde profondément ancrées ses valeurs culturelles propres, au-delà d'une apparente acculturation massive. Il appartient aux Inuinnait d'aujourd'hui et de demain de l'exploiter pour se forger une identité forte et, par là même, se donner un avenir. Les chercheurs en sciences humaines peuvent les y aider, en éclaircissant les modalités de construction de l'identité. C'est aussi dans cette perspective que j'ai entrepris ma recherche sur le savoir géographique des "hommes par excellence". Elle rend compte d'un savoir qui ne fonctionne plus vraiment aujourd'hui, aussi le présent auquel elle est écrite doit-il être lu comme un présent dans le passé.

(d'après Aliknak, Holman)

Chapitre 2

Méthodes et sources

Mener une recherche sur le savoir géographique vernaculaire d'un peuple de tradition orale pose quelques problèmes particuliers en ce qui concerne les sources et la méthodologie. Dans le cas des Inuit, le projet est encore compliqué par l'absence d'un discours géographique constitué. Aussi est-ce à la recherche des éléments qui composent ce savoir qu'il faut partir. Ceux-ci sont à trouver dans les paroles et les gestes des Inuit relatifs au territoire, et non dans les catégories de la géographie occidentale. Ecouter une culture afin de saisir ses propres catégories opératoires, susciter cette parole sans la déformer par l'orientation même de celle qui la fait naître - celle du chercheur - telle est la démarche ethnogéographique, qui emprunte à l'ethnologie une bonne part de ses méthodes de travail sur le terrain.

On peut distinguer deux grands types de sources. Le premier est constitué de pratiques, le second de discours qui relèvent d'une part de la toponymie, d'autre part des récits de la tradition orale. Aujourd'hui, ces sources se présentent sous deux formes au chercheur : forme orale pour la pratique et la toponymie, forme écrite pour les récits, qui ont été transcrits à plusieurs reprises. Ce chapitre dresse un rapide tableau des méthodes retenues et des sources disponibles. Le lecteur trouvera des informations plus précises en Annexe 2 (page 231 et suivantes).

L'APPROCHE DES CONNAISSANCES NON DISCURSIVES

Une bonne part des connaissances géographiques des Inuinnait ne sont pas discursives, c'est-à-dire qu'elles ne font pas l'objet d'un discours constitué : pratiques, savoirs techniques, émotions liées au territoire. Présentes dans les conversations, elles sont rarement discutées pour elles-mêmes ; aussi faut-il pour les identifier et les analyser avoir recours à des méthodes particulières.

Chapitre 2

L'observation participante

Il n'est pas sans intérêt de rappeler que l'observation participante, aujourd'hui couramment pratiquée par les ethnologues, fut mise au point en Arctique, par le père de l'école d'anthropologie américaine : Franz Boas (1888). Lors de sa mission de 1883-1884 auprès des Inuit du Sud-Est de la Terre de Baffin (région de *Pannirtung,* voir figure 10, p. 50), il entreprit de vivre avec eux afin de les mieux observer et comprendre. Les premières recherches ethnographiques sur les Eskimo du Cuivre s'appuyèrent aussi pour partie sur cette méthode : D. Jenness pratiqua l'observation participante auprès des *Puivlirmiut,* avec lesquels il séjourna de la mi-avril au début novembre 1915 (Jenness, 1922 et Jenness, 1991).

Il n'y a sans doute pas de méthode plus pratiquée par les ethnologues qui soit moins discutée. Très peu d'ouvrages théoriques en parlent, alors que les manuels à usage pratique la présentent souvent en détail. Pour H. R. Bernard (1988), l'observation participante est moins une méthode qu'une stratégie[1]. Stratégie d'insertion, d'immersion contrôlée, qui permet d'être accepté par la communauté étudiée sans pour autant perdre son identité de chercheur. Il faut en effet être suffisamment intégré si l'on veut observer comment le savoir géographique s'organise et comprendre quelle est la perception de l'espace propre aux Inuinnait. Dans le même temps, il convient de garder suffisamment de recul pour exploiter scientifiquement le fruit des observations. Il n'y a donc pas vraiment de méthode au sens strict du terme mais plutôt une série de conseils. Une grande place est laissée à l'intuition de chaque chercheur, en fonction de sa propre personnalité.

L'observation participante s'est révélée efficace pour recueillir des informations sur tout ce qui concerne l'espace vécu, la perception de l'espace et la relation au territoire. Parce qu'on touche là à la sensibilité, à un aspect très intime de la vie de chacun, il aurait été impossible d'appréhender cette composante du savoir géographique en l'abordant de front, sous la forme d'entretiens directs ou semi-directs. Le code de valeurs des Inuit les pousse à l'introversion, notamment face aux étrangers. Rien ne leur est plus difficile que de parler d'eux-mêmes, de leurs sentiments, de leurs émotions, du moins sous la forme qui nous est familière. Seule l'observation participante permettait de saisir le rôle que joue chez les Inuinnait le champ de l'émotionnel dans l'élaboration du savoir géographique de chacun d'eux.

---

[1] *"Participant observation is not a method for gathering just qualitative data. In fact, it is not really a method at all. It is a strategy that facilitates data collection in the field - all kinds of data, both qualitative and quantitative."* (Bernard, 1988 : 150.)

Méthodes et sources

Pour une bonne part, les conclusions de cette recherche s'appuient sur des observations de comportements, des phrases allusives, des déclarations à brûle-pourpoint, le tout relevé au cours d'innombrables conversations à bâtons rompus. Il s'agit moins souvent de données précises que d'éléments de discours qui informent indirectement. Leur sens ne se révèle qu'avec l'accumulation puis l'analyse, qui permet de déceler un sens commun dans un ensemble de bribes discontinues et de recomposer peu à peu le système de perception qu'elles impliquent. Cette lecture ne peut pourtant se faire sans le recours à des enquêtes précises. Aussi indispensable soit-elle, l'observation participante ne peut suffire au travail de terrain. Technique de recueil d'un certain type d'information, elle est bien aussi une stratégie : grâce à la relation de confiance qu'elle aide à établir[2], les nécessaires enquêtes sont mieux acceptées et plus fructueuses. Ces deux modes d'acquisition de données sont ainsi complémentaires.

Enquêtes et entretiens

Enquêtes sur questionnaires et entretiens directifs sont des outils classiques pour le travail de terrain en sciences humaines. Je n'en ai pourtant fait qu'une utilisation très limitée, car ils sont à mon sens peu adaptés au mode de communication des sociétés eskimo d'une part, aux besoins d'une recherche sur un savoir vernaculaire non discursif d'autre part[3]. Je leur ai préféré des entretiens semi-directifs ou libres, où l'enquêteur n'est plus l'organisateur qui impose sa forme d'échange et va peut-être juger les réponses qu'il obtient, mais un auditeur attentif. L'interlocuteur n'est plus un "enquêté", il devient un "informateur", parfois même un initiateur.

Sauf pour l'enquête toponymique (voir *infra*), ces entretiens étaient toujours informels (voir Annexe 2, p. 233). Fixer des rendez-vous aurait été un procédé artificiel qui serait tombé dans le même piège que les questionnaires : l'enfermement de la parole de l'informateur dans celle du

---

2 J'ai été très aidée en cela par le fait que le village d'Holman m'était déjà familier. En effet, en 1980, je participai à la première campagne de fouilles archéologiques du Projet Co-op Project de la Mission Archéologique de l'Arctique, dirigée par J.-F. Le Mouël. Le site était situé à une trentaine de kilomètres à l'Est d'Holman et des adolescents de mon âge se joignirent à l'équipe des fouilleurs. Cette première rencontre avec les Inuinnait déboucha sur une maîtrise en géographie, pour laquelle je séjournai 7 mois dans ce village en 1986-87. En 1991 mon arrivée à Holman était, en fait, un retour.

3 Parce qu'ils sont d'usage courant, j'ai exposé en annexe les raisons qui m'ont amenée à ne pas y avoir recours (voir p. 232).

Chapitre 2

chercheur. De plus, l'obligation de se rendre à une heure précise en un lieu précis est ressentie par les Inuit - en particulier par les plus de quarante ans - comme une énorme contrainte, qu'ils acceptent mal. Pourquoi alors la leur imposer alors que je disposais de suffisamment de temps pour procéder autrement ? Dans la société inuit, rendre visite aux divers membres de la communauté est un acte de politesse qu'il faut impérativement respecter. Passé le temps de la prise de contact, ces visites deviennent un merveilleux cadre d'échange, donc de recueil d'informations, au gré des événements locaux et de l'humeur de chacun. Avec les adultes plus jeunes et les adolescents, je me suis presque exclusivement appuyée sur les entretiens libres pour appréhender leur savoir géographique. L'enquête toponymique n'était en effet pas une très bonne méthode pour explorer avec eux cette question.

L'ENQUETE TOPONYMIQUE

La toponymie peut être considérée comme un savoir discursif, dans la mesure où l'ensemble du *corpus* des noms de lieux connus d'une communauté déploie sur le territoire un discours constitué.

Si l'observation participante a permis d'établir une relation de confiance avec les communautés et d'observer une foule de détails, l'enquête toponymique a pour sa part été le pilier central de la collecte de données précises[4]. Sa conduite permettait de créer des situations dans lesquelles la conversation pouvait sans artifices se concentrer sur des sujets géographiques. Par le biais des toponymes, les Inuinnait ont pu véritablement raconter leur géographie. Ancrant la recherche dans le concret, cette enquête lui donnait aussi une retombée pratique très appréciée[5] et recentrait les entretiens sur la question du territoire. Personne n'ayant auparavant entrepris de relevé systématique des noms de lieux dans cette région, elle avait en outre l'avantage de la nouveauté, alors que les chasseurs sont aujourd'hui lassés des multiples enquêtes sur l'exploitation du territoire. La toponymie s'est révélée une excellente porte d'entrée dans le savoir géographique des Inuinnait.

---

[4] La méthode suivie est présentée en annexe (voir p. 234 et suivantes).

[5] L'officialisation des toponymes endogènes (voir p. 235).

L'enquête au fil des semaines

Au fil des jours et des semaines, un espace auparavant muet pour moi s'est rempli de noms et d'histoires J'ai procédé selon un ordre assez strict, commençant par les Anciens - les plus de 60 ans - pour me tourner ensuite vers les adultes dans la force de l'âge (35 - 60 ans). Les réactions de ces derniers face aux toponymes déjà enregistrés permettaient à la fois d'en vérifier la validité et de mesurer leurs propres connaissances en la matière. Il me semble que la curiosité que ces chasseurs actifs manifestaient à propos des connaissances de leurs aînés était aussi motivée par le désir obscur de vérifier qu'ils parlaient bien la même langue : rien ne les réjouissait plus que de constater qu'ils employaient les mêmes toponymes. Lorsque, au contraire, il y avait un désaccord entre les générations, ils choisissaient presque toujours de privilégier le nom indiqué par les Anciens, au détriment de celui qu'eux-mêmes utilisent.

Je projetais de poursuivre ensuite ces entretiens avec les jeunes adultes, les moins de 35 ans. J'ai dû cependant y renoncer, parce qu'avec eux, ce type d'enquête ne permettait pas de faire naître un dialogue. Ils étaient heureux de reconnaître des toponymes, fiers d'en indiquer un ou deux si l'occasion s'en présentait, mais ils se sentaient le plus souvent désarçonnés et mal à l'aise face à un document qui leur faisait cruellement mesurer l'étendue de leur ignorance. Sauf pour ceux dont la réputation de bons chasseurs était avérée, j'ai préféré pratiquer avec cette génération une observation participante intensive assortie d'entretiens semi-directifs menés chez eux, au cours de mes visites. Cela était d'autant plus facile et efficace que cette génération est la mienne et que sa langue vernaculaire est l'anglais et non l'*inuinnaqtun*. Les faire parler à partir de l'observation de cartes au 1/250 000ème déroulées à même le sol d'une maison à l'occasion de conversations banales sur la chasse ou la pêche s'est révélé très intéressant.

Types d'informations recueillies

L'enquête a permis la collecte de plus d'un millier de toponymes (1 006). Grâce au relevé des coordonnées géographiques, 779 d'entre eux peuvent être représentés sur une carte[6] de la région (figure 13), soit l'ensemble des lieux nommés sur le continent, mais une partie seulement de ceux de l'île

---

[6] Sur la méthode de construction de cette représentation, voir Annexe 2, page 238.

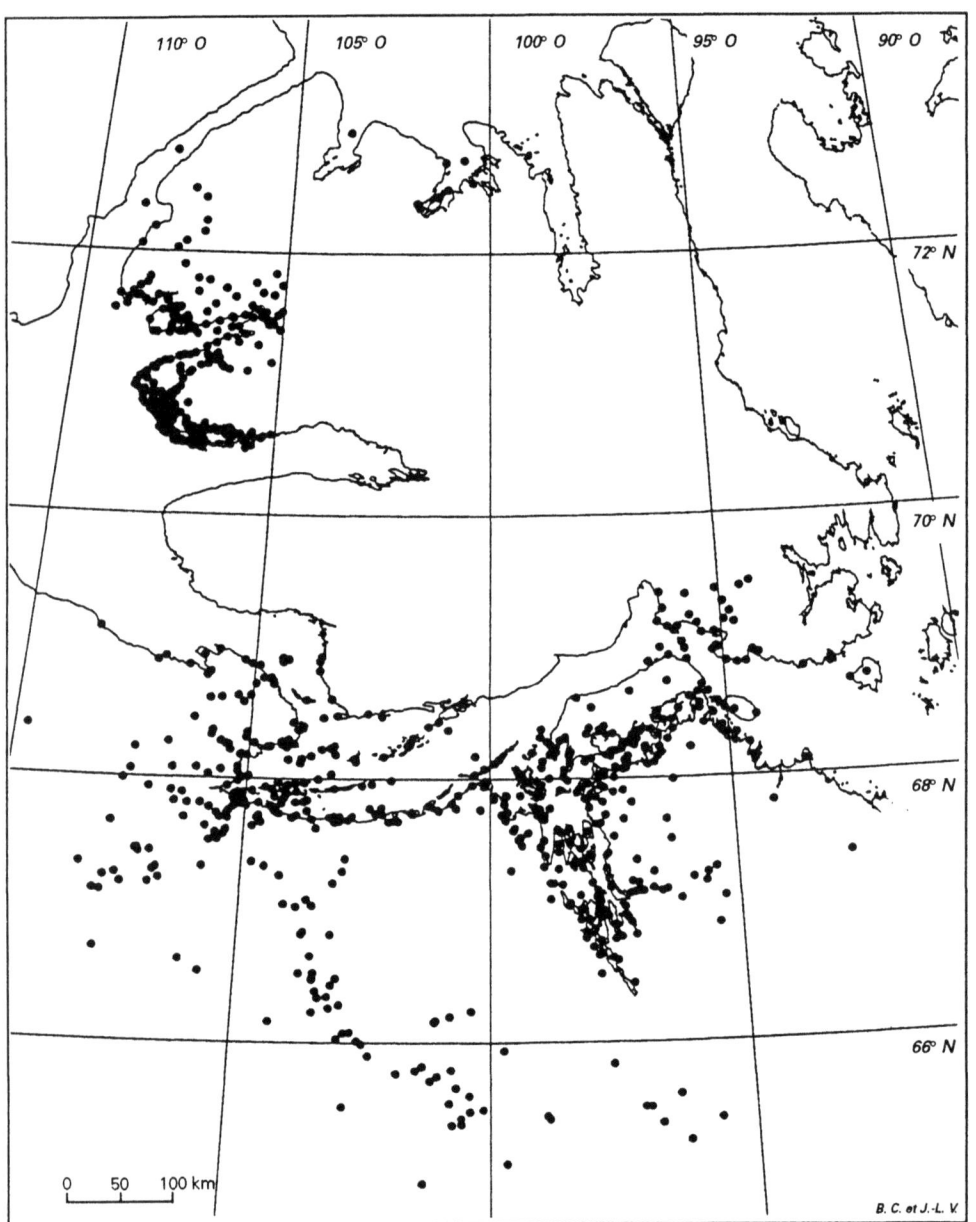

Fig. 13 : Localisation des lieux nommés par les toponymes inuinnait recueillis (incomplet pour l'île Victoria)

Méthodes et sources

Victoria et des nombreuses petites îles qui parsèment l'océan[7]. Les discontinuités dans le semis ne correspondent donc à des ruptures dans le système toponymique que sur le continent.

Cependant, les informations recueillies vont bien au-delà d'une simple liste de noms et de traductions. Lors de la présentation de l'enquête à un nouvel informateur, je précisais qu'outre les toponymes eux-mêmes, ce sont toutes les informations qui lui semblaient complémentaires qui m'intéressaient. C'était en fait bien inutile. Tout naturellement, les informateurs expliquaient l'origine du nom - quand ils la connaissaient - et déroulaient l'ensemble de leur savoir relatif à ce lieu. Certains insistaient beaucoup pour que tout cela soit bien noté : "le nom ne suffit pas à dire le lieu" expliquaient-ils. De même, il leur tenait à cœur de signaler les récits de la tradition orale qui se rattachent à un lieu nommé, exprimant ainsi que, pour eux, ils font intégralement partie du lieu auquel ils se rapportent. Un lieu ne peut être évoqué sans que l'on fasse référence aux histoires qui le concernent, que les péripéties qu'il amène à se remémorer soient ou non suggérées par son nom même. Si je n'avais pas noté ces éléments, l'enquête aurait perdu beaucoup de sa validité aux yeux des Inuinnait, et ma recherche aurait été très appauvrie.

Par l'enquête toponymique, je suis entrée de plain-pied dans la géographie des Inuinnait. L'observation des cartes servait de support au développement de mille propos sur le territoire, sujet de conversation favori des adultes, sur lequel ils se sentent en confiance, sûrs d'eux. Ceux qui connaissaient peu de toponymes n'en passaient pas moins du temps à regarder les cartes et à les commenter, livrant ainsi leur lecture de leur territoire. Ils étaient heureux d'en parler, d'être amenés sur leur terrain de prédilection et suivis attentivement dans le déroulement de leurs pensées, au-delà de leurs simples savoirs techniques. Tous se sont efforcés d'exprimer l'importance de la relation qui les lie au territoire. J'ai été frappée par la force de l'attachement

---

[7] Gillian Burles, chercheur attachée au Territorial Toponymy Program, s'est chargée d'enregistrer - à l'aide d'une table à digitaliser - les coordonnées en latitude et longitude des toponymes. Ce travail s'est cependant limité aux seuls noms enregistrés dans des zones pour lesquelles il existe d'une couverture cartographique au 1/50 000ème, les cartes au 1/250 000 n'étant pas suffisamment précises pour permettre ce type de relevé. Si l'on dispose de ces cartes pour toute la partie continentale du territoire des Inuinnait, ce n'est pas le cas pour l'île Victoria, où seuls les alentours de *Kangiryuaqtiaq* et la partie Nord-Ouest de *Kangiryuaq* (voir figure 5, p. 27) sont couverts à cette échelle.

Chapitre 2

à certains lieux, quittés parfois depuis plus de vingt ans[8]. La fraîcheur des mémoires était également impressionnante. A côté du millier de toponymes, j'ai recueilli de multiples récits d'incidents personnels ainsi que de très nombreuses informations sur la pratique du territoire et les modifications de celle-ci au cours du XXè siècle. Tout cela a beaucoup éclairé les questions relatives à la perception de l'espace, au rapport entre l'identité et le territoire, à la nature de la relation entre savoir géographique et savoirs cynégétiques, savoir toponymique et tradition orale.

Ce type d'enquête, qui permet d'appréhender une réalité qui dépasse largement les seuls toponymes, est donc d'une grande efficacité pour étudier les savoirs géographiques vernaculaires. Rien ne semble plus à même de délier la langue du moins bavard que de lui mettre sous les yeux une carte de son territoire. Dans toutes les générations, j'ai trouvé cet enthousiasme face à la carte, support de tant d'histoires, de souvenirs et de rêveries.

L'ANALYSE DE LA TRADITION ORALE

Peuple de culture uniquement orale les Inuinnait possèdent une tradition très riche, qui s'exprime tant dans les récits que dans les chants et la toponymie. L'analyse des connaissances géographiques telles qu'elles s'expriment dans cette tradition a été limitée par l'absence d'études sémantiques disponibles. Aussi ai-je privilégié dans la tradition orale ce qui relève plus spécifiquement de la géographie : la toponymie. Pour le reste, j'ai dû me limiter à une appréciation de la place qu'occupe le territoire dans les récits et à une évaluation du contenu strictement géographique des histoires.

Pour le géographe, ce type d'analyse est utile sur deux plans. D'une part il permet d'appréhender la part de la tradition orale dans le savoir géographique, d'autre part il favorise la compréhension des fondements culturels de la relation homme - milieu.

---

8 Le témoignage le plus émouvant fut celui d'une femme de Coppermine âgée d'une soixantaine d'années. Elle s'arrêta brusquement de parler, les larmes aux yeux, en s'excusant. Revoir les lacs d'un territoire abandonné vingt ans plus tôt lui donnait littéralement le mal du pays et elle préférait les chasser de sa mémoire, pour ne pas pleurer.

Sources écrites : trois grands *corpus*

Les recueils de D. Jenness (1924) et K. Rasmussen (1932)

Le recueil le plus ancien se compose de 52 récits notés entre 1914 et 1916 par D. Jenness, principalement auprès des sous-groupes occidentaux. Au cours de l'hiver 1923-1924, K. Rasmussen, arrivant de l'Est, releva auprès des sous-groupes orientaux 51 récits qui, pour dix d'entre eux, figurent aussi dans le *corpus* de D. Jenness. Les *Kangiryuarmiut* restèrent à l'écart de ces deux enquêtes : occupant le Nord-Ouest du territoire des Inuinnait, ils se trouvaient en effet en marge des itinéraires suivis par les deux ethnographes. V. Stefansson s'était réservé leur étude lorsqu'il avait organisé la *Canadian Arctic Expedition,* mais il ne se livra pas à ce type de travail.

D. Jenness et K. Rasmussen publièrent chacun leur *corpus* avec une courte traduction en langue anglaise à côté du texte en *inuinnaqtun*. K. Rasmussen accompagna en outre ce dernier d'une traduction mot à mot, mais qui n'est pas une traduction littérale.

Le recueil du Père M. Métayer (1973)

Le dernier *corpus* est le plus complet. C'est d'abord en missionnaire désireux d'apprendre l'*inuinnaqtun* que le Père M. Métayer (O.M.I.) s'intéressa aux récits de la tradition orale. Il utilisa d'abord ces textes comme une sorte de manuel, les transcrivant pour se constituer au fur et à mesure un dictionnaire et une grammaire de la langue des Inuinnait[9]. Par la suite, son intérêt se déplaça vers le souci de sauver une tradition orale qu'il sentait menacée. Muni d'un magnétophone, il enregistra, au cours du premier trimestre de 1958, 109 récits auprès d'une dizaine de conteurs de Coppermine.

Encouragé par R. Savard, ethnologue de passage, il transcrivit les enregistrements (en alphabet latin) puis traduisit mot à mot chaque récit en français, en prenant soin de vérifier auprès des Inuinnait le sens des passages un peu obscurs. Ses traductions, très littérales, sont ainsi plus fiables que celles proposées par K. Rasmussen. Le résultat de cet immense travail fut publié en trois volumes en 1973, peu de temps avant le décès de celui qui en fut le patient artisan[10].

---

[9] Il devint ainsi le meilleur spécialiste de ce dialecte, mais ne publia pas ses analyses.

[10] Le Père Métayer publia une partie de ces récits dans un style occidentalisé accessible à un public plus large, accompagnés d'illustrations (Métayer et Nanogak, 1972)

Chapitre 2

Les récits dans les cultures eskimo

"*Unipkat*" en *inuinnaqtun* ou parfois "*ayayak*" - parce que ce mot souvent revient comme un refrain dans la bouche du conteur -, les récits de la tradition orale sont l'un des moyens privilégiés par lesquels s'est maintenue l'unité culturelle des Eskimo, malgré l'éclatement dans l'espace et le relatif isolement de chaque groupe. Ces histoires ont fait l'objet de nombreuses études. Sans entrer dans la question complexe de leur statut et de leur sens symbolique, je donnerai seulement ici quelques indications générales.

Les récits de la tradition orale permettent aux Eskimo d'affirmer leur unité, dans le temps comme dans l'espace. Dans le temps, ils ancrent les hommes dans la durée, dans la temporalité. Ils relatent des événements passés qui témoignent de la présence ancienne du groupe sur son territoire, auquel est ainsi donnée une épaisseur historique. Dans l'espace, ils transcendent les distances et assurent la continuité culturelle, d'un groupe à l'autre comme au sein de chaque groupe. En dépit de nombreuses variantes locales, les mythes fondateurs sont communs à tous les Eskimo. X. Blaisel (1993) a montré que la société est structurée par les relations issues des rituels fondés par un seul mythe, le mythe "sociogonique" d'*Arnaqtaatuq* qui clôt le "grand cycle des récits palingénésiques de la création, alors que les coutumes organisent la vie des hommes, du gibier, des esprits et des forces de l'univers par opposition à l'asociatilité des premiers temps mythiques" (Blaisel et Arnakak, 1993 : 39). Ce mythe ne figure cependant dans aucun des trois *corpus* dont on dispose pour les Inuinnait.

Toutes les histoires transmises par la tradition orale n'ont pas le même rayonnement intellectuel et géographique. Cependant, toutes participent de la même dynamique : l'affirmation de l'identité du groupe. Des grands mythes aux petites histoires dont la notoriété ne dépasse pas le cercle familial, la variété des contenus illustre la diversité des niveaux auxquels se construit l'identité : niveau ethnique, du groupe, du sous-groupe, de la famille.

Si la tradition orale des Inuinnait demeure peu étudiée, celle d'autres groupes eskimo a retenu l'attention de bien des ethnologues, mais que disent les Eskimo eux-mêmes de leurs histoires ? S'ils les considèrent comme très importantes, puisqu'elles sont dignes d'être transmises aux générations suivantes, ils les perçoivent d'une tout autre façon que le chercheur Occidental. K. Rasmussen (1931) notait qu'elles sont souvent mobilisées pour appuyer une démonstration ou exprimer une idée complexe, mais ne font pas l'objet de longs commentaires. Une Inuinnait lui expliqua :

"Nous, nous ne cherchons pas systématiquement un sens profond à
nos histoires, tant qu'elles sont amusantes. Seuls les Blancs veulent
qu'il y ait une raison et une explication pour tout."
(Rasmussen, 1932 : 124, traduction libre)

A côté de ces trois ensembles majeurs, on trouve un certain nombre de récits dans divers ouvrages destinés au grand public. Le Père R. de Coccola (1986) en particulier en a inséré plusieurs dans son livre, écrit sous la forme d'un journal. La plupart ne sont qu'une forme plus littéraire des histoires que l'on peut lire dans les recueils cités ci-dessus. Leur intérêt tient surtout à la description des circonstances de la narration, mais ces textes sans prétention scientifique sont à manier avec prudence.

Sources orales

Sur le terrain, je me suis intéressée à la tradition orale telle qu'elle circule encore. Les veillées autour des conteurs, la narration des grands mythes et des aventures des héros légendaires, tout cela a disparu depuis au moins vingt ans de la vie des Inuinnait. Il ne reste que des bribes de récits, auxquelles on fait volontiers allusion mais l'on déroule rarement une histoire dans toute son ampleur. Il m'importait surtout d'observer dans quelles conditions la tradition orale est mobilisée.

En fait, ce sont surtout de petites histoires familiales que j'ai entendues. Plus ou moins détaillées, elles rappellent de petits incidents survenus à l'un ou l'autre membre de la famille se racontent avec plaisir. Le souvenir de ces péripéties est très vivant. Le contenu de ces récits est, apparemment du moins, dénué de toute interprétation métaphysique du monde, il est ancré dans la réalité quotidienne. Aussi pourrait-on être tenté d'exclure ces histoires domestiques de la tradition orale, qui se limiterait aux "grandes histoires". Pourtant, il me semble qu'ils en sont la prolongation naturelle. Une structure narrative similaire à celle des "grandes histoires"[11], une fonction similaire et le fait qu'un certain nombre d'histoires de ce type figurent dans le *corpus* de M. Métayer, tout cela me pousse à penser qu'il faut les considérer comme une composante à part entière de la tradition orale.

J'ai entendu ces récits dans trois types de circonstances. Lors de l'enquête toponymique, si une histoire se rapportait au lieu que l'informateur désignait, il la racontait ou du moins y faisait allusion. Il était pour lui important de voir qu'elle était notée, à côté du nom. Son attitude témoignait de son souci de définir au mieux le lieu, d'aller au-delà du nom. Les récits

---

11 Lorsque la narration était en *inuinnaqtun*, le rythme des phrases et les mots qui revenaient régulièrement dans la bouche du conteur permettaient de repérer une structure narrative proche de celle qui se révèle à la lecture du recueil de M. Métayer (1973). Lorsque la narration était en anglais, il n'était guère difficile de reconnaître l'organisation originelle du récit, à laquelle les conteurs restent très attachés.

entendus alors appartenaient pour la plupart à la tradition orale partagée par l'ensemble du sous-groupe, voire par tous les Inuinnait, et nombre d'entre eux m'étaient déjà familiers pour les avoir lus dans l'un ou l'autre des *corpus* publiés. Ce n'est que dans un deuxième temps que, commentant la carte qu'il avait sous les yeux, l'informateur racontait de plus petits récits, des anecdotes familiales survenues en tel ou tel lieu.

Par ailleurs, lors de mes habituelles visites chez les uns et les autres, les occasions n'ont pas manqué d'entendre des récits relevant des traditions familiales, surtout lors des longues soirées d'hiver : lorsque l'on éteint la télévision, c'est soit pour jouer aux cartes, soit pour "raconter des histoires". Là, chacun prend plaisir à rappeler à l'auditoire tel ou tel événement, pour lequel on précise les noms des personnes concernées, le lieu de l'action, l'année approximative et, surtout, la saison. Par ailleurs, le fait de partager la chambre de l'amie qui me logeait, à Holman et à Coppermine, était une occasion supplémentaire d'explorer ce champ du savoir.

Enfin les déplacements (en traîneau ou en bateau selon les saisons) sont d'excellentes mises en situations qui suscitent la narration de multiples récits. Chaque fois que j'étais passagère, mes compagnons de voyage nommaient les principaux points de repère qui défilaient sous leurs yeux et évoquaient les récits attachés aux lieux longés ou traversés- même lorsqu'ils ignoraient tout de mon intérêt spécifique pour cette question -, comme s'ils égrenaient tout haut pour l'étranger de passage une sorte de liste qui demeure habituellement silencieuse. Cela laisse à penser que ce bagage culturel accompagne le chasseur dans ses voyages et participe à l'établissement d'un lien de familiarité avec le territoire parcouru. Grands et petits récits de la tradition orale sont alors autant de "marqueurs du territoire", ce qui souligne leur lien avec le savoir géographique.

En dehors de ces circonstances, la tradition orale survit surtout dans les camps, loin du village où, dans tous les foyers, la télévision et le magnétoscope ont remplacé les conteurs[12]. Le camp est aussi l'unique lieu où toutes les générations vivent à nouveau ensemble et s'écoutent - bien que les jeunes soient de moins en moins nombreux à partir camper. Là seulement, les Anciens se trouvent dans une position propice à la transmission de la mémoire à des générations devenues insaisissables au village, où les jeunes vivent entre eux, à côté mais souvent ignorants des Anciens (voir Condon, 1987).

---

12 Même à Umingmaktok, où il n'y a pourtant ni antenne parabolique ni production d'électricité par un générateur collectif, deux foyers organisent presque tous les soirs sur leurs magnétoscopes, grâce à de petits générateurs individuels, des séances de cinéma. Je ne connais pas la nature de l'équipement des deux foyers demeurant à Qingaun.

CONCLUSION

Comme tout chercheur menant des études sur le terrain, je n'étais pas à l'abri des mensonges, des fausses informations sciemment données par un informateur, en général pour s'amuser. Ce risque est important en Arctique pour plusieurs raisons. Tout d'abord l'humour des Inuit, qui aiment à se moquer de leurs interlocuteurs et sont particulièrement doués pour raconter des énormités[13] sans éveiller le moindre soupçon. Ensuite, le caractère souvent réservé des Inuinnait les pousse parfois à mentir plutôt que de justifier un refus de répondre. Face à une question embarrassante, ils s'en tireront par une pirouette. Enfin, la lassitude des Inuit face aux chercheurs. Depuis plus d'un siècle ils en ont vu passer tellement, repartis pour la plupart dans le Sud après quelques semaines pour ne jamais revenir, qu'ils ont de nous une image peu flatteuse. Pour eux, le chercheur est d'abord un individu qui arrive un jour, pose beaucoup de questions à tout le monde et s'en va pour écrire un livre truffé d'erreurs qui fera sa célébrité et sur lequel il bâtira peut-être sa carrière. Puisqu'il se sert des Inuit comme faire-valoir mais ne les sert pas, autant se moquer de lui en lui racontant des fadaises. De plus, le mépris dans lequel les savoirs vernaculaires ont longtemps été tenus par les scientifiques[14] peut avoir incité les Inuit à mener leurs interlocuteurs sur de fausses pistes, réponse du berger à la bergère en quelque sorte. Dans bien des domaines - notamment en biologie - ils n'ont guère confiance dans la science occidentale.

Mais le mensonge est aussi une forme de mise à l'épreuve du chercheur. Mentir à l'ethnologue est une sorte de jeu : si le chercheur reste en dehors sans le soupçonner, tant pis pour lui. S'il joue le jeu, qu'il détecte la supercherie ou reconnaisse qu'il s'est laissé prendre, il gagne la confiance et le respect de ses hôtes. Chez les Inuinnait, nombre de déclarations très sérieuses sont ainsi suivies presque immédiatement d'un éclat de rire, ou d'un plus discret clignement d'yeux, qui indiquent le sens qu'il faut leur donner. Ce sont bien des plaisanteries, dont le but n'est autre que d'établir une connivence, un terrain de communication entre l'informateur et cet étranger qui cherche à faire parler de choses intimes alors qu'on le sent si loin, si différent. Le mensonge permet alors de réduire la distance qui sépare les interlocuteurs.

---

13 Qui le sont pour eux mais pas pour l'étranger ignorant.

14 Mis à part les chercheurs en sciences humaines.

Tout comme d'autres, j'ai sans aucun doute été dupée quelquefois, notamment sur la véracité de certaines anecdotes. En ce qui concerne les toponymes cependant, la perspective de voir les noms de lieux authentiques un jour imprimés sur les cartes du gouvernement a calmé même les plus plaisantins. Les informateurs avaient en effet conscience qu'ils travaillaient là pour eux-mêmes et que je n'étais qu'un intermédiaire entre leurs voix et les yeux de leurs petits-enfants. Il leur arrivait certes parfois de se tromper et, malgré les vérifications (confirmations par le traducteur puis par d'autres informateurs, enfin par les conseils municipaux qui ont approuvé les toponymes enregistrés et recommandé leur officialisation), quelques erreurs se sont sans doute glissées dans le relevé.

Chapitre 3

Les connaissances géographiques : des pratiques et des récits

La géographie des Inuinnait se situe à la croisée de deux champs de savoirs différents, qui apparaissent comme les dépositaires privilégiés des connaissances géographiques. Le premier est surtout technique et se compose d'abord d'une série de pratiques ; le second est discursif et repose sur la parole.

LES PRATIQUES : DEPLACEMENTS ET ACTIVITES CYNEGETIQUES

Chasseurs et nomades, les Inuinnait associent étroitement la géographie aux déplacements et à la chasse, considérés comme les deux faces d'un même savoir, reconnu pour occuper une place spécifique dans les champs de la connaissance. Les conversations qui s'y attachent se concentrent plus sur la pratique que sur le savoir qui la sous-tend, de sorte que l'on peut dire qu'il s'agit d'un savoir peu verbalisé. Par commodité, j'emploierai l'expression "savoir cynégétique" dans un sens étendu, désignant à la fois les connaissances relatives au déplacement et celles liées à la chasse, la trappe et la pêche proprement dites. Les hommes qui maîtrisent parfaitement ce savoir sont les "vrais hommes", les "hommes du territoire"[1]. Cela n'implique cependant pas une remise en question de l'identité inuit des autres dont la vie, plus sédentaire, est davantage calquée sur le modèle nord-américain.

---

[1] Les Inuinnait d'aujourd'hui désignent ainsi, en anglais, ceux d'entre eux pour qui la seule vie véritable est celle qui se déroule en dehors du village, dans les camps, en relation directe avec le territoire. En *inuinnaqtun*, il n'y a pas d'autre mot que *Inuinnait* : "les vrais hommes par excellence" qui sont, par définition, ceux du territoire.

Chapitre 3

Des connaissances techniques

Les connaissances géographiques sont constituées pour partie de savoir-faire techniques qui concernent surtout le déplacement. En route, les Inuit procèdent comme les marins, en suivant des alignements. Bien que rarement marqués par une construction humaine (mis à part quelques *inukhut*, voir page 97), ces derniers se transmettent aisément d'un chasseur à l'autre, grâce à la richesse des locatifs dans la langue eskimo. Au cours de ses années de formation, le jeune garçon apprend peu à peu à utiliser tous les indices disponibles qui lui permettront de se déplacer partout, y compris en dehors du territoire qui lui est familier. Cette capacité repose sur la maîtrise des techniques d'orientation et de reconnaissance de la nature des terrains traversés. Elle s'appuie aussi sur un vocabulaire spécifique très précis.

L'orientation

La capacité à s'orienter est à la base de la survie en Arctique[2], où les repères sont souvent difficiles à distinguer pour qui ne connaît pas le terrain et, qui plus est, susceptibles de disparaître lorsque la visibilité s'amenuise, dans le brouillard, la tempête ou la nuit.

En territoire familier, une connaissance intime du terrain permet aux Inuit de se repérer sans mobiliser des savoirs techniques sophistiqués. Mais un chasseur doit aussi être capable de s'orienter dans des régions moins connues voire inconnues, loin de ses itinéraires habituels. Pour cela, il apprend au cours de son enfance à lire le paysage selon une grille de lecture particulière, fondée sur l'attention à une multitude de petits détails qui sont autant de points de repères pour le voyageur.

Les étoiles sont, comme souvent chez les nomades des régions peu boisées, un indicateur privilégié, utilisé aussi souvent que possible. Cependant, elles présentent un inconvénient majeur : elles ne sont visibles ni à toute heure, ni toute l'année (voir figure 8, page 35). La lumière du jour les cache, mais aussi le brouillard et le blizzard. Dans ces moments difficiles, le chasseur doit impérativement disposer d'autres moyens d'orientation. La configuration générale du relief - permanent ou provisoire - sert alors de support à des interprétations plus ou moins précises. En hiver, un moyen très sûr consiste à se repérer à l'orientation générale des bancs de neige. Il suffit en effet de connaître la direction dominante du vent ayant soufflé dans les

---

2 La question de l'orientation chez les Inuit a toujours intéressé les chercheurs, voir notamment les travaux récents de J. Sonnenfeld (1992) sur les *Inupiat* (Alaska).

dernières semaines pour disposer là d'un indicateur aussi efficace qu'une boussole[3]. Le rythme des déplacements avant l'introduction des motos-neige laissait aux Inuit tout le loisir d'observer ces conditions générales lorsqu'ils pénétraient dans une région inconnue.

On connaît peu de choses sur la mobilisation de l'ouïe et de l'odorat pour relayer une vue handicapée par les conditions météorologiques. Les ethnologues qui ont étudié la question - en particulier E. Carpenter (1973) - pensent que, lorsque la visibilité est mauvaise, les Inuit déduisent leur position en utilisant ces deux sens. La qualité des sons leur permettrait ainsi de savoir si l'on se trouve dans une vallée étroite, près d'une falaise, ou dans une vaste plaine. Cependant, en pleine tempête de neige, il est souvent difficile d'identifier un bruit particulier. L'odorat, en revanche, serait un indicateur sûr pour déterminer si l'on se trouve sur la banquise ou la terre ferme, voir sur certains lieux, qui dégagent des odeurs particulières. Cependant, ces pratiques restent très peu connues. En ce domaine, les chercheurs se reposent plus sur des intuitions que sur des faits observés.

L'orientation apparaît comme un savoir-faire fondé sur la mobilisation d'un ensemble complexe d'observations, de déductions et d'intuitions qui sont complémentaires les unes des autres. Pourtant, aussi grande soit-elle, la capacité à s'orienter ne peut assurer la survie des Inuit que jusque dans certaines limites. Par très mauvais temps, celle-là ne tient plus à la qualité des connaissances géographiques mais à l'aptitude à construire rapidement un iglou, abri sûr où les voyageurs pourront attendre que "*Hila* se referme"[4], soit des conditions météorologiques meilleures.

La reconnaissance du terrain

L'orientation n'est cependant pas tout. En Arctique, comme dans beaucoup d'autres déserts, les déplacements suivent le plus souvent des itinéraires, mais pas de chemins. Chacun trace sa route comme il l'entend. Le choix se fonde pour une bonne part sur un savoir technique qui permet au voyageur entraîné de repérer les terrains sûrs et ceux qui le sont moins. Ses

---

[3] D'ailleurs inutilisable car le Nord magnétique est trop proche, ce qui affole l'aiguille.

[4] Les Inuinnait représentent *Hila*, qui fait le temps, comme une sorte de long couloir qui s'ouvre et se ferme alternativement. L'ouverture est synonyme de mauvais temps, la fermeture de beau temps. Si la tempête fait rage, c'est que la porte est grande ouverte : tous les vents sortent pour se déchaîner sur le monde terrestre. Lorsque le mauvais temps dure trop longtemps et que la famine menace, il appartient au chaman de voler jusqu'à la porte pour la refermer (Rasmussen, 1932 : 28-29).

Chapitre 3

connaissances concernent surtout la banquise, car les caractéristiques de cette formation solide varient beaucoup - en fonction du temps, du tracé de la côte, de la profondeur de la mer, des courants, etc. - et les conséquences d'une erreur d'appréciation peuvent être très graves, parfois mortelles[5]. Le chasseur apprend donc très tôt à reconnaître la glace sûre de celle qui ne l'est pas, exerçant son œil à observer dans leurs moindres détails les différents types de glace. La neige comme le sol nu ne posent pas tant de problèmes : ils sont moins dangereux et les pièges en sont aisément repérables. Les plaines marécageuses dont la traversée est pénible sont vite identifiées grâce à leur végétation et à leur configuration topographique, de même que les falaises abruptes. De plus, les déplacements sur la terre ferme ne présentent pas les mêmes dangers que sur la banquise. Une connaissance très détaillée des divers marqueurs de la nature du terrain est ici moins utile, ce qui n'empêche pas certains Inuinnait de la développer, par pure curiosité.

A la reconnaissance des qualités du micro-terrain s'ajoute la mémorisation de la configuration générale des lieux. Lorsqu'il se déplace dans des régions inconnues, le voyageur inscrit dans sa mémoire l'image de la disposition des paysages, afin de pouvoir aisément emprunter le chemin du retour. Il repère alors des alignements qui lui seront précieux ensuite. Cette opération repose tant sur l'entraînement que sur l'application de quelques méthodes simples. Ainsi les jeunes garçons apprennent à se retourner régulièrement lorsqu'ils se déplacent, de façon à retrouver, sur le chemin du retour, des paysages familiers[6]. L'attention se porte sur une vision d'ensemble et non sur les lieux en soi. Ce qui importe, c'est de retenir comment différents types de lieux (collines, sommets pointus ou arrondis, lacs, vallées, etc.) s'articulent entre eux. Les éléments de liaison, les espaces de transition, sont ici privilégiés. Ce dernier caractère marque non seulement la lecture que les

---

[5] Le voyageur risque en effet de voir une glace trop peu solide se rompre sous lui. La température de l'eau lui laisse peu de chances d'éviter la mort par hydrocution. Si le traîneau est léger et tiré par des chiens, ces derniers, qui sont en avant de la zone dangereuse et dont le poids sur la glace est réparti sur une assez grande surface, peuvent tirer leur maître hors de l'eau. Aujourd'hui, avec les motos-neige, les risques de noyade sont accrus.

[6] Afin de m'expliquer l'importance de cette pratique simple, un Inuinnait me raconta l'anecdote suivante : "Nous avions emmené avec nous, pour guider des touristes venus pour une chasse à l'ours polaire, quatre jeunes (de 20 à 25 ans) qui n'avaient jamais voyagé avec leurs parents. Ils ne savaient absolument pas s'orienter, et ne s'en préoccupaient pas. Ils ne pensaient qu'à aller le plus vite possible avec leurs motos-neige. Lors d'une pause, je leur ai demandé dans quelle direction se trouvait Holman et d'où nous arrivions. Aucun ne savait répondre. Tous indiquaient des directions quasiment à l'opposé de la bonne !" (A. J., 53 ans)

Inuit font du paysage mais aussi leur appréhension de bien d'autres phénomènes. D. Nakashima (1991 : 214) a ainsi montré, à propos du savoir zoologique des Inuit des îles Belcher (Sud-Est de la baie d'Hudson) relatif aux canards eiders, qu'il se construit à partir d'une attention spécifique portée aux facteurs déclenchants, à ceux qui modifient les conditions de l'environnement : les marées et le vent.

La maîtrise d'un vocabulaire géographique spécifique

La précision de l'observation va de pair avec la richesse d'un vocabulaire géographique attaché à rendre compte de la diversité des configurations. En *inuinnaqtun* comme dans tous les dialectes eskimo, la terminologie est particulièrement développée pour désigner ce que nous appelons simplement la "glace". Selon les dialectes et la complexité plus ou moins grande des formes d'englacement marin de chaque région, on estime que le nombre de termes se rapportant à la glace varie d'une trentaine à plus de cinquante. Les Inuinnait disposeraient d'une trentaine de termes, mais aucune étude spécifique n'a été menée sur cette question pour l'*inuinnaqtun*[7]. Au cours de l'enquête toponymique, j'ai pour ma part relevé 10 mots décrivant des types d'englacement particuliers et utilisés comme noms de lieux.

Ces termes s'attachent surtout à identifier précisément tous les états intermédiaires entre le liquide (*imiq* : "l'eau douce" ou *tariuq* : "le sel", "la mer") et le solide (*hiku* : "le couvert glacé"), ainsi que les différentes formes d'accumulation de la glace. Il n'y a pas, dans les dialectes eskimo, de mot générique pour désigner la glace et *hiku* n'est employé que par défaut. Cette lacune s'explique sans doute, comme l'avance J.-F Le Mouël (1978 : 38), par le fait que les Eskimo sont moins intéressés par l'idée de glace que par les formes sous lesquelles elle se réalise. La langue rend ici compte d'une appréhension du milieu physique qui privilégie les formes telles qu'elles s'observent dans des situations précises et qui est ainsi marquée par une forte subjectivité, qui sera analysée plus longuement au chapitre 5. Cela explique également la relative indigence - en comparaison - du vocabulaire désignant la neige. *Aput* ("le couvert neigeux") n'a pas autant d'importance qu'*hiku,* qui, en hiver et au printemps, est à la fois l'espace habité (on y élève les villages d'iglous), l'espace exploité (jusqu'à l'adoption de la trappe comme activité régulière, la chasse est strictement orientée vers l'exploitation du gibier marin

---

[7] On pourra consulter d'une part l'étude ethnolinguistique de J.-F Le Mouël (1978) sur les *Naujâmiut* (Groenland occidental), d'autre part l'analyse consacrée par L. Müller-Wille (1986) au rapport entre formations neigeuses et glacées et toponymes en Arctique canadien oriental. La classification du premier a été reprise par P. Robbe (1994).

pendant les saisons froides) et l'espace parcouru (la circulation sur la banquise étant plus aisée que sur la terre ferme). La terminologie distingue surtout les différents types de neige en train de tomber (gros et petits flocons, blizzard, etc.) et la qualité de la neige au sol, en fonction de sa cohérence. Ainsi *auviq* désigne la neige bien compacte, mais non gelée, avec laquelle se construisent les iglous.

Ce vocabulaire constitue à lui seul une analyse géographique détaillée du milieu auquel il se rapporte. Les fruits de l'observation des diverses configurations possibles ont été verbalisés non pas sous la forme de longs discours descriptifs mais sous celle de mots et de syntagmes qui expriment chacun la qualité spécifique de chaque type identifié, toujours remis en situation. Tout comme les toponymes (voir chapitre suivant), ils déploient un véritable discours géographique.

Ces savoirs sont anciens, ils appartiennent au fond culturel des Eskimo centraux, voire de tous les Eskimo. Chaque groupe a bien entendu adapté ce fond à ses propres besoins, en fonction de son territoire et de l'organisation spécifique de ses activités cynégétiques. Les connaissances essentielles à la survie du chasseur et de sa famille se transmettent d'une génération à l'autre au cours de la formation que le père dispense à son - ou ses - fils pendant six ou sept ans. Celle-ci repose non pas sur des discours mais sur l'observation attentive du maître (le père) par l'élève (le fils), qui tente de reproduire ses gestes. Quelle que soit la nature des connaissances, les Inuit privilégient toujours cette méthode de transmission. Elle favorise le développement chez l'enfant d'une grande autonomie. En appliquant à son tour les techniques observées, il progresse selon le principe des essais et erreurs. Les explications à tendance théorique sont pour leur part extrêmement rares : chacun garde pour lui ses analyses et les conclusions qu'il tire de ses expériences. De même les erreurs du jeune chasseur ne sont pas commentées, sauf sous la forme d'affectueuses moqueries : on se contentera de lui montrer à nouveau, autant de fois qu'il sera nécessaire, comment il doit faire.

Parce qu'ils sont techniques, ces savoirs sont assez facilement acquis par les non-Inuit. Fondés sur l'observation et les déductions logiques, ils sont accessibles sans trop de difficultés à l'étranger vivant quelque temps dans une communauté eskimo. Les explorateurs les maîtrisaient suffisamment pour survivre, après qu'ils eurent compris que c'était en adoptant les techniques locales qu'ils pourraient résister à un milieu qui leur semblait si hostile. Il en va de même pour un certain nombre d'Occidentaux installés de longue date en Arctique. Cependant, leur application de ces techniques reste superficielle, car elle se limite à des gestes alors que, pour les Eskimo, la pratique s'intègre dans un complexe culturel dont elle ne forme qu'un des éléments.

La compréhension des écosystèmes

Parallèlement aux techniques d'aide au déplacement, le chasseur doit aussi avoir une bonne connaissance des écosystèmes qu'il exploite. A partir de l'observation des phénomènes, se construit une compréhension globale du milieu. Celle-ci repose sur l'observation mais aussi, plus profondément, sur l'idée que le monde est un système relationnel. Les répercussions d'un phénomène sur un autre sont envisagées selon un rapport de cause à effet, où la question de l'origine est suspendue.

Les Inuinnait considèrent les écosystèmes dans une perspective dynamique qui privilégie les modifications des conditions au cours de l'année plutôt que les permanences. Aussi leur appréhension accorde-t-elle une grande place à l'identification des saisons, dont la succession rythme les transformations des paysages et les comportements du gibier. Aux variations des températures s'ajoutent celles de la luminosité, et la division de l'année en saisons repose d'abord sur ces deux données. Les Eskimo centraux distinguent six saisons principales, parmi lesquelles l'hiver (*ukiuq*) occupe une place de choix, ce qui vaut à son nom de servir aussi à désigner l'année entière. K. Rasmussen (1932 : 332) publia une liste des noms des saisons recueillie auprès des *Umingmakturmiut* et complétée par ses soins par celle dressée par V. Stefansson d'après les informations fournies par les *Kangiryuarmiut* (figure 14). Cependant, ceci n'est qu'une base grossière ensuite affinée par la considération des effets de ces variations essentielles sur les paysages et la vie animale. Un lexique plus détaillé distingue ainsi non plus six mais douze saisons, dont le nom décrit un phénomène retenu comme pertinent pour caractériser la période de l'année à laquelle il correspond. A défaut d'une liste précise et complète pour les Inuinnait, la figure 15 est construite sur celle établie par M. Therrien pour les villages de la rive orientale de la baie d'Hudson[8]. Etroitement liée aux conditions locales, elle est spécifique de cette région là mais fort représentative d'une perception des phénomènes commune à tous les Eskimo. C'est pour cette dernière qualité qu'elle est ici présentée.

Au cours de mes enquêtes toponymiques il était souvent question des saisons, car la fréquentation des lieux leur est étroitement liée. Il ressort des informations recueillies que, pour chacune d'elles, il n'y a pas un nom mais plusieurs. En effet, en fonction du contexte et du degré de précision nécessaire au propos, la saison sera désignée par l'un ou l'autre de ses traits pertinents, celui qui, dans la conversation du moment, s'imposera comme le plus efficace pour désigner l'époque en question. Ainsi, on parlera du "temps où la

---

[8] Communication personnelle, 1993.

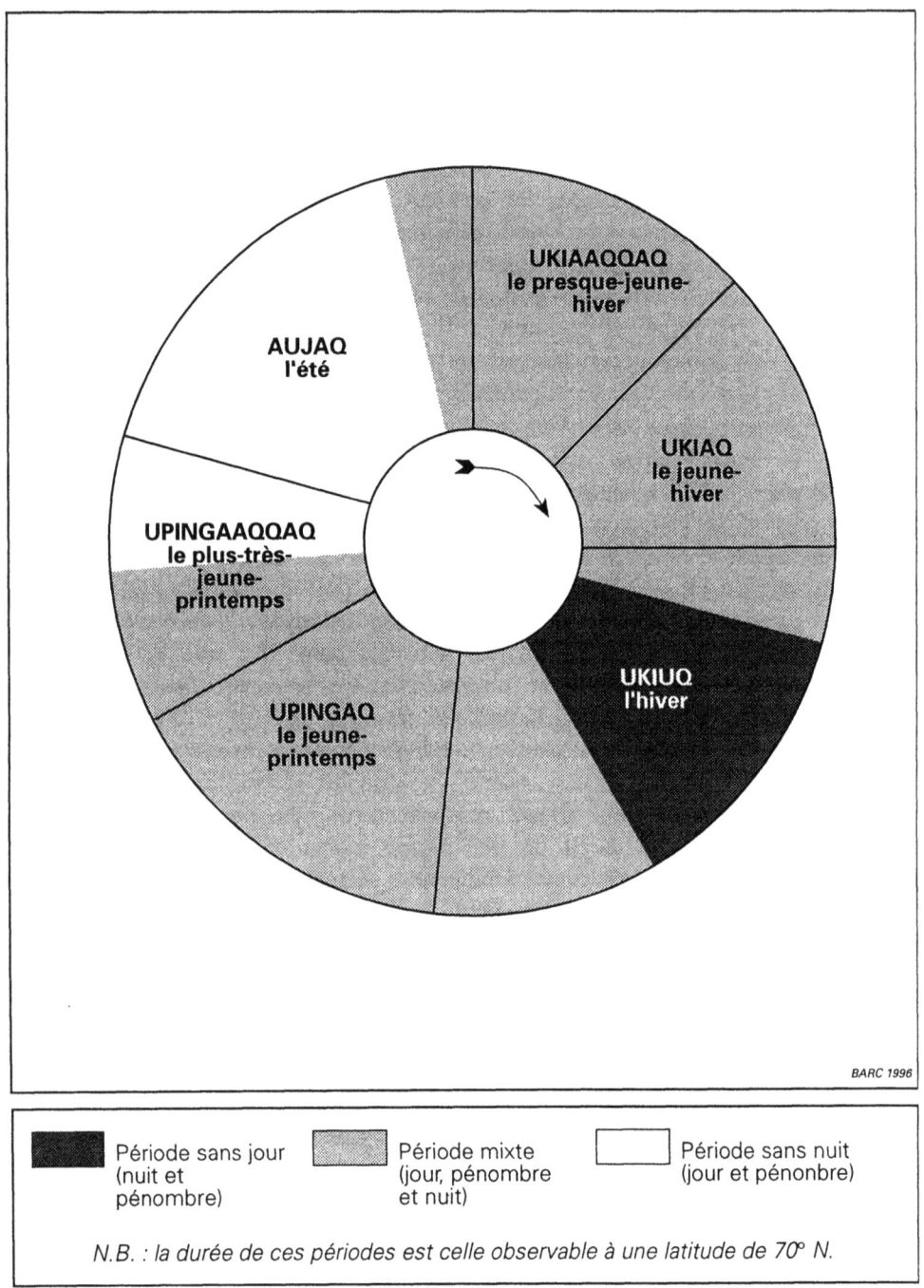

Fig. 14 : Les 6 principales saisons des Inuinnait

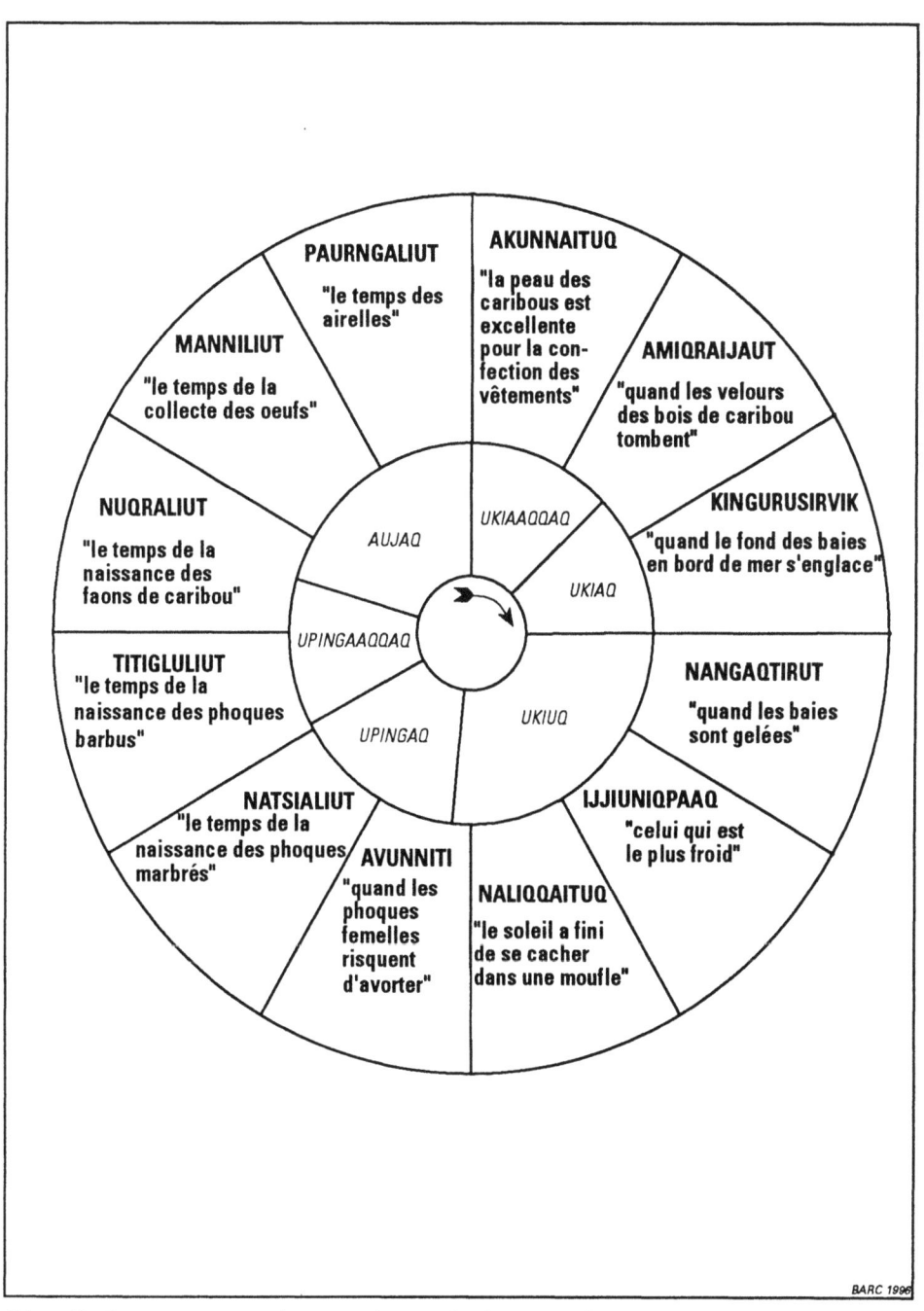

Fig. 15 : Les 12 saisons des Inuit (exemple des Inuit du Nunavik, baie d'Hudson)

Chapitre 3

banquise se couvre d'eau et est striée de nombreux chenaux d'eau libre" ou de "l'époque où les oiseaux migrateurs arrivent" pour désigner cette période qui, sur nos calendriers, se situe environ entre le 15 mai et le 25 juin selon les latitudes et l'année. Cela ne signifie aucunement que les Inuinnait n'ont pas conscience de désigner à peu près la même saison dans les deux cas. Simplement, le locuteur choisit d'insister sur celui de ses traits qui la caractérise le mieux compte tenu du sujet de sa conversation du moment. A nouveau, la géographie inuinnait apparaît très subjective (voir *supra*).

L'identification des saisons n'est donc pas fondée sur un calendrier abstrait mais sur les différentes configurations des écosystèmes que dessine la conjonction d'une série de phénomènes à chaque époque de l'année[9]. On voit ainsi que les Inuinnait conçoivent le milieu comme un ensemble dont les composantes entrent en relation les unes avec les autres pour en faire un milieu dynamique, toujours en recomposition. Sur cette conception, repose l'opération intellectuelle par laquelle les Inuinnait pensent l'élément marin et l'élément terrestre comme des systèmes écologiques. D. Nakashima (1991) arrive à la même conclusion : pour les Inuit, la nature est un système de relations, auquel l'homme est complètement intégré.

Un espace vécu, une pratique affective

Les connaissances transmises ne forment cependant qu'une partie des savoirs cynégétiques. Elles ne sont qu'une trame commune sur laquelle chacun construit ensuite un savoir personnalisé, au fur et à mesure que s'accroît son expérience. Le mode de transmission des connaissances favorise ce développement. La valorisation de l'expérience n'est pas seulement un moyen de parfaire des techniques, elle incite aussi au développement d'une relation intime, très personnelle, au territoire. Les émotions fortes, esthétiques, les souvenirs marquants d'une vie passée à parcourir le territoire : tout cela est partie intégrante d'un savoir géographique dont l'une des composantes essentielles est l'affectivité.

Les Inuinnait sont liés à leur territoire par une relation où l'émotionnel occupe une place de choix. Peu enclins à partager leurs émotions, à confier leurs sentiments, cette relation se devine plus qu'elle ne s'exprime. Mais elle est une réalité pour tous ceux qui vivent ou ont vécu proches de la culture traditionnelle. L'une des rares confidences que l'on m'ait faites à ce sujet tient en peu de mots, mais elle est très significative. Alors que je discutais avec une

---

9 On retrouve ce phénomène non seulement dans la plupart des sociétés de chasseurs-cueilleurs mais également dans bien des sociétés rurales, sous toutes les latitudes.

dizaine de jeunes hommes (18 à 25 ans) de l'objet de ma recherche ("les connaissances qui concernent le territoire, la vie en dehors du village"), l'un d'eux lâcha comme une sentence :

"Ce qui concerne le territoire, c'est très personnel." (B. A., 22 ans)

Tout le monde l'approuva et l'on passa à un autre sujet. Il n'est en effet pas question, dans le code de conduite inuit, de discuter ouvertement de ce qui touche au plus profond de l'être. Ce serait une faute grave, une violation à la fois de l'intégrité de celui qui parle et de ceux qui l'écoutent, qui n'ont pas à entrer à un tel degré d'intimité dans la vie de l'autre. Ils n'ont pas à supporter ce qui est considéré comme un épanchement intempestif, qui n'a pas sa place en société et gêne les membres de l'assemblée.

Cette intimité joue un rôle de premier ordre dans la perception de l'espace de chaque Inuinnait. Elle n'est évidemment pas transmissible. Ce que le père cherche, c'est à développer chez ses enfants un terrain favorable à l'épanouissement de cette relation personnelle, dont il leur fait sentir l'importance et le pouvoir, mais qu'il ne leur communique pas[10].

LE VERBE : LA TRADITION ORALE

Certaines des connaissances géographiques sont intégrées à un autre champ du savoir, celui de la tradition orale qui, autant que le savoir cynégétique, est au cœur de toutes les cultures eskimo. Mon approche de la tradition orale s'est concentrée sur les récits et, plus encore, sur les toponymes. Parce que ces derniers ont occupé une place centrale dans ma recherche, ils sont analysés à part, dans le chapitre 4.

Les Inuinnait paraissent peu soucieux de classer les récits de leur tradition orale et il est bien difficile d'identifier les critères qui guident le choix du conteur lorsqu'il décide de narrer telle ou telle histoire. Y a-t-il un sens implicite ? Les Inuit eux-mêmes ne semblent pas s'en préoccuper (voir page 68), mais l'analyse structurale a maintes fois montré que cela n'est pas

---

10 Ceci est bien mis en évidence dans les mémoires de F. Quppersimaan, (1992). Le narrateur y raconte, étape après étape, la construction de sa relation au territoire. Elle est chez lui particulièrement forte puisqu'il entreprend de se donner une formation de chaman. Ce qu'il appelle sa "recherche" ne dépend que de ses propres initiatives. Il n'y a pas d'initiateur, de formateur qui serait un intermédiaire entre l'homme et les forces de la nature.

Chapitre 3

forcément un argument pertinent. Dans le recueil de M. Métayer (1973), où les dates d'enregistrement sont indiquées pour chaque récit, il n'y a pas d'ordre apparent. Les mythes fondateurs sont contés entre deux petits incidents d'intérêt local. D. Jenness (1924) et K. Rasmussen (1932) ont tous deux organisé leur *corpus* en suivant un classement thématique, à l'inverse de M. Métayer, qui avait volontairement évité tout classement à l'intérieur de chacun de ses trois volumes, restant ainsi proche des conditions brutes de recueil de la tradition orale. Il appartiendrait à un ethnologue de proposer une classification de ces textes, en fonction de catégories qu'une étude sémantique pourrait révéler. Dans sa préface du recueil, R. Savard (1973 : xiii) l'appelait de ses vœux, mais elle reste à faire aujourd'hui.

A partir d'une analyse géographique des contenus, il est possible de proposer un classement fondé sur la portée des récits. Ils se rapportent en effet à des espaces plus ou moins étendus et sont ainsi opératoires à différentes échelles. Il n'était pas pour moi nécessaire d'entrer dans plus de détails et un regroupement des récits en trois grands types, correspondant aux trois échelles classiques des géographes, était suffisant. Echelle générale (ou nationale, voir page 85) des mythes et de certaines légendes, qui proposent une explication de l'Univers et de la vie humaine partagée par l'ensemble des Eskimo ; échelle régionale de certains récits légendaires et historiques, dont le contenu géographique reflète la lecture du territoire propre au groupe culturel qui les produit ; échelle locale, enfin, des relations d'anecdotes qui dressent la carte de l'espace fréquenté par chaque sous-groupes, voire par chaque famille, de l'espace vécu en somme[11].

Une explication de l'Univers et de la vie humaine

Des rives du détroit de Béring au Groenland, la continuité des mythes fondateurs de la tradition orale des Eskimo a frappé les ethnologues. Il est en effet remarquable d'entendre, à des milliers de kilomètres de distance, les mêmes histoires narrées dans une même langue, en dépit des différences dialectales et des variantes locales quant aux circonstances exactes de certaines péripéties. Ces récits ont une portée générale, ils s'adressent à tous

---

11 Dans le contexte territorial d'une culture nomade, l'échelle locale s'applique à une surface beaucoup plus étendue que dans notre monde européen. Le local désigne l'ensemble du territoire régulièrement fréquenté d'une année à l'autre. Cela souligne l'inadéquation de nos mesures, établies dans un contexte européen et sédentaire. Pourtant, j'en conserve la formulation car les notions de "général", "régional" et "local" font sens aussi pour les Inuinnait, mais avec des ordres de grandeur différents des nôtres.

les Eskimo. Aussi se lisent-ils à l'échelle "nationale", si l'on admet que l'unité culturelle de ce peuple justifie que l'on parle d'une "nation" Eskimo[12]. Depuis F. Boas (1888) cette grande tradition a retenu l'attention des ethnologues. Cependant, si les recueils sont assez nombreux, la plupart des études approfondies se limitent à un ou deux mythes. X. Blaisel (1993) est le seul a proposer une interprétation globale, étudiant les rites et la cosmologie des Inuit de la Terre de Baffin dans une perspective holiste.

Cosmogonies, origines de la vie humaine et processus de mise en ordre du monde, tous ces récits, très rarement localisés, expriment - aussi - une lecture géographique du monde habité, ils lui donnent un sens pour les hommes qui y vivent, les Inuit.

Cosmogonies

Les mythes fondateurs et les sagas de héros légendaires connus de plusieurs groupes eskimo intéressent le géographe en ce qu'ils proposent une explication de l'Univers tel qu'il s'observe. Une cosmogonie détaillée s'attache aux astres - les étoiles, la lune, le soleil - ainsi qu'aux météores - les nuages, les aurores boréales, les arcs en ciel, etc.

K. Rasmussen (1932 : 23) rapporte que, pour les Inuinnait, ces phénomènes célestes sont tous, à l'origine, des Inuit ou des animaux (chiens, ours polaires, caribous[13]), qui ont été transportés dans les cieux lors d'un événement particulier ou après leur mort, violente le plus souvent. Par exemple, la constellation du Bouclier d'Orion est pour eux *Tuvaaryuit* : "les trois petits chasseurs", qui furent élevés brutalement vers la voûte céleste alors qu'ils poursuivaient un ours polaire. Les Inuinnait partagent avec les autres Eskimo centraux le mythe du soleil et de la lune. *Hiqiniq* (le soleil, une femme) avait un frère : *Tatqiq* (la lune, un homme). En ce temps là il n'y avait pas de jour, il faisait nuit en permanence. En hiver, les Inuit se réunissaient dans un *qalgik* (grand iglou de danse) pour chanter et danser. Tous les soirs, avant qu'elle sorte de chez elle pour rejoindre les autres, *Hiqiniq* recevait la

---

[12] Les Groenlandais - qui sont les plus avancés dans la réflexion politique - revendiquent aujourd'hui cette reconnaissance nationale, en dépit d'un morcellement politique (entre Canada, Danemark, Etats-Unis et Russie) qu'ils ne remettent, pour l'instant, pas en cause.

[13] Ces trois animaux bénéficient d'un statut particulier. Le chien est très proche des hommes, comme eux, il peut avoir un nom (*atiq*) ; l'ours est l'animal par excellence, le plus fort, le plus rusé, celui dont la viande est la plus énergétique et la fourrure la plus chaude ; le caribou est avec le phoque le gibier le plus courant et, surtout, il enveloppe et protège l'homme par sa fourrure (voir note 17, page 36).

visite d'un homme qui éteignait la lampe en entrant et avait ensuite des relations sexuelles avec elle. Curieuse, elle voulut un soir connaître l'identité de son partenaire. Elle s'enduisit le nez de suie et attendit. Après que l'homme fut venu et reparti, elle sortit à son tour. Comme elle entrait dans le *qalgik*, elle vit *Tatqiq*, son propre frère, le nez noir de suie. Furieuse et honteuse, elle se planta devant lui, coupa ses seins et les lui lança à la figure en lui disant : "puisque tu m'aimes tant, mange moi", puis elle sortit en courant, sa lampe à la main. *Tatqiq* se précipita derrière elle, prenant à peine le temps d'allumer sa propre lampe. Il se mit à lui courir après autour de l'iglou et ils furent soudain enlevés dans les airs. Ils poursuivent aujourd'hui leur course vaine dans le ciel. *Hiqiniq,* dont la lampe était bien allumée, brille de tous ses feux : c'est le soleil. En revanche, la flamme vacillante de *Tatqiq* ne renvoie qu'une faible lueur et pas de chaleur : c'est la lune (Rasmussen, 1932 : 33). Contrairement aux Inuit plus orientaux, les Inuinnait ne pensent pas que tous les morts vivent dans *Qilaak* ("le haut", "le plafond" mais aussi "la sphère céleste") et que les étoiles sont les fenêtres scintillantes de leurs iglous. Pour eux, les morts habitent un monde d'abondance qui n'est pas perceptible, mais leurs esprits restent sur la toundra. Par ailleurs, on ne trouve, à ma connaissance, aucune cosmogonie relative à la neige et à la pluie dans leur tradition orale. En revanche, l'origine des nuages est expliquée (voir p. 90).

D'après J. G. Oosten (1983), le mythe du soleil et de la lune se rattache à la grande tradition des mythes amérindiens concernant ces mêmes météores. Son sens symbolique concernerait la juste distance qu'il faut garder avec sa parenté, une question évoquée dans la plupart des mythes, qui traitent de façon récurrente de la question de la distance à maintenir entre parents, entre Inuit, mais aussi avec le monde animal et les divers monstres qui peuplaient autrefois la terre.

Origines de la vie et de l'humanité

Les mythes expliquent encore les origines de la diversité de l'humanité et de sa répartition à la surface du monde habité. Les Inuit sont présentés comme ayant toujours existé (du moins dans la tradition orale des Inuinnait, pour ce qui en a été relevé) et sont à l'origine de tous les autres hommes : les Indiens (*Itqilit*) et les autres (*Qallunaat*), qui sont issus de l'accouplement contre nature d'une Inuit et d'un chien, soit d'une situation où les bonnes distances non pas été respectées. En effet, comme cette fille refusait tous les maris qu'il lui proposait son père, fâché, l'abandonna seule avec un chien sur une île, afin qu'elle en fît son époux. Sur les ordres de leur mère, les enfants-chiots nés de cette union partirent les uns vers le Sud (les *Qallunaat*), les autres vers l'intérieur des terres, sur le continent (les *Itqilit),* tandis que les derniers restèrent avec les Inuit. (Jenness, 1924 : récits 72a,b,c,d,e, et Rasmussen, 1932 : 240)

Les Inuit sont également à l'origine de la vie animale. Les mammifères marins, si importants dans la vie de tous les Eskimo, procèdent ainsi tous de la même femme. Ils sont en effet issus de la chair tailladée d'une Inuit : *Arnakapkhaaluk.* Enlevée par un chien monstrueux déguisé en homme, elle menait une existence misérable sur une île isolée au milieu de l'océan jusqu'au jour où son père vint en kayak[14] et l'embarqua pour la ramener chez lui. Mais le chien poursuivit les fuyards, se transformant en tempête. Comme le père ne lui rendait pas sa fille, il augmenta la force de la tempête : à tout moment, le kayak risquait de chavirer. Alors, la mort dans l'âme, le père poussa sa fille par dessus bord pour la rendre au mari furieux et sauver sa propre vie. Mais *Arnakapkhaaluk* s'accrocha au kayak. Son père lui coupa alors les premières phalanges, qui devinrent aussitôt les phoques. Comme elle s'accrochait encore, il lui coupa les deuxièmes phalanges, qui devinrent les morses et les baleines. Puis, comme elle s'accrochait toujours, il lui coupa les troisièmes phalanges qui devinrent les poissons tandis qu'elle coulait au fond de l'océan, où elle habite désormais. Depuis son iglou du fond des mers, elle règne sur les mammifères marins et, lorsqu'elle est fâchée contre les Inuit, elle range tout le gibier sous son lit - non pas le corps mais l'esprit de chaque animal - ainsi que les esprits des armes des hommes et du matériel de couture des femmes. La famine s'installe alors chez les Inuinnait et il appartient au chaman d'aller parlementer avec *Arnakapkhaaluk* pour calmer sa colère et la persuader de relâcher les esprits qu'elle tient captifs. (Rasmussen, 1932 : 24)

Pour les mammifères terrestres, il n'y a pas de mythe comparable, qui les considérerait dans leur globalité. Leur origine tient au contraire à des événements indépendants les uns des autres. A l'unité du monde marin, s'oppose la diversité du monde terrestre, ce qui renforce l'idée - centrale dans la perception eskimo de l'œkoumène - qu'il s'agit de deux mondes bien différents, qu'il convient de séparer dans la pratique (voir p. 36). Sans doute ceci est-il aussi lié au fait que les Eskimo sont d'abord un peuple de chasseurs de mammifères marins, qui ne s'est tourné que tardivement (vers le XVIIè ou XVIIIè siècle ?) vers l'exploitation du gibier terrestre.

L'origine des Inuit n'est pas évoquée dans les *corpus* publiés de la tradition orale des Inuinnait. Il y a toujours eu des "hommes par excellence",

---

[14] Le fait qu'un kayak de mer soit ici mentionné, alors que l'on sait avec certitude que les Inuinnait n'en possédaient pas, est un signe de l'ancienneté de ce mythe, que l'on retrouve, comme celui du soleil et de la lune, chez tous les Eskimo centraux.

Chapitre 3

mais ils étaient peu nombreux et entourés d'êtres à l'identité incertaine, dans un temps où la limite entre monde animal et monde humain restait floue. Certains êtres humains avaient des pratiques déviantes - les anthropophages, les homosexuels[15], les Inuit mariés à des animaux - d'autres étaient monstrueux - "ceux qui n'avaient pas d'orifice dans la partie inférieure de leurs corps" (ce qui les empêchait d'avoir des relations sexuelles et d'enfanter), "ceux qui avaient de longues griffes", les géants - d'autres enfin étaient des mutants, des animaux - ours ou chiens, parfois renards et gloutons - qui prenaient momentanément une forme humaine pour tromper les Inuit.

Mise en ordre du monde

Les légendes rapportent comment, de péripétie en péripétie, les Inuit sont parvenus à éliminer un à un ces êtres à l'humanité mal assurée. Au fur et à mesure, ils ont pu eux-mêmes se multiplier et développer leur société - celle des "hommes par excellence" - n'étant plus sous la menace des géants, des anthropophages et autres ours trompeurs. Ils ont ainsi établi un ordre dans un monde auparavant chaotique. Mythes et grandes légendes s'achèvent lorsque le monde des Inuit est en place.

> "Toutes ces histoires datent d'une époque où toutes sortes de choses incroyables pouvaient arriver" confiait un *Iglulimiuk* à K. Rasmussen (1929a : 257). "C'était l'époque où l'on fabriquait des mots magiques. Un mot dit par hasard pouvait soudain devenir puissant, et ce que les gens voulaient qu'il arrivât pouvait arriver, et personne ne pouvait expliquer comment cela ce faisait"[16], lui expliquait encore une *Natsilingmiuk* (1931 : 208. Traductions libres).

Cependant, entre les hommes et le monde animal les relations demeurent étroites. Elles se poursuivent dans le chamanisme : le chaman fait appel aux esprits des animaux pour utiliser, avec leur accord, leur force ou leur ruse pour son propre compte ou pour celui de tout le groupe. X. Blaisel (1993) a montré que cette relation est aussi réactivée en permanence par l'accomplissement des rites. La chasse est ainsi un véritable rituel, dont toutes

---

15 (Métayer, 1973 : récits 41 et 98, l'homosexualité y est toujours féminine). Le thème central du premier récit n'est autre que l'origine des relations sexuelles "normales" : l'arrivée d'un homme dans le camp de trois femmes ("un" chasseur et deux couturières) met fin à ces pratiques déviantes, qui résultent une nouvelle fois d'une mauvaise appréciation de la juste distance.

16 Traductions libres, d'après le texte anglais.

les étapes, de la quête du gibier à son partage, sont marquées par des gestes ou des paroles obligatoires : au moment de la prise d'un phoque ou d'un caribou, de courtes incantations sont récitées, le gibier est dépecé et découpé suivant certaines règles afin de ne pas offenser son esprit mais au contraire de le remercier, pour qu'il s'offre à nouveau aux harpons ou aux flèches des chasseurs, etc.

Communs à tous les Eskimo, ces récits sont au cœur de leur culture et leur sens symbolique imprègne toute la société et tous les champs du savoir. Ils participent ainsi, entre autres, à l'élaboration d'un savoir géographique spécifique. Le recours aux récits symboliques pour rendre compte de l'ordonnancement de l'Univers place la géographie inuinnait dans le cadre d'une pensée animiste et magique, fort éloignée de la pensée cartésienne qui préside à la construction de la géographie savante occidentale.

Un mode d'emploi du territoire

Parallèlement à ces récits dont le contenu géographique consiste en une explication de la formation de *Hila* - de "l'Univers" -, la tradition orale transmet des histoires qui se rapportent plus précisément au territoire du groupe qui les élabore. Leur portée n'est plus nationale mais régionale et si certaines narrations sont partagées par plusieurs groupes, d'autres ne sont connues que d'un seul. Dans le premier cas, chacun les accommode à sa façon, en fonction des caractères de son propre territoire. Dans cette série, les récits ayant un contenu géographique sont associés à des lieux réels, nommés ou décrits précisément, par opposition aux lieux-types - abstraits - des récits de portée nationale. Les événements historiques ou légendaires rapportés dans les histoires de cette seconde catégorie proposent soit des explications sur l'origine de certaines configurations topographiques, soit des recommandations à propos de l'utilisation du territoire.

Explications de configurations topographiques

Un premier type de récit est constitué de légendes qui rapportent l'origine de certaines formes topographiques remarquables. En associant ces récits à des lieux réels, visibles sur le territoire, la tradition orale répond à une triple exigence : répondre à la question de l'origine des phénomènes naturels, affirmer avec force la vérité de l'histoire - les événements qu'elle relate ont bien eu lieu, puisqu'il en reste une marque dans le paysage -, s'approprier des légendes qui appartiennent au fond commun de plusieurs groupes voire de la culture eskimo dans son ensemble. Ainsi on retrouve souvent les mêmes

Chapitre 3

trames narratives d'un groupe à l'autre, mais la mise en scène varie pour s'adapter aux modelés topographiques de chaque région.

Pour les Inuinnait, trois légendes illustrent particulièrement bien le fonctionnement de ce type de récit. L'une associe trois collines situées à l'Ouest de Cambridge Bay (*Amaaqtuq, Uvayuq, Uvayurruhiq*) à l'origine de la mort. Les trois monts sont les corps des quatre premiers morts de l'humanité : un couple, leur jeune garçon et leur bébé. Ils succombèrent à l'épuisement, l'un après l'autre sur le chemin de l'océan, un été où la famine sévissait à l'intérieur des terres. La topographie porte à jamais le souvenir de cet événement, que rappelle aussi la toponymie : *Amaaqtuq* ("celui qui est une femme qui porte son bébé"), c'est l'épouse qui portait dans son dos un nourrisson ; *Uvayuq* ("celui dont l'un des versants est plus long que l'autre"), c'est l'époux, dont on dit qu'*Uvayuq* était son nom ; *Uvayurruhiq* enfin, ("le petit *Uvayuq*"), c'est le jeune garçon[17].

La deuxième histoire rend compte à la fois de l'origine de la rivière Coppermine (*Qurluqtuup kuugaa* : "la rivière de 'qui est des rapides'") et de celle des nuages. Elle ancre dans une réalité régionale une cosmogonie (l'origine des nuages) commune à plusieurs groupes. Une jeune fille enlevée par une ourse grizzly - l'histoire se passe sur le continent - s'échappe de la tanière pendant que la femelle et ses petits dorment en attendant que leur proie, qu'ils croient gelée car la jeune fille se tenait très raide pour les abuser, s'amollisse un peu en dégelant. Poursuivie par l'ourse, elle trace avec son doigt un long trait sur le sol, qui devient aussitôt une puissante rivière tumultueuse : *Qurluqtuup kuugaa*. De l'autre rive, l'ourse l'apostrophe : "Comment as-tu traversé ?" Comme la jeune fille répond qu'elle a bu l'eau et asséché ainsi la rivière, l'ourse se met aussitôt à boire, tant et si bien qu'elle explose. L'eau sortie de ses entrailles s'élève vers le ciel où elle forme les nuages, qui n'existaient pas auparavant[18]. On retrouve ici l'idée du pouvoir de la volonté (voir *supra)*, exprimée dans ce cas non par des mots mais par un geste. On note d'ailleurs que, dans la tradition orale eskimo, le fait de tracer une ligne sur le sol (sur la terre ou la banquise) est très souvent un acte magique qui sépare et protège celui qui en est l'auteur.

---

17 D. Jenness (1924 : récit 69), K. Rasmussen (1932 : 256) et notes personnelles de terrain, Cambridge Bay, 1992.

18 D. Jenness (1924 : récits 68a, b), M. Métayer (1973 : récits 5 et 41) et notes personnelles de terrain, Coppermine, 1991. K. Rasmussen (1932 : 209), qui recueillit la tradition orale des *kiluhikturmiut,* publie un récit dans lequel les circonstances de l'origine des nuages sont exactement les mêmes, mais où le mythe n'est pas associé à l'apparition de *Qurluqtuup kuugaa*, sans aucun doute parce que cette rivière est trop éloignée de leur territoire.

Le troisième récit associe la présence de deux marques profondes dans le sol (au Nord-Ouest de Coppermine) et d'un énorme rocher (*Ahungahungalik,* sur le rivage d'une île du détroit du Dauphin et de l'Union) aux pérégrinations d'un géant. Celui-ci marchait près d'une rivière (*Nuahungniq*[19]) et il était si grand et si lourd que ses pas sont restés imprimés dans le sol, où ils sont toujours visibles. Puis, après avoir terrorisé les Inuinnait qui campaient à proximité, il traversa la mer en deux enjambées, ramassant les phoques à pleines mains sur son passage. Comme il atteignait le petit archipel d'*Ukaliq*[20] ("le lièvre arctique") les hommes, ayant recours à la magie, le pétrifièrent alors qu'il posait un pied sur le sommet de la falaise. Comme son autre pied était encore dans l'eau, il était légèrement penché en avant, aussi devint-il *Ahungahungalik* ("l'endroit qui a une bosse"), gros rocher plus large à mi-hauteur qu'à la base et au sommet[21].

Recommandations quant à la pratique du territoire

On peut regrouper dans un second type de récits régionaux ceux qui fournissent des recommandations pour un bon usage du territoire. Ceux-là sont toujours situés dans le temps (plus ou moins ancien) et leur historicité est affirmée. Au-delà d'une certaine diversité, on peut distinguer deux catégories : ceux qui relatent des catastrophes à l'origine desquelles on trouve toujours une erreur d'appréciation de la part des Inuinnait concernés ; ceux qui indiquent des lieux marqués par un certain pouvoir magique ou par la présence d'êtres hors du commun.

Les récits de catastrophes sont assez nombreux dans la tradition orale. Ils rapportent soit des famines dramatiques ayant décimé tout un sous-groupe, soit, pour les Inuinnait du continent uniquement, des rencontres meurtrières avec les Indiens.

Toutes les histoires de famines graves suivent le même schéma. Au printemps, un sous-groupe installé sur une petite île éloignée des côtes connaît

---

[19] Les Inuinnait d'aujourd'hui ignorent le sens de ce toponyme. Apparemment, ils l'avaient déjà oublié du temps de M. Métayer, qui n'en propose pas non plus de traduction.

[20] Voir figure 5, page 28.

[21] D. Jenness (1924 : récit 81), M. Métayer (1973 : récit 90) et notes personnelles, Holman et Coppermine, 1991 - 1992. Un informateur d'Holman me décrivit même avec beaucoup de précision les deux empreintes du géant imprimées sur une rive de *Nuahungniq,* où il avait passé une partie de son enfance.

une période d'abondance inhabituelle[22] puis se trouve coupé de la terre ferme au moment de la débâcle et prisonnier sur l'île[23]. Cette situation peut résulter d'un choix délibéré - la communauté décide de passer l'été sur l'île en vivant des réserves de viande accumulées avant la dislocation de la banquise - ou d'une grave erreur d'inattention : trop absorbés par leur chasse et avides d'amasser davantage de viande, les hommes attendent trop longtemps pour retourner sur la terre ferme. Un récit précise qu'il faut voir là non seulement de l'inconscience mais aussi une certaine paresse : les stocks sont si importants que les Inuinnait n'ont pas le courage de les transporter sur les rives de la terre ferme[24], où ils seraient normalement laissés en dépôt pour être consommés à l'automne, en période de soudure (voir page 39). Las ! Les réserves, surestimées, s'épuisent trop vite et la famine s'installe dans le camp pris au piège au milieu de l'océan. Il ne reste finalement que quelques survivants, qui parviennent à gagner la terre ferme en construisant un radeau de fortune à l'aide de traîneaux et de vieilles peaux de phoques. La signification géographique de ces récits est claire : quiconque se risque à ne pas respecter le principe de l'alternance saisonnière dans son occupation du territoire court à sa perte. Dans les versions recueillies par M. Métayer, les narrateurs insistent toujours sur le fait que les Inuinnait furent d'abord victimes de leur propre folie : "ils avaient perdu la raison" commentent-ils en cours de récit.

Les Indiens (*Itqilit* : "les porteurs de poux") sont des voisins dangereux, comme le rappelle la tradition orale. Les histoires qui les concernent suivent deux types de trames narratives. Premier cas de figure : par erreur ou nécessité[25], les Inuinnait franchissent la limite des arbres et passent en territoire indien. Malgré leur discrétion ils sont repérés et les

---

22 Les Inuinnait campaient souvent sur ces îles au printemps, car les chenaux d'eau libre s'y forment plus vite et y sont plus nombreux qu'ailleurs et, en cette saison, les phoques suivent ces chenaux et se hissent sur leurs bords pour prendre des bains de soleil sur la banquise.

23 Rappelons que les Inuinnait n'avaient pas de kayaks de mer et ne pouvaient donc vivre de la chasse au phoque en été (voir page 40). Leurs petits kayaks de lacs n'étaient pas transportés pendant l'hiver mais remisés sur la terre ferme, dans des caches situées près des lieux habituels d'utilisation.

24 M. Métayer (1973 : récit 34). La paresse est l'un des plus graves défauts que puisse avoir un Inuit. On ne compte plus les récits dans lesquels la morale de l'histoire est qu'il ne faut pas être paresseux. *"On nous disait de ne pas être paresseux"* est l'une des phrases qui revient le plus souvent lorsque l'on demande aux Anciens d'aujourd'hui de raconter leur jeunesse.

25 Par exemple pour ramener du bois pour construire des traîneaux.

Indiens envahissent leur camp et assassinent ceux qui s'y trouvent. Eventuellement, ceux qui ont échappé au massacre lancent une expédition punitive, mais les Inuinnait sortent rarement vainqueurs de ces rencontres. Second cas de figure : ce sont les Indiens qui, par provocation, quittent la forêt pour la toundra, apparemment dans le seul but de massacrer les Inuinnait. Ils s'attaquent traîtreusement à un camp en l'absence des chasseurs et trucident allègrement les femmes, les enfants et les vieillards. A leur retour, les chasseurs partent à la poursuite des assaillants qu'ils tuent à leur tour, les attaquant par surprise alors que les imprudents festoient dans leurs tipis, se réjouissant de leur forfait[26]. Le message géographique est là aussi limpide : si les Inuinnait sont libres de leurs mouvements et règnent en maîtres sur la toundra et la banquise, ils doivent limiter le plus possible leurs incursions dans la forêt, qui appartient aux fourbes et cruels Indiens. On retrouve à nouveau ici la question de la juste distance.

Une seconde catégorie regroupe les récits qui indiquent des lieux particuliers, à fréquenter avec précaution parce qu'ils sont habités par des êtres étranges, plus ou moins monstrueux : *Tunit* ("les petites personnes", sortes d'esprits de toute petite taille - ils sont à peine visibles - qui, selon les cas, aident ou harcèlent les hommes) ou poissons carnivores souvent présentés comme des poissons géants.

Les *Tunit* sont l'objet, pour les récits de portée régionale, de petites histoires courtes qui indiquent seulement les lieux où ils habitent et la sage distance à laquelle les hommes doivent s'en tenir. *Alik* n'avait pas suivi ces recommandations. Il passa sa tête dans la fissure d'un rocher qui n'était autre que le couloir d'entrée de la maison d'une famille de *Tunit*, tant il était curieux de voir comment s'organisait leur intérieur. Aussitôt, la fissure se resserra et

---

[26] Parmi tous ces récits, celui du "massacre des chutes du sang" (*Bloody falls*, qui doivent justement leur nom anglais à ce tragique épisode) mérite une attention particulière. En 1771, un petit groupe d'Inuinnait qui campaient à proximité de *Qurluqtuuq* ("celui qui est des rapides") sur *Qurluqtuup kuugaa* (la rivière Coppermine) fut attaqué par les guides indiens de l'explorateur Samuel Hearne, qui avait entrepris deux ans plus tôt de descendre la rivière depuis sa source. Cet événement est resté gravé dans les mémoires, et la tradition orale l'a transmis de génération en génération jusqu'à aujourd'hui. Il fut raconté à D. Jenness (1924 : récit 74), à K. Rasmussen (1932 : 252), à M. Métayer (1973 : récit 66) et encore à moi-même en 1991. De son côté, S. Hearne rapporta cet événement malheureux dans son livre *A Journey from Prince of Wales' Fort in Hudson's Bay to the Northern Ocean in the Years 1769, 1770, 1771 and 1772*, (Toronto, The Champlain Society, 1911 (réédition), p. 182.) M. Métayer notait que sa version des faits était très proche de celle que lui confiait un Inuinnait près de deux cents ans plus tard. R. McGraph (1993) a procédé à une analyse complète de cette histoire, de ses différentes versions et de son sens symbolique.

sa tête resta coincée à l'intérieur. Il ne dut la liberté qu'à l'intervention d'un chaman. (Rasmussen, 1932 : 34). Il est éventuellement recommandé de laisser un peu de nourriture près de l'endroit, afin que les *Tunit* aient de quoi manger. Leur petite taille ne leur permet en effet guère de chasser eux-mêmes.

Quant aux poissons géants de certains lacs, leur description ne va pas sans parfois rappeler celle du fameux monstre du Loch Ness. Pour chaque lac, la tradition rapporte les circonstances dans lesquelles les Inuinnait découvrirent la présence de cet habitant dangereux. La bête s'attaque soit aux caribous sur un de leurs passages à gué, soit à des chasseurs traversant le lac en kayak. Parfois, elle est seulement aperçue depuis la rive par des pêcheurs. Aujourd'hui, on ajoute souvent que le monstre lacustre a été vu d'avion un jour de grand beau temps. On notera qu'il n'y a jamais plus d'un poisson géant par lac. La longévité du monstre est par ailleurs source de nombreux commentaires. Ces histoires invitent les Inuinnait à être prudents lorsqu'ils traversent ces lacs, mais non pas à les éviter. Ainsi la rive occidentale du lac *Napaaqtulik* ("l'endroit qui a des arbres") est un campement très fréquenté alors que le lac abrite un poisson géant. Mais le monstre n'habiterait qu'une partie du lac, qui est justement celle que l'on évite lorsque l'on traverse le lac gelé et sur les rives de laquelle on ne campe normalement pas.

Ces récits figurent tous au moins une fois dans l'un des trois recueils publiés et m'ont également été rapportés à plusieurs reprises. Sans être toujours connue d'un bout à l'autre du territoire des Inuinnait, chacune de ces histoires s'inscrit dans la tradition de plusieurs sous-groupes voisins. Pour chacun d'eux, on trouve toujours au moins une histoire de famine et un lac habité par un poisson géant. L'une des fonctions de ces récits est bien d'indiquer comment faire bon usage du territoire, ce qui passe notamment par le respect de certaines distances et de certains rythmes. Qu'ils rendent compte de l'origine d'une forme topographique ou qu'ils concernent la pratique du territoire, ces récits étaient toujours signalés lors de l'enquête toponymique. L'association systématique de l'histoire au lieu indique qu'elle est considérée comme lui étant intimement liée, ce qui est aussi un signe de l'efficacité géographique de la tradition orale, sans prétendre limiter cette dernière à ce seul domaine. L'échelle régionale s'affirme comme celle à laquelle s'énonce une sorte de mode d'emploi du territoire. Les origines de la vie humaine s'inscrivent dans des formes topographiques qu'il convient de respecter pour ce qu'elles représentent ; les mésaventures des ancêtres doivent servir de leçon à leurs descendants.

Une géographie de l'espace vécu

On peut enfin identifier un troisième type de récits, qui sont efficaces à l'échelle locale et dont la portée ne dépasse guère la famille élargie. Ils relatent les petits incidents survenus aux uns et aux autres en des lieux précis. Récits circonstanciés, où les protagonistes sont nommés, connus du groupe, ils se perdent avec le souvenir de leurs héros.

Ces toutes petites histoires, que l'on raconte à la veillée ou lorsque l'on est sur le lieu même où elles se sont produites, comportent une foule de renseignements géographiques. Ainsi cette petite baie du grand lac *Uyaraktuuq* ("le rocailleux", voir figure 5, page 28) est celle où tel cousin prit un jour un si gros *ihuuq* ("très gros poisson") qu'il n'arrivait pas à le hisser hors de l'eau, car il était trop lourd. Il dut demander de l'aide à ses voisins, mais il fallut agrandir le trou creusé dans la glace pour passer la ligne, car il était trop étroit pour ce poisson vraiment énorme. Pour pratiquement tous les lieux nommés du territoire, il existe une anecdote de ce type.

Très variées, elles soulignent les atouts et les pièges de chacun des lieux, indiquent des itinéraires plus ou moins faciles, des raccourcis, de faux raccourcis, fixent quelques toponymes, etc. Mais, plus encore, elles inscrivent dans les mémoires une histoire du territoire par laquelle l'espace, étendue neutre, devient un milieu porteur du vécu des hommes qui l'humanisent, à défaut de l'artificialiser. Plus encore que les précédents, ces récits chargent le territoire d'une épaisseur historique et d'une dimension affective qui jouent un rôle de tout premier plan dans la perception de l'espace et le savoir géographique des Inuinnait.

Aucune d'entre elles ne figure dans les publications de D. Jenness et de K. Rasmussen. Comment interpréter cette lacune ? Considérant qu'elles intéressent surtout le cercle familial, les Inuinnait n'auraient pas jugé opportun d'en faire part aux deux ethnologues ? Ou bien faut-il comprendre que ce sont ces derniers qui, devant leur relative insignifiance, les ont écartées de leurs *corpus* ? Le fait que celui de M. Métayer en comporte un assez grand nombre plaide en faveur de cette seconde explication. Cela conforte l'idée que, du point de vue géographique tout du moins, ces récits sont bien partie intégrante de la tradition orale. Ils remplissent les mêmes fonctions que les autres, mais à une échelle inférieure.

LA PERCEPTION DU TERRITOIRE : ESSAI DE RECONSTRUCTION

Un savoir géographique n'est pas seulement fait de connaissances spécifiques, la perception de l'espace y occupe aussi une place importante. En décomposant cette perception il est possible d'identifier les éléments sur lesquels elle se construit et les termes dans lesquels elle se pense. Puisque la géographie est, chez les Inuinnait, éclatée entre deux champs du savoir, il est légitime de partir de ces derniers afin de saisir comment chacun intervient dans la constitution de la perception globale de l'espace. Cependant, pour approcher cette dernière, il convient d'ajouter au savoir cynégétique et à la mémoire une troisième dimension, qui n'est pas le champ d'un savoir mais d'une expérience : l'espace du quotidien, non pas celui de la chasse et des déplacements mais celui du camp, espace local dans lequel les jeunes Inuinnait prennent peu à peu "conscience de ce qui les entoure", pour reprendre leurs propres termes.

La part du local : un semis de lieux

Les études menées sur la perception de l'espace ont depuis longtemps montré que celle-ci se construit à partir de l'individu, qui appréhende au fur et à mesure qu'il grandit des territoires de plus en plus vastes. A partir du lieu d'enracinement (la maison, puis le quartier, puis la ville ou le village), s'élabore une représentation plus globale de l'espace.

> "Ce 'lieu' [est la] base de notre existence. Avant tout choix, il y a ce 'lieu' que nous n'avons pas choisi, où s'effectue la 'fondation' de notre existence terrestre et de notre humaine condition. [...] Tout homme a *son* pays et sa perspective terrestre propre." (Dardel, 1952 : 56)

Pour les Inuinnait on retrouve ce même schéma général, avec quelques variations dues à leur mode de vie nomade. La construction ne se fait pas à partir d'un lieu central mais de plusieurs lieux, qui sont autant de pôles sur lesquels repose la perception du territoire. L'enfant grandit dans un contexte de grande mobilité, mais aussi de grande stabilité. Si l'espace extérieur est toujours provisoire, l'espace intérieur, au contraire, ne change jamais : d'un bout à l'autre de l'année et d'une génération à la suivante, il reste organisé de la même façon, à l'intérieur des iglous comme des tentes[27].

C'est d'abord sur les lieux que repose la perception inuinnait du territoire. Il est une série de lieux - de points - qui forment un semis sur une étendue dont les interstices sont plus ou moins bien connus. Ces lieux sont ceux de la vie quotidienne : les camps d'abord - les siens et ceux des autres -, les petits lacs poissonneux, les cours d'eau, mais aussi toutes les marques que porte le territoire. Marques visibles, tels les *inukhut*[28], les caches à viande, les trappes à renards, les formes topographiques originales, etc. ; mais aussi marques invisibles des histoires et des anecdotes que seule la parole ancre dans le réel. C'est à partir de tout cela que l'espace s'organise, se découvre et s'appréhende. Il s'établit également une hiérarchie entre tous ces lieux. Les principaux - souvent les camps - servent de références pour situer les autres lieux, qui ne sont perçus que par rapport à ces points forts à partir desquels s'organise le territoire.

Cette question sera reprise dans les chapitres suivants. Il suffit pour l'heure de retenir que la perception de l'espace se construit d'abord sur l'expérience quotidienne de l'espace du camp. Pour les femmes, qui ne participent normalement pas aux activités cynégétiques, le territoire reste ce semis de points dont la mise en relation par des lignes de déplacement demeure mal connue dans le détail. Pour les hommes au contraire, les lieux sont à la base d'une perception beaucoup plus élaborée du territoire.

---

[27] Cette permanence est d'autant plus remarquable qu'elle a perduré au travers des siècles, au moins depuis les Thuléens qui sont les ancêtres directs des Inuit. En 1986, trois Inuinnait (deux jeunes adultes et un Ancien) vinrent un jour à *Nauyat* rendre visite aux fouilleurs de la M.I.A.F.A.R. A notre invitation, ils se dirigèrent vers une maison thuléenne (datée du XIVè siècle) dont l'exhumation était déjà bien avancée. Aussitôt, tout à fait à l'aise, le plus âgé - 68 ans - se mit à expliquer à ses compagnons l'organisation de la demeure : le couloir d'entrée, la lampe, la banquette - qui sert de lit commun la nuit, de siège dans la journée - la cuisine. La structure de la maison semi-souterraine était exactement la même que celle des iglous et tentes de son enfance. Le fait que celle-ci soit de terre et de pierres ne le perturbait absolument pas et le tout était pour lui d'une parfaite banalité. Cette permanence qui nous semblait si extraordinaire n'avait pour lui rien de remarquable. De même, l'intérieur de toutes les tentes dans lesquelles j'ai eu l'occasion d'entrer de 1980 à 1996 était toujours organisé suivant ce même plan, quelle que soit la taille de l'abri.

[28] Voir note 32, page 44.

Chapitre 3

La part du savoir cynégétique : lignes et surfaces

Le rapport au territoire tel qu'il se fonde dans le champ du savoir cynégétique est celui de chasseurs (c'est-à-dire d'hommes à l'affût) nomades (c'est-à-dire d'hommes en déplacement). Cela favorise, dans la perception de l'espace, le développement de deux catégories opératoires qui viennent s'ajouter à celle analysée ci-dessus.

Des lignes

Les Inuinnait sont d'abord des chasseurs, mais leur pratique de l'espace est en premier lieu celle de nomades. Les activités cynégétiques impliquent dans cette société une mobilité à deux échelles : l'échelle régionale de l'alternance saisonnière, qui impose de longs déplacements à certaines périodes de l'année ; l'échelle plus locale des déplacements quotidiens commandés par la poursuite du gibier[29]. Aussi les chasseurs perçoivent-ils le territoire comme un ensemble d'itinéraires, axes privilégiés qui assurent la mise en relation des lieux. Ces lignes sont jalonnées par des points de repère qui sont d'autant plus nombreux que le parcours est familier. Le territoire est ainsi perçu comme organisé par un réseau de lignes sur lesquelles circulent les hommes mais aussi le gibier, notamment les caribous, les oies, les canards et les ombles arctiques, dont les migrations suivent des routes qui ne changent guère d'une année à l'autre.

Cette perception axiale s'exprime nettement dans les cartes dessinées par les Inuit à la demande des explorateurs, du XVIè au XXè siècle. Seules deux cartes dessinées par des Inuinnait ont été publiées (Rasmussen, 1932), mais l'ethnologue ne précise ni les conditions de leur réalisation, ni si ce sont là les deux seules cartes qu'il recueillit ou s'il s'agit des plus réussies de toute une série. R.A. Rundstrom (1987) a consacré sa thèse à l'étude des cartes ainsi dessinées sous commande par les Inuit de l'Arctique canadien oriental et central. Celles dont on dispose pour les Inuinnait sont très peu nombreuses et n'ont donc pas été inclues dans son *corpus*. Cet anthropologue insiste notamment sur la linéarité de l'espace représenté, que l'on retrouve dans les deux cartes mentionnées ci-dessus. Il remarque également que l'échelle de représentation varie en fonction du degré d'intimité du cartographe avec l'espace qu'il représente. Plus ce degré est élevé, plus les détails sont

---

29 L'extension du territoire quotidien parcouru par les chasseurs varie du simple au double selon les saisons. (Le Mouël, 1978 : 113-120)

nombreux et l'échelle grande ; à l'inverse, il ne reste pour les zones moins connues que quelques lignes de force et la carte passe à une échelle plus petite. Ce phénomène a également été observé par J.-F. Le Mouël (1978 : 93-94) lors de ses enquêtes toponymiques, qu'il conduisit en demandant aux *Naujamiut* (Groenland occidental) de dessiner des cartes de leur territoire.

Bien que mes enquêtes toponymiques se soient appuyées sur des cartes d'origine allogène (publiées par le ministère des Mines et des Ressources Naturelles), elles ont révélé pour les Inuinnait une perception de l'espace semblable. La lecture de la carte suit des lignes imprimées dans la mémoire du voyageur. Il confronte, au fur et à mesure qu'il avance, son image mentale des paysages à leur représentation cartographique, en prenant appui sur les lieux qui jalonnent ses itinéraires. Déroulant un chapelet de toponymes entre deux lieux plus importants, il s'applique ensuite à les retrouver sur la carte topographique, grâce au dessin du trait de côte, aux îles, aux vallées et aux lacs. Les courbes de niveaux ne sont utilisées que lorsqu'il y a un doute. A partir de leur perception linéaire, les Inuinnait ont mis au point leur propre méthode de lecture des cartes imprimées, sur lesquelles ils se repèrent sans problème majeur. Hommes et femmes lisent ces documents suivant la même méthode, mais les femmes ont une perception des lignes plus vague que celle des hommes.

La perception linéaire est par ailleurs renforcée par certaines techniques de mémorisation qui sont également organisées sur un mode axial. Il existe ainsi des chants qui énumèrent les entités - parfois les toponymes - qui jalonnent tel ou tel itinéraire. Trois d'entre eux m'ont été signalés (et chantés) à Cambridge Bay et deux à Coppermine. L'un d'eux était connu par certains Anciens de ces deux villages. S'ils n'ont jamais été signalés, mes observations me portent à penser que les *Kangiryuarmiut* utilisent également des chants de route. D'après R.A Rundstrom (1987), les groupes plus orientaux de l'Arctique central avaient eux aussi des chants de ce type.

La carte mentale des Inuinnait se construit ainsi sur des listes de lieux qui défilent le long d'itinéraires orientés - les lieux vus ne sont pas toujours les mêmes selon que l'on emprunte l'itinéraire dans un sens ou dans un autre - qui sont autant de lignes qui structurent le territoire.

Des surfaces

La mobilité des Inuinnait est une réponse aux besoins d'un peuple chasseur. Les pratiques cynégétiques en tant que telles impliquent une autre perception du territoire qui vient s'ajouter à la précédente, issue des déplacements. Pour le chasseur, le territoire n'est plus lignes mais surfaces sur lesquelles le gibier se répartit. Trois types de surfaces s'opposent nettement : *nuna* ("la terre"), *hiku* ("le couvert glacé", la banquise) et *tariuq* ("le sel", "la mer"). *Hiku* est une surface particulière, en ce qu'elle est temporaire et n'est habitée par aucun gibier particulier[30].

Les discussions avec les chasseurs, leurs commentaires des cartes au 1/250 000ème, ont révélé qu'aux lignes qui articulent les points du territoire s'ajoutent des zones caractérisées par le gibier que l'on y trouve. La plupart d'entre eux insistaient pour que je note bien l'extension et les caractères giboyeux de chacune d'elles. Il était pour eux impossible de dissocier la faune des autres connaissances relatives au territoire[31]. A l'évidence, elle entre dans ce qu'ils considèrent comme géographique, elle est comprise dans leur connaissance des écosystèmes. Les zones sans gibier, quant à elles, sont peu fréquentées et ne retiennent pas l'attention des chasseurs. En quelque sorte, pour eux, elles n'existent pas, elles sont pratiquement occultées.

Les zones habituellement giboyeuses ne remplissent pas tout l'espace compris entre deux lignes ; elles ne sont pas disposées dans les intervalles dessinés par les axes. Au contraire, d'extension souvent limitée, elles sont en général articulées par une ou plusieurs lignes qui passent plus ou moins en leur centre. Il n'y a pas de *continuum* de ces surfaces sur l'ensemble du territoire : si elles se jouxtent parfois, elles peuvent aussi être séparées par des vides, eux-mêmes éventuellement traversés par une ligne, axe de circulation le long duquel on ne s'arrête normalement pas.

A l'issue de cette enquête sur la perception inuinnait du territoire, il devient possible d'en dessiner un schéma théorique (figure 16). Le territoire est fait de vides et de pleins. Les vides sont des parties qui ne sont pas parcourues et qui sont comme en dehors du territoire, même si certains se trouvent au centre de celui-ci. Ils n'entrent pas vraiment dans la perception de l'espace et sont plutôt ignorés. Lorsqu'ils forment un môle au milieu de l'espace pratiqué, ils sont autant de ruptures dans la continuité de l'espace humanisé. Les pleins sont le vrai territoire. Celui-ci se fonde sur des points qui sont mis en relation par des lignes, qui organisent un réseau de circulation. L'absence de trace au sol de ces axes n'a pas d'incidence sur leur perception et

---

30 *Nanuq*, l'ours polaire, doit aussi son prestige au fait qu'il est à l'aise sur les trois surfaces. Animal ubiquiste son territoire, comme celui des Inuinnait, ne connaît aucune limite.

31 En toute logique, j'aurais donc dû réserver aussi une place à l'analyse des connaissances relatives à la faune. Cependant, le découpage du savoir en Occident est tel qu'il n'était pas dans mes compétences de me livrer à ce genre d'étude. Menées par des ethno-biologistes elles demeurent rares (Nakashima, 1991 et 1993 ; Randa, 1994).

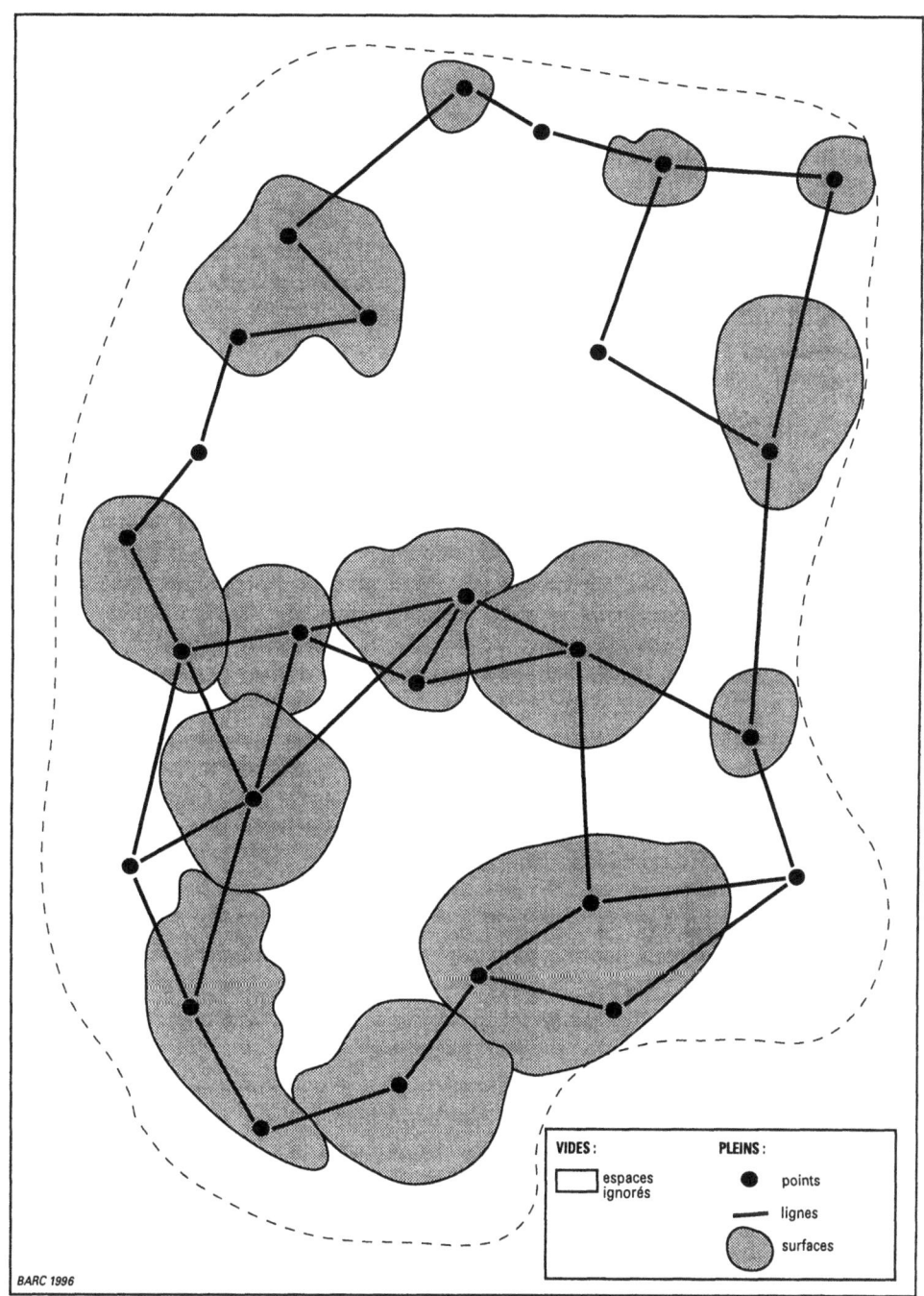

Fig. 16 : Schéma théorique de la perception inuinnait du territoire

leur efficacité en tant qu'articulations du territoire : ils existent dans les cartes mentales des Inuinnait et dans leurs discours. Autour de ces axes se dessinent des surfaces (prairies, vallées, grands lacs...) qui ne valent que par le gibier qu'elles portent.

Cette perception du territoire, d'abord pensé comme un réseau de lieux mis en relations par un ensemble d'axes et où les aires ne jouent qu'un rôle de second plan, ne va pas sans rappeler "l'espace réticulaire" des sociétés mélanésiennes, tel que décrit par J. Bonnemaison (1986) à partir de l'étude de l'identité dans l'archipel de Vanuatu.

La part de la mémoire : de l'espace parcours à l'espace historique

> "Les Eskimo, comme nous-mêmes, éprouvent ce sentiment indéfinissable d'être chez soi dans la région qu'ils connaissent depuis leur enfance. Certains des indigènes qui passèrent l'été dans la partie Sud-Ouest de l'île Victoria avaient vécu pendant les deux ou trois dernières années dans le golfe du Couronnement. Voyageant avec eux, je fus profondément touché par la joie avec laquelle ils reconnaissaient chaque lac important et chaque colline proéminente, et par la façon dont ils se remémoraient les souvenirs des jours anciens avec lesquels ces points de repères étaient associés. L'un de leur parent était décédé dans cette région et ils pleurèrent lorsqu'ils passèrent près de sa tombe. Et quelques-uns, après que la pêche fut terminée, retournèrent sur les lieux où ils passèrent la nuit à le pleurer." (Jenness, 1924 : 32-33, traduction libre)

La perception de l'espace a jusqu'ici été analysée sur un plan "horizontal", qui rend compte d'un espace parcouru. Pourtant, il faut aussi considérer le plan "vertical", celui de l'enracinement dans le territoire. La perception se nourrit ici de la tradition orale qui, en tant que mémoire du groupe, ancre points, lignes et surfaces dans une histoire.

Sur ce plan "vertical", le territoire n'est plus appréhendé globalement mais localement, par les éléments qui composent chaque paysage. Ce sont donc les points qui sont ici privilégiés. Sous l'effet des récits leur perception se modifie : ce ne sont plus des falaises et des lacs qui sont vus, mais la falaise où tel parent se cassa la clavicule, le lac où tel autre perdit son couteau, le cadavre d'*Uvayuq,* (voir page 90), si évident que l'on peut encore compter les côtes du malheureux (Jenness, 1924 : récit 69). D'un désert où seule la topographie peut donner des points de repères on passe, grâce à la mémoire, à un milieu humanisé. Le territoire est un monde plein, non point tant d'hommes vivants - qui restent peu nombreux - mais de leurs aventures et mésaventures, de leurs ossements et de leurs esprits. Il faut encore y ajouter la faune, la mémoire des premiers Inuit et des monstres de ce temps-là, leurs esprits et ceux de certains animaux, les esprits surnaturels enfin. Autant d'habitants de la toundra et de l'océan dont la présence est rappelée par la tradition orale et qui se manifestent - sous la forme d'esprits - à qui sait les percevoir.

Par l'introduction de cette seconde dimension, il n'y a plus, il ne peut plus y avoir, de désert rebelle à toute humanisation. A sa place, on trouve un milieu physique certes difficile mais propice au développement d'une société humaine épanouie, en harmonie avec les écosystèmes grâce à une expérience marquée par la complicité avec les éléments naturels. S'il les subit parfois, "l'homme par excellence" les utilise aussi, conjuguant son intelligence à leur force. Rien ne lui est plus étranger que l'image de l'Eskimo bravant chaque jour un milieu hostile pour assurer tout juste sa survie.

Pour comprendre la part qui revient à l'appréhension verticale dans la perception de l'espace, il faut voyager avec des Inuinnait. La lecture des cartes permet de la deviner, mais c'est sur le terrain, en situation, que l'on comprend que les lieux se transforment au fur et à mesure que les récits qui les concernent sont rapportés. Si cela est surtout évident lors des déplacements en traîneau ou en bateau, survoler l'Arctique en avion permet de faire les mêmes observations : chacun se penche par le hublot pour repérer un ancien camp, un itinéraire, ou encore une moto-neige ou un ours polaire. Il ne viendrait à personne l'idée saugrenue que l'on contemple là la "désolation" des étendues glacées, tant ce substantif est dénué de tout sens lorsqu'il s'agit du territoire. Les Inuit le réservent aux descriptions de nos grandes villes, qui leur paraissent infiniment plus hostiles que la toundra et la banquise.

S'il faut voyager avec eux, il faut aussi écouter les Inuinnait lorsqu'ils se laissent aller à leurs souvenirs, lorsqu'ils entreprennent de raconter leur vie, ou leurs rêves. On saisit alors que c'est d'abord sur ces expériences - réelles ou rêvées - que s'est construite leur perception du territoire comme un milieu humanisé, débordant de vies sous toutes les formes (animaux, hommes, esprits). Si les Inuinnait discutent peu ils racontent beaucoup, et leurs narrations sont toujours situées dans des lieux concrets, qu'il s'agisse de rapporter des actions ou des rêves. Ainsi l'espace parcours devient-il territoire historique.

La tradition orale est bien l'artisan principal de la construction du territoire et de l'affiliation des Inuinnait à ce dernier. Le plan "horizontal" de la perception est un schéma mental que l'Inuinnait transpose, lorsqu'il se déplace, à tous les nouveaux espaces qu'il découvre. En revanche, le plan "vertical" de la perception n'est pas directement transposable. Il nécessite du temps, pour historiciser l'espace et le rendre familier.

Chapitre 3

CONCLUSION

Ainsi se révèle une géographie qui n'est pas directement accessible à l'observateur étranger, parce que constituée de connaissances qui appartiennent à deux champs indépendants du savoir : celui des activités cynégétiques et celui de la tradition orale. Pour être en rapport avec l'interprétation du milieu, ils n'en sont pas pour autant géographiques eux-mêmes. Par ailleurs, ils sont les dépositaires principaux mais non exclusifs des connaissances géographiques des Inuinnait, qui sont aussi contenues pour partie dans une expérience quotidienne qui ne se rattache à aucun champ particulier du savoir.

Il manque cependant à cet inventaire des connaissances géographiques l'analyse des toponymes, volontairement laissée de côté jusqu'ici et qu'il convient maintenant d'aborder. Transmise par la parole, expression verbalisée d'un certain regard sur le territoire, la toponymie appartient au champ de la tradition orale.

Chapitre 4

Les toponymes

C'est alors qu'il hivernait dans le golfe de Cumberland - Sud de la Terre de Baffin -, que le père de l'anthropologie américaine prit conscience de l'importance de l'étude des toponymies indigènes pour l'analyse des diverses cultures de l'humanité[1]. Ses recommandations restèrent pourtant longtemps lettre morte en Arctique eskimo, où il fallut attendre les années soixante pour les voir suivies d'effets. Le rôle de la toponymie dans la constitution des systèmes spatiaux a été souligné par nombre de chercheurs en sciences humaines. Leurs principales conclusions sont rappelées ci-dessous.

Donner un nom à un lieu est, par excellence, un acte performatif : par le seul pouvoir du verbe, le point terrestre ainsi désigné atteint, au moment même où il est "baptisé" une réalité supérieure[2]. Auparavant, son existence, que seule mesure la reconnaissance par les hommes, n'était pas avérée[3]. Les idées clefs qui président à l'approche de la toponymie dans la géographie savante occidentale sont bien résumées dans les deux phrases qui suivent :

> "La Terre devient Terre des hommes lorsque, cessant d'être anonyme, elle est nommée par eux. Tout lieu terrestre doté d'un nom par l'homme devient signifié au sens fort du terme. Il fait désormais

---

[1] "La seule façon de bien cerner la trame d'une culture, et par conséquent la relation de l'homme avec son environnement, est d'étudier la façon dont l'homme organise son espace et en identifie les atouts particuliers grâce aux toponymes". (Boas, 1885, "Baffin-Land", *Petermanns Mitteilungen,* sup. 80, p. 51. Traduit de l'allemand *in* Müller-Wille et Weber, 1983 : 153).

[2] "Dans la mesure où les toponymes appartiennent avant tout au champ de la parole, leur contenu signifiant n'exprime pas seulement une possibilité de désignation, il représente idéologiquement une emprise sur les choses, ainsi que sur l'espace auquel elles sont rapportées." (Martinelli, 1982 : 12)

[3] "Or, même les lieux les plus dépourvus de signes particuliers pour l'observateur étranger possèdent une identité - et par conséquent un toponyme - pour l'usager de la région." (Bernus, 1981 : 65)

partie du patrimoine de l'humanité, patrimoine transmissible puisqu'il permet de communiquer l'existence de ce lieu et les indications pour le retrouver, pour l'atteindre." (Pinchemel, 1988 : 21)

Le baptême d'un lieu est son véritable acte de naissance, une mise au monde des hommes d'un point auparavant anonyme, perdu dans la globalité des configurations topographiques. Par la seule puissance des mots, l'homme transforme une étendue neutre en un milieu humanisé. Dans le même mouvement, le lieu trouve une place dans la mémoire humaine puisqu'il devient, grâce à son nom, transmissible : le toponyme entre dans le patrimoine de l'humanité. Il a également une fin pratique, puisqu'il sert à repérer, à situer précisément. Lorsqu'elle est dotée d'un nom propre, il devient possible de donner sur l'entité concernée des indications qui permettront de la retrouver : le nom de lieu a aussi pour fonction d'aider les voyageurs, il sert à se déplacer à la surface de la terre.

A. Leroi-Gourhan (1965) montre, dans une analyse globale de la relation entre nommer, prendre possession et agir sur les choses, que le verbe précède l'action[4]. Sans lui, la pensée n'est pas armée pour agir sur des situations, des lieux ou des phénomènes dont l'existence - en l'absence de mots - n'est pas assurée. Tout cela n'est pas bien loin, comme le souligne d'ailleurs l'auteur, de la pensée magique des "peuples primitifs" déjà évoquée plus haut (voir page 88 et suivantes). Il faudrait parler plutôt ici de pensée sacrée, et comment ne pas rappeler *La Genèse* et le raccourci saisissant qu'en donne Saint Jean au début de son *Evangile* (1, 1 et 1,3) :

"Au commencement était le Verbe [...] [et] tout fut par Lui."

---

[4] "Cette propriété absolument générale veut que le symbole commande l'objet, qu'une chose n'existe que lorsqu'elle est nommée, que la possession du symbole de l'objet ait faculté d'agir sur lui. [...] on n'a de prise sur les phénomènes que dans la mesure où la pensée peut, à travers les mots, agir sur eux en construisant une image symbolique à réaliser matériellement." (Leroi-Gourhan, 1965 : 164).

TOPONYMES INUINNAIT : DISTRIBUTION SPATIALE ET PROBLEMES D'INTERPRETATION

Sur le terrain, 1 006 noms de lieux ont été enregistrés au cours de mon enquête, menée de septembre 1991 à avril 1992. Déduction faite des doublons[5], ce sont au total 750 mots différents qui ont été recueillis. Parmi ceux-là, 713 ont pu être sur le champ traduits de l'*inuinnaqtun* à l'anglais, puis au français (voir Annexe 1, page 213), tandis que pour les 37 restant, la traduction s'est révélée impossible. Ce sont le plus souvent des termes anciens dont le sens s'est perdu parce que la langue a évolué. Ils ne renvoient plus aujourd'hui qu'aux seuls lieux et non au sens que les hommes d'autrefois leur avaient donné et cherchaient à transmettre par le biais de paroles alors signifiantes.

Répartition spatiale : un semis de lieux distribués entre trois zones

La figure 13 (page 64) montrait la répartition des lieux nommés pour l'ensemble de la région habitée par les Inuinnait. Cependant, l'échelle de cette carte est trop petite pour permettre une analyse de la distribution des toponymes et, par ailleurs, seuls 779 toponymes sur les 1 006 recueillis sont cartographiés (voir note 7, page 65). Aussi pour les figures de ce chapitre, la région a-t-elle été découpée en trois sous-ensembles, articulés autour des villages de Coppermine et d'Holman et de la baie de Bathurst. La région de Coppermine (figure 17a) est en continuité avec celle de la baie de Bathurst (figure 17b) : les plages vides de tout lieu nommé y sont donc bien des ruptures toponymiques. En revanche, celle d'Holman (figure 17c) est isolée, puisqu'il n'était possible de relever les coordonnées géographiques des toponymes de l'île Victoria[6] que pour cette petite région : ses limites comme le vide qui l'entoure ne sont donc pas signifiants.

---

[5] J'entends par là les noms communs à plusieurs entités. Ainsi on dénombre 10 *tahiryuaq* ("le grand lac") qui correspondent bien à 10 toponymes différents mais ne comptent que pour un seul mot.

[6] C'est pourquoi il n'est pas question ici de la région de Cambridge Bay.

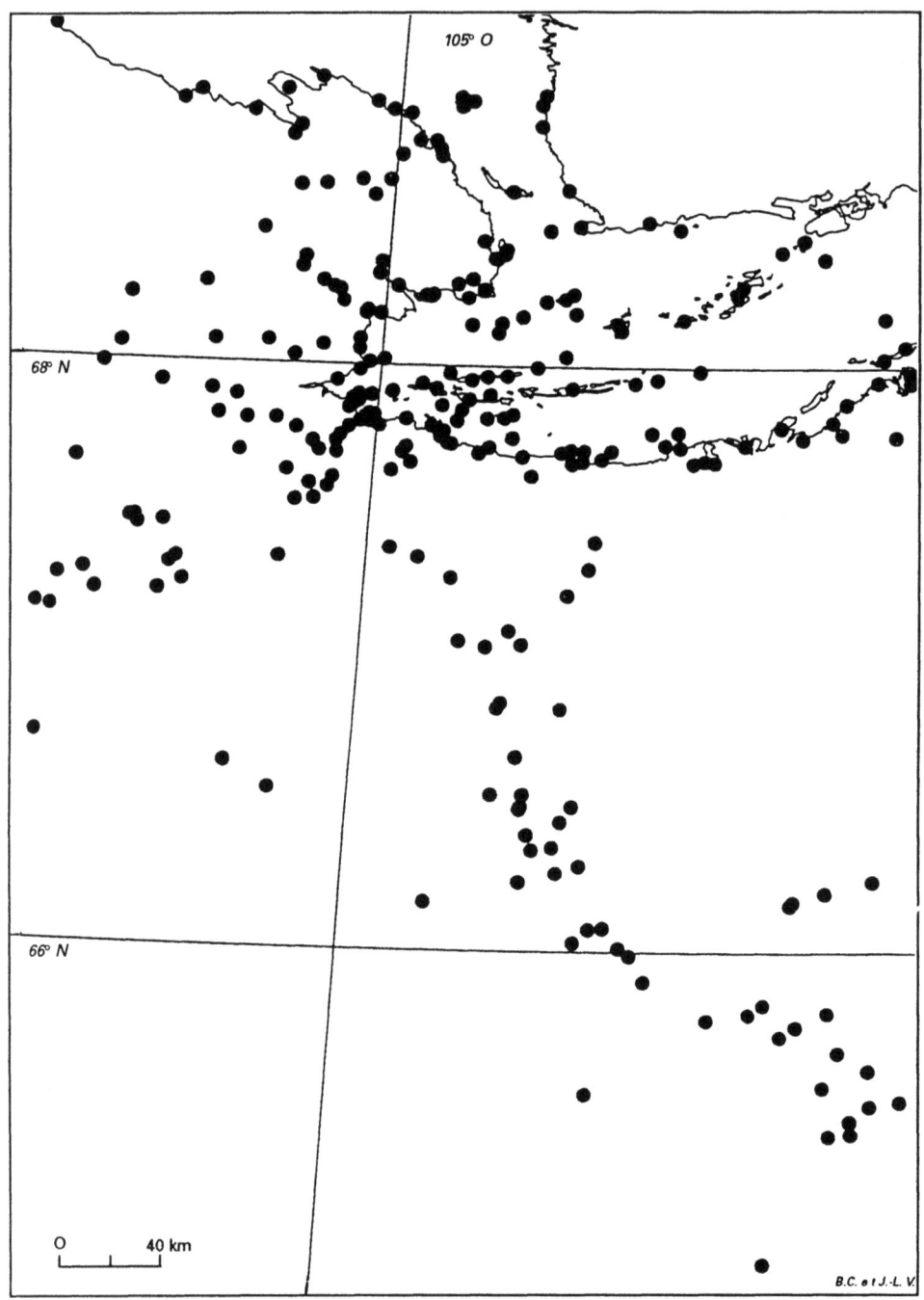

Fig. 17a : Lieux nommés par des toponymes inuinnait, région de Coppermine

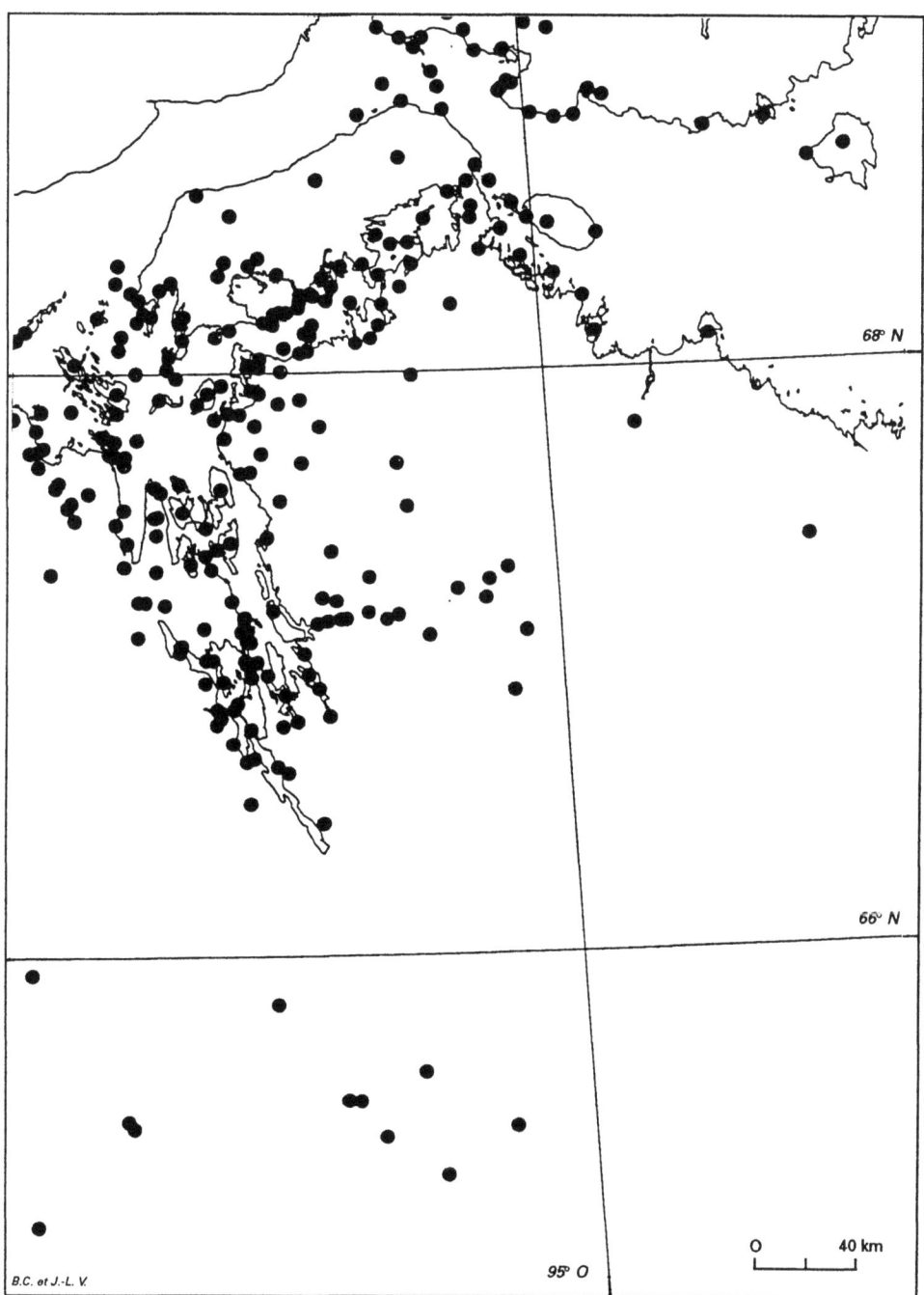

Fig. 17b : Lieux nommés par des toponymes inuinnait, région baie de Bathurst

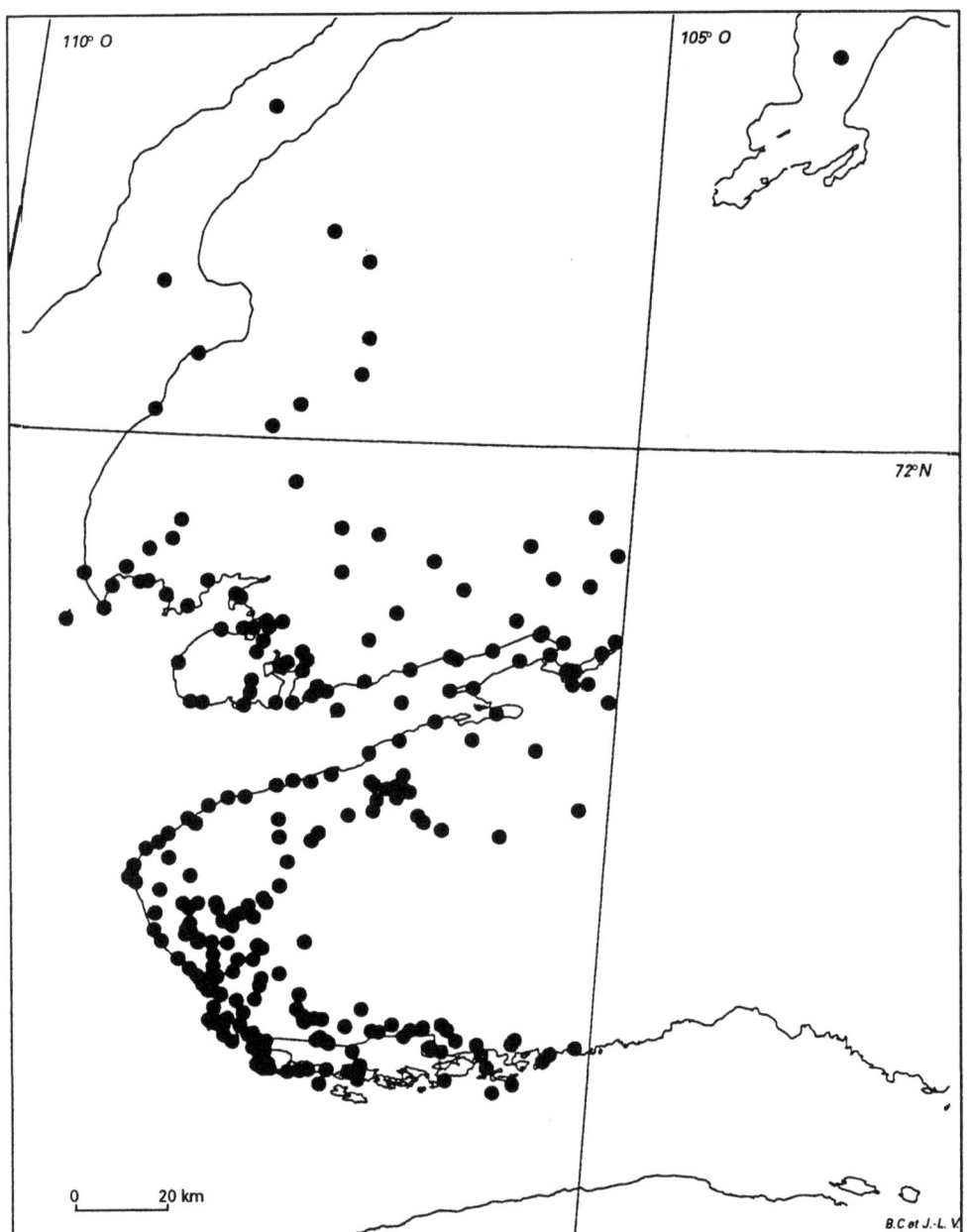

Fig 17c : Lieux nommés par des toponymes inuinnait, région d'Holman

D'emblée, on est frappé par l'inégale répartition des toponymes sur le territoire représenté. On retrouve, avec les lieux nommés, la perception en "vides" et "pleins" déjà notée à propos des connaissances inscrites dans le savoir cynégétique ainsi que dans les récits de la tradition orale. Le système toponymique y apparaît organisé selon un modèle de répartition des noms de lieux en trois zones.

Autour de Coppermine, de la baie de Bathurst et d'Holman on remarque de fortes concentrations de toponymes, plutôt centrées sur le trait de côte et les îles, avec une légère extension vers l'intérieur des terres pour Holman.

De ces zones, partent dans plusieurs directions des alignements de toponymes, vers l'intérieur des terres et les chapelets d'îles du golfe du Couronnement et de la baie de Bathurst. Entre ces axes de lieux nommés, se dessinent de grandes plages, vides ou presque de tout toponyme. Ces alignements transversaux et ces vides forment ensemble une deuxième zone disposée grossièrement autour de la première et dont la limite extérieure est très irrégulière.

Celle-ci est bordée par une troisième zone, qui n'apparaît qu'à l'intérieur des terres. Les lieux nommés y sont peu nombreux et ne sont plus alignés selon un axe partant de la première zone mais espacés régulièrement entre eux. Sur le continent, les lieux nommés ponctuent le territoire tous les 70 à 80 km environ. A l'Est de la baie de Bathurst comme au Nord de la région d'Holman, les distances sont plus courtes (15 à 20 km) mais également régulières. Ces points ont un tracé assez sinueux, mais forment cependant bien une sorte d'auréole qui enserre les deux premières zones.

Cette disposition inscrit dans la toponymie les trois types d'exploitation complémentaires des territoires des sous-groupes Inuinnait.

La première zone[7] est le cœur de chaque territoire, elle s'appuie toujours sur les espaces côtiers. Elle s'est renforcée depuis les années cinquante - soixante sous l'effet de la sédentarisation, ce qui explique l'importance de son développement en arrière du trait de côte autour d'Holman. La netteté de cette zone autour de *Kiluhiktuq* (baie de Bathurst) - qui n'a pas connu de forte sédentarisation - et des rives de *Kangiryuaqtiaq* (baie de Minto), témoigne de l'ancienneté de cette disposition[8]. Lorsque l'on

---

[7] Chaque zone est décrite ici au singulier, car ce sont les caractères généraux de chacune qui nous intéressent, mais il est clair que, sur les cartes présentées, il y a plusieurs "première zone", "deuxième zone", "troisième zone".

[8] B. Goehring (1989) la remarquait d'ailleurs aussi pour la région de Pelly Bay, alors que le *corpus* sur lequel il a travaillé date pour l'essentiel des années cinquante.

observe simultanément la figure 17c et la figure 9 (page 38), on voit que les zones à forte concentration de toponymes en baie de Minto correspondent aux points de rassemblement automnaux du début du siècle. L'intérieur des terres en arrière d'Holman correspond quant à lui à la bordure septentrionale du territoire exploité au printemps au début du siècle, qui devint l'un des terrains de trappe favoris des *Kangiryuarmiut*, des années trente à la sédentarisation. Parce qu'elle est centrée sur les anciens camps de l'automne et de l'hiver, où se réunissait en deux ou trois camps la communauté de chaque sous-groupe, cette première zone peut être appelée "zone de rassemblement".

La deuxième zone, celle des vides et des alignements transversaux, correspond à la zone parcourue au début du siècle en été, aujourd'hui à l'automne et au printemps, en hiver des années trente à la fin des années soixante-dix. L'absence de toponymes ne signifie pas que ces aires ne sont pas exploitées mais qu'elles ne retiennent pas les hommes, qui n'y demeurent pas. Sur le continent, l'écart entre chaque point nommé correspond à la distance moyenne (15 à 20 km) qui séparait autrefois les principaux lieux d'étape. Elle indique ainsi le rythme des déplacements, mais cette information est à manier avec prudence. En effet, tous les camps intermédiaires ne sont pas désignés par un nom et, de plus, l'image obtenue en 1991-1992 est influencée par la réduction de la distance - temps à partir du milieu des années soixante-dix, suite à l'adoption des motos-neige (voir page 184). Cette réduction a entraîné la disparition d'un certain nombre de toponymes désignant des lieux d'étape qui, désormais délaissés, ont sombré dans l'oubli. Cette zone traversée plus qu'habitée peut être nommée "zone de parcours".

La dernière zone, dont la largeur n'excède pas une dizaine de kilomètres, marque les marges du territoire terrestre des Inuinnait. Limite des migrations estivales autrefois, cette zone s'est enrichie ensuite de toponymes désignant des lieux correspondant à la fin des lignes de trappe mises en place chaque hiver des années vingt - trente au début des années quatre-vingts. Habités au début du siècle pendant une ou deux semaines en été, avant que ne s'amorce le retour vers la mer, ces camps situés sur les marges du territoire ne sont pas des étapes mais des points d'arrivée. Ils correspondent à des lieux de fixation, certes temporaires, qui doivent à cette qualité d'être nommés. Cette zone est donc une "bordure".

Interpréter les toponymes, paroles d'Inuit

L'interprétation des noms de lieux vise à comprendre quel est leur statut dans la culture des Inuinnait et leur rôle dans la construction du savoir géographique de leurs utilisateurs. Pour ce faire, il importe d'écouter ce que les Inuit eux-mêmes disent de leurs toponymes.

Hypothèse de départ et voix concordantes

Les recherches publiées sur les toponymes eskimo comme mes premières observations me poussaient à penser que les toponymes ont notamment pour fonction, dans cette culture, d'aider aux déplacements d'un peuple marqué par la mobilité - quotidienne comme saisonnière - et n'ayant jamais dessiné de cartes. Dans ces circonstances, il n'était pas illégitime de penser que l'orientation et la localisation reposaient en partie sur les noms de lieux. L'hypothèse que la toponymie était en relation étroite avec le champ du savoir cynégétique et qu'elle faisait partie du bagage possédé par tout chasseur actif s'imposait ainsi pratiquement d'elle-même.

Elle était appuyée par les déclarations de plusieurs Inuit à propos des toponymes. Ainsi, dans sa préface au *Répertoire Toponymique Inuit du Nunavik*, Johnny Epoo - Président de l'institut culturel *Avataq*[9] - explique :

> "Les Inuit se déplaçaient autrefois sur de longues distances en se servant non pas de cartes géographiques mais de toponymes [...]. [Les] jeunes [...], parce qu'ils ignorent la toponymie ancienne, perdent leur moto-neige, traîneau et autre équipement de chasse. S'ils connaissaient le nom des lieux, ils pourraient retourner chercher ce qu'ils laissent derrière." (*in* Müller-Wille, 1987 : ix)

Pour cet Inuit, la connaissance toponymique est mobilisée par les Inuit au cours de leurs déplacements. Elle est ainsi placée à la croisée des deux champs du savoir identifiés au chapitre précédent. En septembre 1991, les jeunes adultes Inuinnait me tinrent des propos semblables :

> "C'est bien que tu écrives nos toponymes sur les cartes. Cela nous sera utile. Il y a beaucoup de noms que nous ne connaissons pas et cela nous gêne pour aller chasser et nous déplacer loin du village. Si on connaît les toponymes, on risque beaucoup moins de se perdre, c'est plus facile" (I. I., 29 ans).

---

9 L'institut *Avataq* gère les programmes culturels du *Kativik* (voir encadré page 55).

Chapitre 4

Et, précisait l'un d'eux fort de son expérience :

> "C'est mieux de connaître les noms des lieux quand on voyage parce que, si on tombe en panne, c'est plus facile d'expliquer[10] où l'on se trouve et l'on vient plus vite nous aider" (R. M., 31 ans).

Cette opinion est largement partagée parmi les adultes de moins de 40 ans. Le président de l'Association des Chasseurs et Trappeurs de Coppermine - 36 ans - usa exactement des mêmes arguments pour défendre mon projet de relevé des toponymes auprès des membres du conseil local de l'association, qui devaient décider s'ils acceptaient de me prêter à cet effet, pendant six semaines, leur salle de réunion, où je souhaitais m'installer pour mener mon enquête[11].

Voix discordantes : infirmation de l'hypothèse

Mon hypothèse était sans doute logique, les premiers témoignages portaient à croire qu'elle était juste, et pourtant... Au cours des enquêtes auprès des Anciens, dans tous les villages inuinnait, je fus frappée de constater qu'il n'y avait pas de concordance systématique entre grands voyageurs et experts en toponymie locale. Si tous ceux qui connaissaient beaucoup de toponymes étaient tous des chasseurs - donc des voyageurs - réputés, l'inverse était loin d'être vrai. Cela contredisait tout ce que j'avais ailleurs entendu ou lu et semblait pour le moins paradoxal.

Remarquant cela dès ma première semaine d'enquête toponymique et soucieuse de comprendre ce qui se passait, je pris soin d'évoquer systématiquement cette question avec mes informateurs. Comme on énonce une évidence à l'attention d'un interlocuteur un peu obtus, ils expliquaient alors très simplement qu'il n'y a pas de lien entre savoir se déplacer et connaître des toponymes. Même les meilleurs informateurs en toponymie

---

10 Par radio C.B. Aujourd'hui, aucun chasseur qui prévoit de passer plus de 24 heures hors de son village ne part plus sans ce précieux moyen de communication, grâce auquel il peut demander de l'aide en cas de besoin, échanger des nouvelles sur les conditions météorologiques et la qualité du couvert glacé et neigeux, etc. Au-delà de cet aspect pratique - une liaison radio peut sauver une vie, cela arrive encore souvent - la CB est aussi un moyen de maintenir un lien amical avec les proches restés au village, de rompre l'isolement du camp - surtout lorsque celui-ci se limite à une ou deux personnes - bref, de rester en relation avec le reste de l'humanité.

11 En vertu du règlement interne de la section locale de l'association, cette grande salle est habituellement louée 100$ can./heure.

répondaient dans ce sens. Se situer, s'orienter, se reconnaître dans l'espace relève d'un tout autre domaine de connaissances que la toponymie. Il n'y a nul besoin de nommer l'espace pour s'y déplacer sans s'y perdre.

Ainsi ce chasseur d'Holman - 71 ans - n'a-t-il jamais éprouvé le besoin d'apprendre les toponymes des péninsules de Diamond Jenness et du Prince Albert, où il a pourtant chassé et trappé pratiquement toute sa vie depuis son mariage. Il ne connaît que ceux du fond de *Kangiryuaq* où il a grandi mais n'est jamais retourné une fois adulte (voir figure 5, page 28). De même, constatant la toute petite moisson de toponymes que j'avais récoltée en l'écoutant, cet Inuinnait de Cambridge Bay fit ce commentaire à la cantonade (trois informateurs et le traducteur) :

> "Eh, je ne connais peut-être pas beaucoup de noms, mais je sais bien voyager, je pourrais aller n'importe où, jusqu'à Baker Lake même[12] !"
> (L. K., 66 ans).

Il fut largement approuvé par l'auditoire : sa réputation de grand chasseur - donc de grand voyageur - n'était pas remise en cause par sa faible connaissance toponymique.

Les Anciens, derniers représentants de la culture nomade des Eskimo du Cuivre, infirmaient donc unanimement mon hypothèse de départ. C'est qu'elle n'était logique que dans une conception occidentale de la constitution et de l'organisation des savoirs, dans notre système de repérage dans l'espace. Dans celui-ci, il est indispensable de connaître les noms des lieux pour aller d'un point à un autre sans se perdre, pour arriver à se situer. La confirmation de cette intuition par les Inuit plus jeunes ne témoignait en fait que de leur occidentalisation et de la perte - au moins partielle - des structures mentales propres à leur culture d'origine.

En l'état actuel des choses, il n'est pas possible d'étendre ces conclusions à l'ensemble des Inuit, car les quelques chercheurs ayant travaillé sur d'autres systèmes toponymiques inuit ne signalent pas de remarques semblables de la part de leurs informateurs. Peut-être s'agit-il là d'une spécificité culturelle des Inuinnait ? Je crois pourtant que non, mais la question semble n'avoir jamais été vraiment posée.

---

[12] A plus de 500 km au Sud-Est de Cambridge Bay (figure 10, page 50).

Chapitre 4

Réévaluation du statut des toponymes dans la culture des Inuinnait

L'intérêt d'une enquête toponymique n'en était pas pour autant remis en cause. Ceux-là même qui expliquaient qu'ils leurs étaient inutiles disaient dans le même temps l'importance des noms de lieux. Simplement, il ne fallait pas les considérer en association avec le champ des savoirs cynégétiques. Afin de saisir quelle est la fonction principale[13] des noms de lieux dans la culture inuinnait et quel rôle ils jouent dans l'élaboration du savoir géographique, une réévaluation de leur statut s'imposait. Celle-ci s'est fondée sur une écoute attentive des Inuinnait, non seulement lors des entretiens menés pour le bien de l'enquête toponymique proprement dite, mais aussi lors de toute occasion où il était question de noms de lieux dans la conversation. Cette seconde situation était plus favorable que la première, car elle était forcément motivée par le contexte de l'action, ce qui aide le novice à comprendre de quoi il retourne. D'un chasseur à l'autre, d'un village à l'autre, toutes ces paroles sont entrées en résonance les unes avec les autres et m'ont amenée à de nouvelles conclusions à propos de la place que les Inuinnait eux-mêmes accordent aux toponymes dans leur savoir géographique.

Les noms de lieux sont essentiels non aux déplacements et à la survie des hommes mais à leur intégration au milieu, qui devient ainsi milieu humanisé où peut s'épanouir leur culture. Reprenant la terminologie du chapitre précédent, on pourra dire que les noms de lieux interviennent sur le plan "vertical" et non sur le plan "horizontal" dans la construction du savoir géographique. Ils assurent la pérennité d'une perception spécifique de l'espace, exprimée par des noms qui sont comme un commentaire sur le territoire habité. La toponymie trouve finalement davantage sa place dans les longues veillées qu'au cours des déplacements. Les noms des lieux sont aussi, avec l'ensemble de la tradition orale, les gardiens du souvenir, les points d'ancrage de l'histoire des Inuinnait, tant par les toponymes anecdotiques - qui fixent dans les mémoires un incident, une émotion forte, le nom d'un chasseur - que par ceux qui disent l'usage habituel de tel ou tel point : *Ulukhaqtuuq* : "celui qui est où l'on trouve des pierres pour faire des lames pour les couteaux de femmes" ; *Hiniktalik* : "l'endroit qui a ceux qui dorment en dehors de chez eux", c'est-à-dire un lieu d'étape pour une nuit lorsque l'on voyage ; etc.

Les toponymes inscrivent dans les mémoires la présence ancienne des Inuinnait sur le territoire, mais aussi une lecture spécifique des paysages, par laquelle la différenciation est introduite dans une étendue de pierres, marais,

---

13 Il est par ailleurs évident que ceux qui les connaissent utilisent les toponymes quand ils se déplacent, mais ils ne sont alors qu'une donnée annexe, dont on peut fort bien se passer.

lacs et glaces autrement monotone. Le voyageur qui les connaît égrène les toponymes au rythme de sa course, non pour s'orienter mais pour alimenter ce sentiment de familiarité avec les paysages traversés. Les noms de lieux occupent de ce fait une place centrale dans la relation que les Inuinnait entretiennent avec leur territoire. Ceux dont le *corpus* toponymique est très limité voyagent tout aussi bien que les autres sans se perdre, mais leur relation à l'espace parcouru s'en trouve modifiée. On peut la supposer moins riche et moins proche, car amputée d'une composante affective essentielle. On observe ainsi une conjonction entre l'ampleur des connaissances toponymiques et la construction d'une relation très étroite avec le territoire. Il était bien trop tard, en 1991, pour observer si les chamans détenaient des connaissances toponymiques particulières ou simplement très développées, mais on peut le supposer. Le témoignage de G. Quppersimaan (1992) est à ce titre fort éclairant.

Si les jeunes sont si avides de toponymes, c'est qu'ils sentent qu'il y a là quelque chose qui leur manque, une dimension dans la relation au territoire qui leur échappe. Influencés par un savoir occidental dispensé par l'école, la télévision mais aussi par les "Blancs" installés dans leurs villages et qui demandent souvent à voyager avec eux, ils détournent la fonction première du toponyme, dont ils attendent qu'il pallie leurs ignorances techniques en matière de déplacements.

Repartant des idées de F. Boas (1885), L. Müller-Wille (1987 et 1990) insiste sur le fait que les *corpus* toponymiques des cultures orales doivent être considérés comme de véritables systèmes géographiques qui expriment la relation entre l'homme et son milieu et rendent ainsi compte de la construction d'un milieu humanisé. Les noms de lieux sont le produit de la rencontre d'une lecture culturelle d'un milieu physique humanisé et d'une langue vernaculaire appartenant à la même culture. La perception du territoire repose sur la combinaison d'une structure linguistique et d'une pratique du territoire. Il en conclut que les toponymes des cultures orales sont :

> "d'extraordinaires indicateurs de la façon dont chaque culture se situe elle-même dans l'espace et élabore des explications, tant philosophiques que pratiques, des paysages et de la nature en général." (Müller-Wille, 1990 : 1, traduction libre)

L'évaluation du statut des toponymes n'est qu'une première étape vers l'interprétation proprement dite, qui doit permettre de qualifier la nature de la géographie qui s'énonce par le biais des noms de lieux. Pour atteindre cet objectif, la construction d'un système de classement pouvant rendre compte de la qualité de chaque type de toponyme comme de la cohérence de l'ensemble

Chapitre 4

est indispensable. La taille moyenne de mon *corpus* était bien adaptée à une telle entreprise : assez importante pour donner des résultats interprétables, assez petite pour rester maniable. Le fait d'avoir conduit moi-même tous les entretiens était pour une telle entreprise un atout majeur, car j'avais ainsi acquis une connaissance approfondie du système toponymique inuinnait. Deux classements complémentaires ont été retenus. Le premier se concentre sur les types d'entités nommées, tandis que le second s'attache au sens véhiculé par les mots qui font les toponymes.

TYPOLOGIE 1 : TYPES D'ENTITES NOMMEES

La plupart des systèmes toponymiques tendent à privilégier certaines formes topographiques, qui sont beaucoup plus souvent nommées que les autres. L'attention particulière réservée à tel ou tel type d'entité est un trait culturel par excellence.

Elaboration

Lors de l'enquête toponymique, la nature de l'entité nommée était systématiquement notée. Je disposais pour la qualifier d'une liste de 366 termes intégrée au logiciel *Dataperfect* que j'utilisais sur le terrain[14], reprenant pour l'essentiel la nomenclature approuvée par la Commission de Toponymie du Québec. 131 termes ont été utilisés au moins une fois. Le "record" est détenu par le mot "lac", qui revient 267 fois sur la liste finale des 1 006 toponymes.

On a vu dans le premier chapitre que le territoire des Inuinnait s'articule autour de deux écosystèmes nettement différenciés : *nuna* (la terre) et *tariuq* (le sel, la mer) sont exploités alternativement au cours de l'année, en fonction d'une alternance saisonnière ritualisée. Cette division fonde l'organisation sociale comme l'occupation du territoire[15]. Aussi a-t-il semblé

---

14 Voir Annexe 2, page 238.

15 En résumé, au début du siècle : l'iglou, le groupe et la chasse au phoque pour l'élément marin ; la tente, l'individu et la chasse au caribou pour la terre ferme. Des années trente aux années soixante : la tente, le petit groupe et la chasse au phoque pour le premier ; l'iglou, l'individu et la chasse au caribou associée à la trappe pour la seconde (voir aussi page 33 et suivantes).

intéressant de partir de cette division essentielle du territoire pour construire une typologie des entités nommées.

A un premier niveau de classement j'ai donc séparé "intérieur des terres" et "élément marin". Les côtes appartiennent à ce dernier car leur fréquentation, tout au long du XXè siècle du moins, est associée à l'exploitation de la mer, gelée ou liquide. De plus les descriptions contenues dans les toponymes attachés aux éléments côtiers témoignent, sauf exception, d'une observation depuis la mer.

A un second niveau, chacune des deux classes principales est divisée en trois catégories, correspondant chacune à trois grands types d'entités nommées. On obtient ainsi la formulation suivante : pour l'intérieur des terres, les éléments lacustres (y compris les îles et les parties de lacs), les cours d'eau (ou parties de cours d'eau), les éléments du relief (collines, eskers, plateaux, etc.) ; pour l'élément marin, le trait de côte (caps, petites baies, falaises, etc.), les îles, les bras de mer (détroits de toutes tailles et baies profondes). La structure de cette typologie est représentée sous forme d'arbre en figure 18, tandis que la figure 19 présente sous forme de tableaux la part relative de chacun des types d'entités, pour l'ensemble des toponymes recueillis.

Résultats

La répartition se révèle très équilibrée entre les deux principales classes. Les Inuinnait étant d'abord des chasseurs de mammifères marins, cela pourrait surprendre. Cependant, pour les Eskimo centraux, il ne faut pas négliger l'importance de l'intérieur des terres, exploité à partir du XVIIè siècle, sans doute, par des chasseurs de phoques qui intégrèrent peu à peu le caribou dans leur cycle annuel de prédation. Si l'organisme social ne s'épanouit pleinement que dans le cadre des camps d'iglous élevés sur la banquise, il reste que *nuna* est parcourue, exploitée et nommée. De plus on peut penser que la permanence de la terre, par opposition à l'éphémère banquise, lui confère une importance qui s'exprime dans le nombre de toponymes qui la désignent.

Compte tenu de cette répartition inégale du temps passé au début du siècle à l'intérieur de chacun des deux écosystèmes, on pourrait encore s'étonner de la légère domination des toponymes terrestres. Cependant, ce serait oublier que la toponymie vernaculaire ne cesse de se transformer pour répondre aux situations nouvelles et que le *corpus* recueilli en 1991-1992 est un système toponymique composite, marqué par les différents types d'exploitation du territoire qui se sont succédés au XXè siècle. Au début du siècle, où le rapport en temps est nettement favorable à l'élément marin,

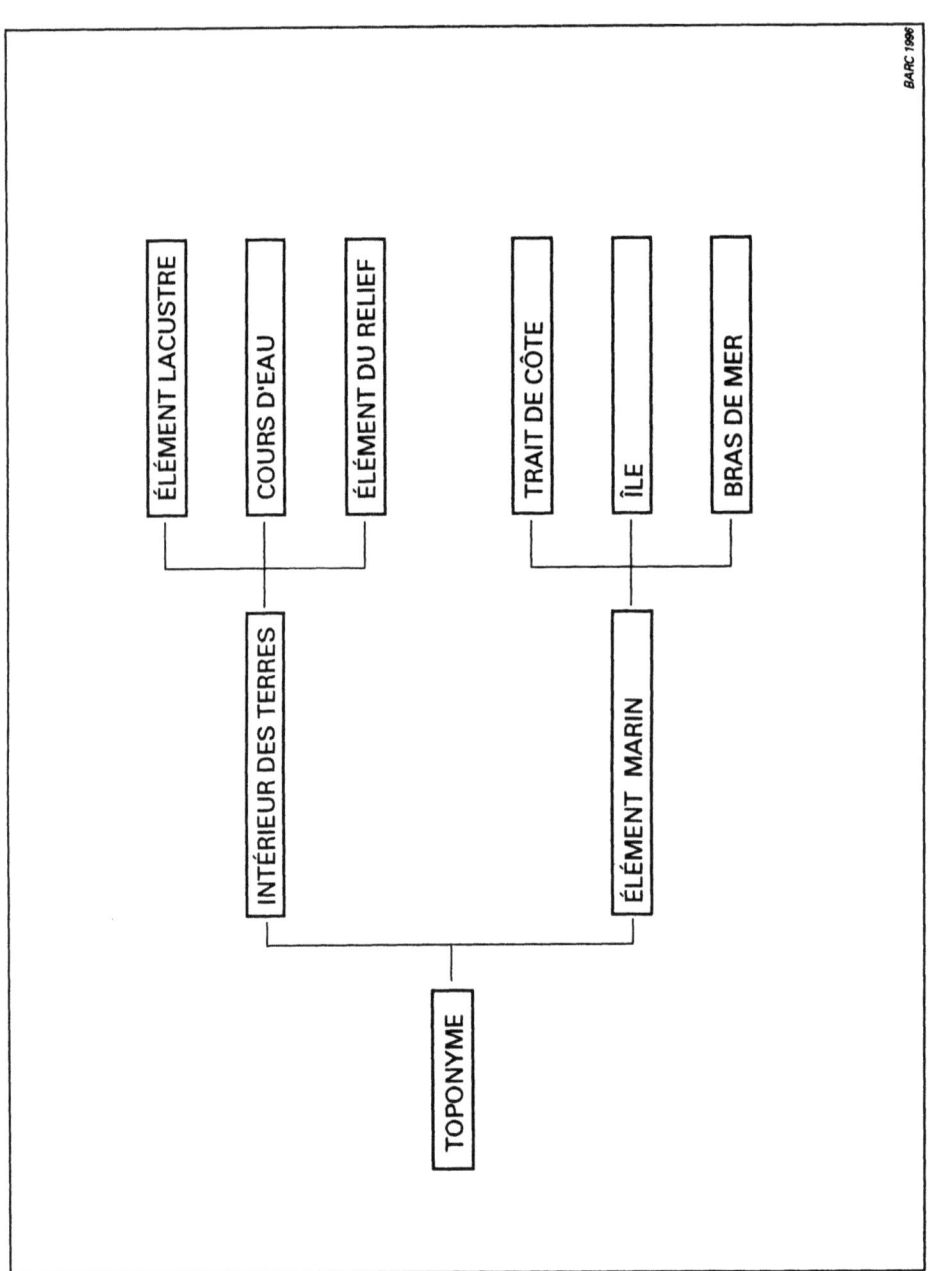

Fig. 18 : Structure de la typologie fondée sur la nature de l'entité nommée

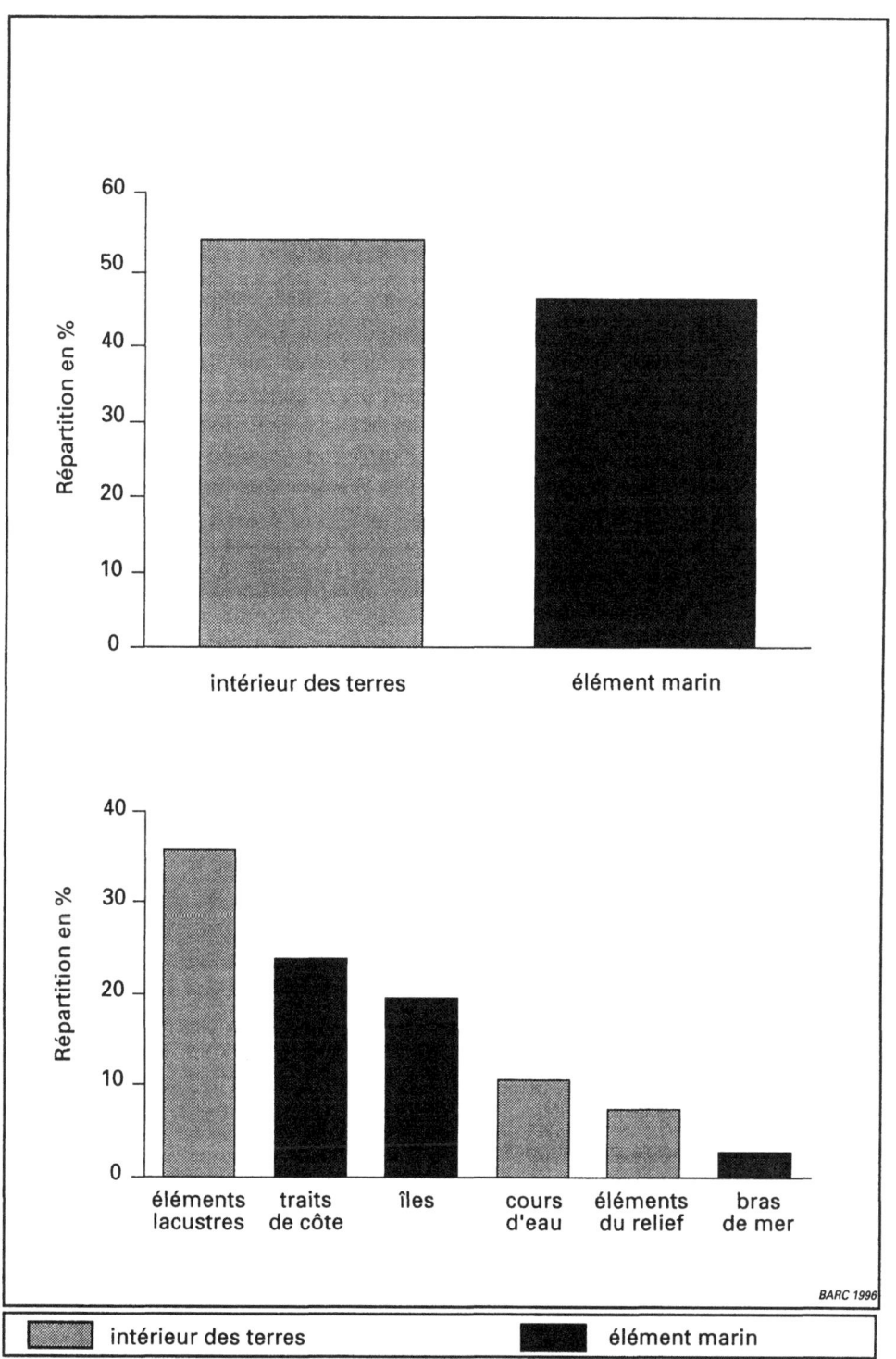

Fig. 19 : *Répartition des toponymes par types d'entités nommées*

succède la grande époque de la trappe - des années vingt aux années soixante-dix - pendant laquelle le rapport s'inverse : d'octobre à mai, c'est désormais l'intérieur des terres qui est surtout exploité (voir page 41 et suivantes). Il est fort probable que si D. Jenness ou K. Rasmussen avaient procédé à un relevé systématique des toponymes inuinnait, leur répartition entre les deux classes principales aurait été en faveur de l'élément marin. Les quelques éléments toponymiques qu'ils ont notés appuient cette hypothèse.

Au second niveau cependant, il n'y a plus d'équilibre entre les catégories. Pour l'élément marin c'est naturellement tout ce qui affleure en surface qui est surtout nommé, qu'il s'agisse du trait de côte ou des îles, et ces deux catégories sont d'une importance à peu près équivalente (20 et 24% de l'ensemble des toponymes). En revanche, les bras de mer, pourtant nombreux entre toutes les îles, ne sont que bien plus rarement nommés : 28 toponymes seulement, dont 21 désignent des détroits. Ces derniers sont des zones à la fois dangereuses, car la glace y est peu épaisse à cause du courant, et importantes pour les activités cynégétiques : la plupart sont des passages empruntés par les caribous. D'ailleurs, 3 de ces 21 détroits sont nommés *Nalluq* : "l'endroit où l'on nage", sous entendu les caribous.

L'intérieur des terres offre une répartition entre les catégories plus contrastée, où les éléments lacustres dominent nettement. Les cours d'eau ne représentent que 10% de l'ensemble des toponymes et les éléments du relief sont encore moins souvent nommés (7% du total). Un tel résultat est conforme à l'affirmation des Inuinnait selon laquelle les toponymes ne servent pas à se déplacer. Dans cette optique, il est en effet logique que les éléments du relief, remarquables mais peu utiles dans la vie quotidienne, portent rarement un nom ; alors que les lacs, autour desquels se concentre la vie à l'intérieur des terres, occupent la première place[16]. En toute saison, la progression à l'intérieur des terres se fait en suivant les vallées, d'un lac à un autre. Simples axes de communication, les cours d'eau n'atteignent pas toujours un degré de reconnaissance tel qu'ils méritent d'être nommés : ils ne sont pas suffisamment intégrés à la vie quotidienne, en dehors des moments de déplacement. Sauf exception, seuls les plus larges ou les plus longs portent un nom. En revanche, beaucoup de toponymes désignent des parties de cours d'eau, celles qui présentent un intérêt particulier : méandres, trous d'eau riches en poissons, rapides, chutes, sources, embouchures, confluences.

---

16 Les camps sont presque toujours installés sur les bords des lacs, dont l'abondance en poissons a souvent sauvé les Inuinnait de la famine les années où les caribous étaient rares.

L'idée selon laquelle la densité des toponymes est fonction de l'usage du lieu et non de l'activité de déplacement, ce qui est conforme aux propos des Inuinnait concernant l'absence de relation entre toponymie et repérage dans l'espace du voyageur, se trouve cependant remise en question lorsque l'on observe ce qui se passe pour le trait de côte. Riche de noms qui désignent caps, baies, péninsules mais aussi falaises, versants et amers remarquables, il se déroule suivant une liste qui semble bien dressée par le voyageur pour fixer dans sa mémoire, à l'aide des toponymes, le paysage qui défile sous ses yeux. On peut cependant avancer deux objections. Premièrement, la côte est d'abord une limite, qui sépare deux écosystèmes si différents que certains tabous insistaient sur la nécessité de ne pas les mélanger (voir note 15, page 36). Il convient donc de bien connaître cette frontière et la nommer participe de ce souci. Deuxièmement, d'après les témoignages des explorateurs et les vestiges archéologiques, l'alternance saisonnière telle que décrite pour le début du siècle remontait sans doute, dans ses grandes lignes, au moins au XVIIIè siècle. Cela signifie que, pendant très longtemps, environ 9 mois sur 12 étaient passés sur l'élément marin ou ses bordures. Une pratique assidue, pendant si longtemps, n'aura pas manqué de forger une relation forte au trait de côte, qui n'est plus une ligne de repère mais un espace vécu, dont les parties méritent, à ce titre, d'être baptisées.

Sur les cartes (figures 20a, 20b et 20c), on observe que dans chaque "zone de rassemblement" (voir page 111), ce sont surtout le trait de côte et les îles qui sont nommés[17]. Les lacs ne deviennent nombreux que plus loin, lorsque l'on approche de la limite avec les "zones de parcours". Dans celles-ci, les alignements des toponymes désignent soit des îles (en mer) soit des lacs (sur terre). Sur terre, ils suivent des vallées plus ou moins importantes. Cependant, ce ne sont ni les versants qui les entourent ni les éléments fluviaux eux-mêmes qui sont le plus souvent nommés, mais les lacs qui les ponctuent. Les alentours de Coppermine font exception, les éléments du relief (collines, hauts plateaux et versants abrupts) y sont plus souvent nommés qu'ailleurs, peut-être parce qu'ils bordent des vallées qui sont autant d'axes de circulation très fréquentés. Dans chaque "zone de parcours" les toponymes, plus isolés, désignent surtout des lacs. Ce phénomène se retrouve sur les "bordures".

---

17 Notons qu'au Canada, les coordonnées des cours d'eau sont prises à leur embouchure ou à leur confluence, d'où leur localisation littorale sur mes cartes.

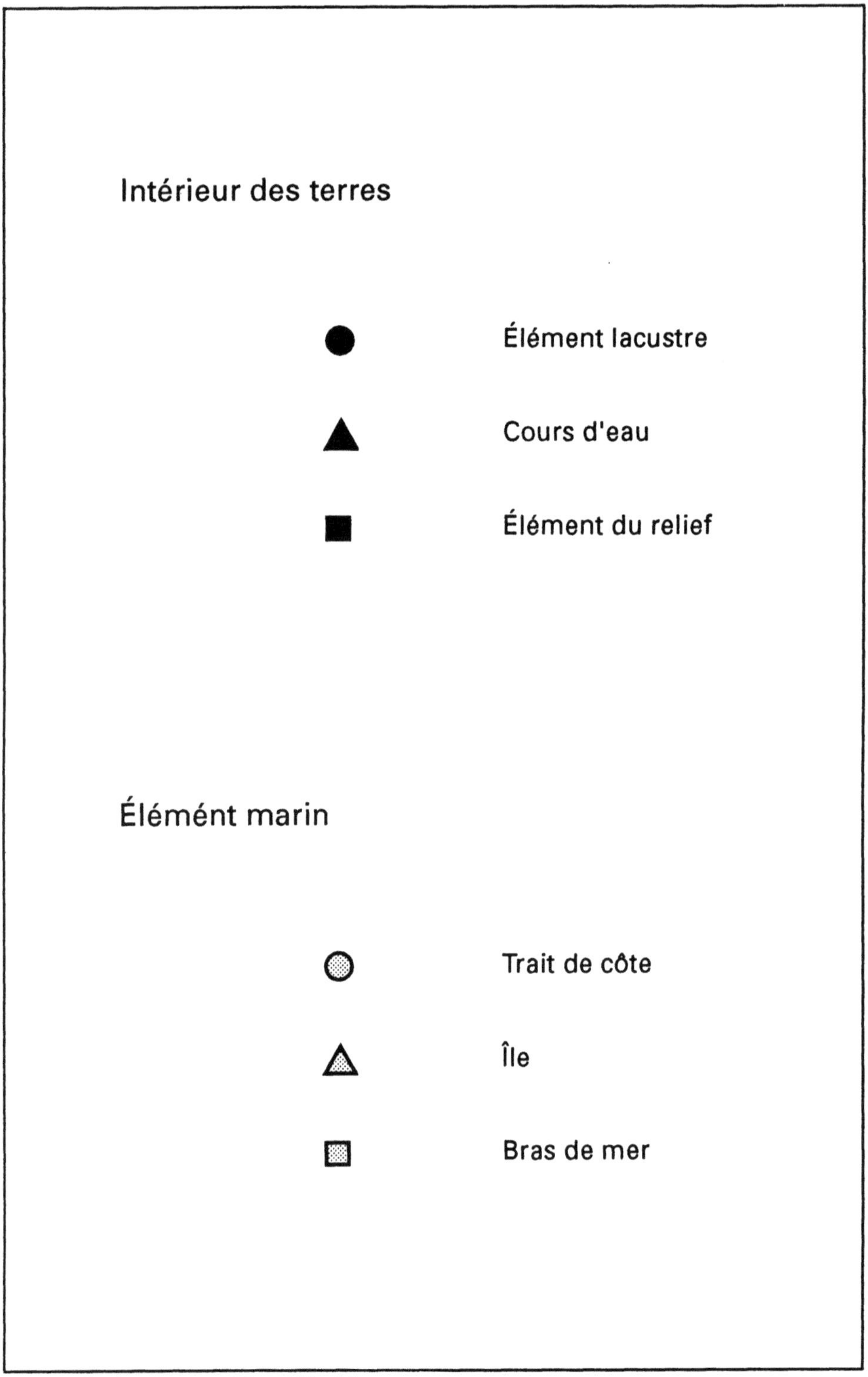

Intérieur des terres

● Élément lacustre

▲ Cours d'eau

■ Élément du relief

Élémént marin

◉ Trait de côte

△ Île

▨ Bras de mer

Légende des figures 20a, 20b, 20c

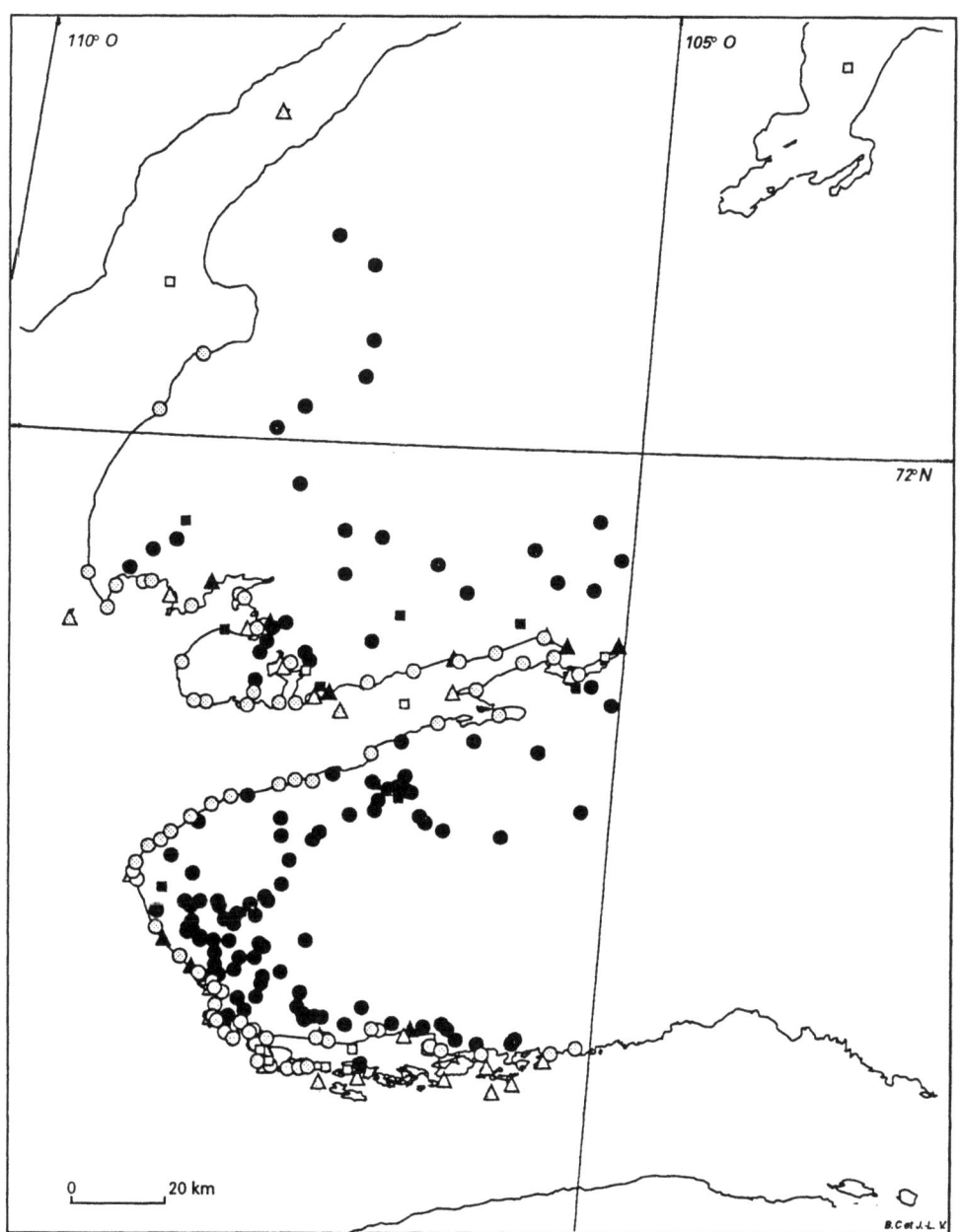

Fig. 20a : Localisation des toponymes selon le type d'entité nommée, région d'Holman

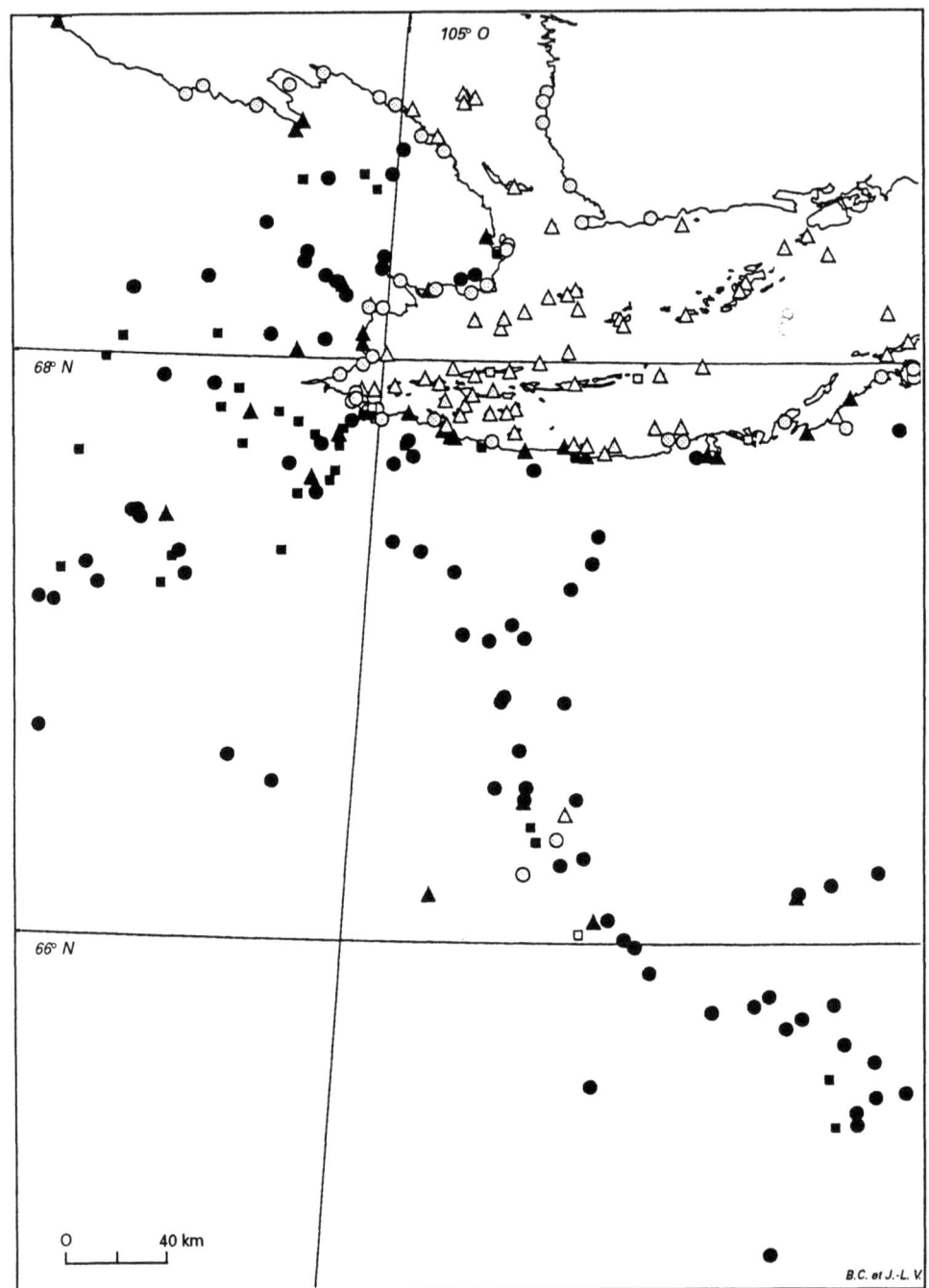

Fig. 20b : Localisation des toponymes selon le type d'entité nommée, région de Coppermine

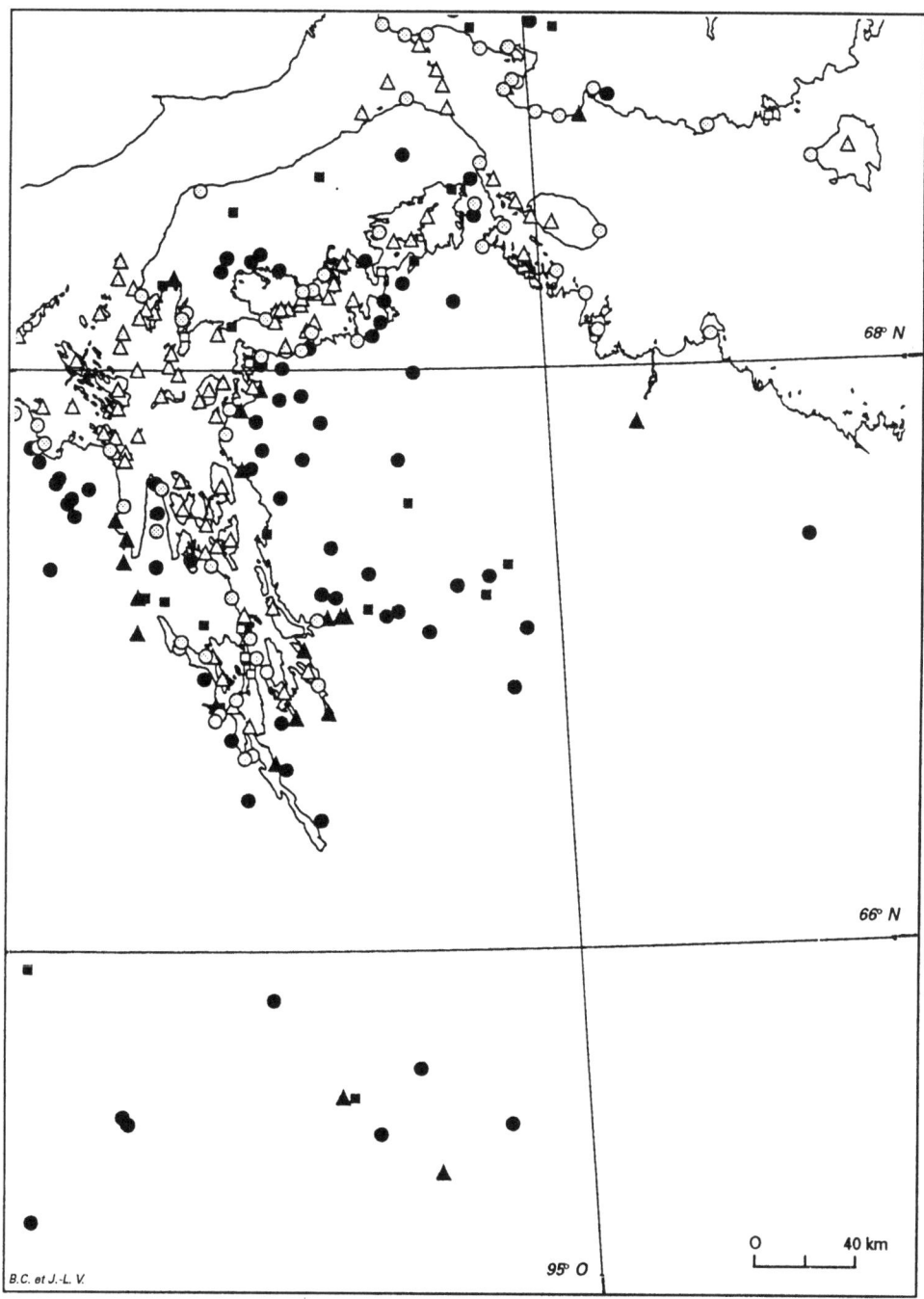

Fig. 20c : Localisation des toponymes selon le type d'entité nommée, région de la baie de Bathurst

Chapitre 4

Toutes les entités du territoire sont loin d'être nommées et ce même lorsqu'il s'agit de lieux exploités régulièrement, surtout dans les "bordures" et les "zones de rassemblement". Les Inuinnait eux-mêmes étaient d'ailleurs souvent étonnés de se rendre compte soudain, en regardant la carte de l'enquête, que tel lac où ils pêchent souvent n'a pas de nom. Il faut donc être prudent : absence de toponyme ne signifie pas absence d'exploitation, la connaissance d'un lieu n'entraîne pas automatiquement son baptême.

TYPOLOGIE 2 : TYPES DE TOPONYMES D'APRES LEUR SENS

La typologie présentée ci-dessus met en lumière la structure de la distribution spatiale des toponymes inuinnait, elle s'attache au plan horizontal de la perception du territoire. Pour être complète, l'interprétation du système toponymique doit aborder aussi le plan vertical de cette perception, Il faut donc compléter la première typologie par une seconde, fondée sur le sens véhiculé par les mots qui forment les toponymes.

Une fois la typologie construite, la répartition des toponymes entre les diverses catégories qui la composent repose sur leur traduction. Or, sur 750 termes recueillis, 37 n'ont pu être traduits, car personne - ni les traducteurs, ni les Anciens - ne connaissait plus leur sens. Aussi la classification concerne-t-elle seulement 972 toponymes, soit 713 termes[18]. De plus, compte tenu des difficultés rencontrées pour la traduction d'une trentaine d'autres termes, il est probable que quelques erreurs d'appréciation ont été commises.

Elaboration

Si l'on dispose de plusieurs listes de toponymes eskimo, seules deux typologies classant les noms de lieux en fonction leur sens ont été à ce jour proposées (voir encadré). Le linguiste N.M. Holmer (1967 et 1969) analyse le contenu des toponymes eskimo, mais il n'a pas de *corpus* et son étude reste à un niveau très général. Le géographe B. Goehring (1989) s'est appuyé sur ce travail pour établir une typologie appliquée à 109 toponymes. Il ne connaissait alors pas celle créée par l'ethnologue J.-F Le Mouël (1978).

---

[18] La différence entre ces deux nombres correspond aux 256 doublons, pour lesquels il n'y a qu'une traduction (voir page 107). Cependant, certains d'entre-eux peuvent avoir été ventilés dans différentes classes dans la typologie qui suit (voir *infra*).

Deux typologies antérieures classant des toponymes eskimo d'après leur sens

B. Goehring (1989) propose sept catégories pour classer l'ensemble des toponymes nord-américains, quelle que soit leur origine, dans le but d'identifier les caractères originaux des systèmes toponymiques des sociétés autochtones de culture orale, par opposition à ceux des sociétés colonisatrices de culture écrite. Les sept catégories identifiées se rattachent à deux grands types : "toponymes élaborés" d'une part - fruits d'une longue expérience du territoire -, "toponymes immédiats, accidentels", d'autre part. Les catégories des noms "descriptifs", "associatifs" (qui associent le lieu à ce que l'on y trouve) et "événementiels" (qui rappellent un incident qui s'est produit à l'endroit désigné) sont du type "toponymes élaborés". Les catégories des noms "possessifs" (où le lieu est désigné par la personne ou la communauté à laquelle il appartient), "commémoratifs" (où le nom est donné en l'honneur d'un personnage important ou d'un événement qui s'est produit ailleurs, "imposés pour répondre à un besoin particulier des colonisateurs" (souvent sans lien avec le lieu lui-même) et "autres" (soit inclassables ailleurs) sont du type "toponymes immédiats, accidentels". D'après B. Goehring, qui reprend les conclusions de N.M Holmer (1967 et 1969), les toponymes autochtones sont dans leur immense majorité du premier type. A titre d'exemple, il applique cette typologie générale à 109 toponymes recueillis dans les années cinquante auprès des *Natsilingmiut* de la région de Pelly Bay (voir figure 3, page 26).

La typologie de J.-F Le Mouël (1978) est plus spécifique. Elle fut élaborée pour rendre compte de l'utilisation du territoire d'une petite communauté eskimo du Groenland occidental (35 à 45 habitants selon les époques), dans le cadre d'une étude d'écologie humaine. Les toponymes sont répartis entre six catégories : "descriptifs absolus" ; "relatifs" ou "satellites" (qui désignent les lieux par rapport à d'autres) ; "faune, gibier et ses habitudes, indications de chasse" ; "passage de l'homme" ; "renseignements utiles au déplacement" ; "inclassables". Pour les "descriptifs absolus", cinq sous-catégories sont identifiées : les toponymes qui caractérisent l'ensemble du lieu désigné (ex : le lac) ; ceux qui, par métonymie, identifient une entité par la description d'une de ses parties ; ceux qui font allusion à la position ou à l'orientation de l'entité ; ceux qui désignent le lieu en recourant à une analogie ; ceux qui désignent un lieu par sa couleur.

On peut noter que E. Bernus (1981) propose pour les toponymes des Touaregs du Niger une typologie assez proche de cette dernière. Les noms de lieux sont répartis entre six catégories selon qu'ils se réfèrent à une caractéristique topographique, au corps humain, aux animaux, aux végétaux, aux minéraux ou encore, à la vie des hommes.

Chapitre 4

Si la typologie de B. Goehring identifie des catégories intéressantes, elle manque de cohérence. La testant sur le *corpus* des toponymes inuinnait, il devint rapidement difficile de placer sûrement un grand nombre de noms de lieux dans l'une ou l'autre des catégories. De plus, trop générale, elle répond mal aux besoins d'une analyse qui cherche à trouver la logique d'un système toponymique particulier. La typologie très fouillée de J.-F Le Mouël, attentive tant aux données du milieu physique qu'à celles du milieu humain, est un meilleur outil pour ce type d'entreprise, mais elle présente l'inconvénient de multiplier les possibilités de recoupements (certains toponymes, désignant un seul lieu, sont classés dans plusieurs catégories). Si cela n'est pas gênant pour appréhender un *corpus* de taille réduite, cela brouille considérablement la lecture dès que l'on dépasse un certain seuil.

Aussi ai-je élaboré une nouvelle typologie, qui s'inspire des deux précédentes : certains éléments ont été repris - mais reformulés suivant une terminologie plus géographique - et l'ensemble a été davantage hiérarchisé afin de faciliter l'identification des principales caractéristiques de la lecture du territoire, telle qu'elle est exprimée par les toponymes. Le résultat final est une typologie organisée en trois niveaux (quatre dans un cas) et où les toponymes sont répartis entre dix catégories.

L'observation des toponymes inuinnait révèle assez vite qu'ils se répartissent - à un premier niveau - entre deux classes principales : le "milieu physique" d'une part et le "milieu humanisé" d'autre part, à condition d'admettre que l'humanisation du milieu peut n'être qu'intellectuelle et ne pas se marquer matériellement dans l'espace. Les toponymes du "milieu physique" sont ceux qui font référence aux configurations topographiques ou à la disposition du relief ; ceux du "milieu humanisé" sont ceux qui désignent les lieux en fonction de l'action humaine qu'ils portent ou ont portée.

A un second niveau, chacune de ces deux classes se divise à son tour en deux branches. Pour le "milieu physique" on distingue toponyme "non-référencé" - qui s'apparente au "descriptif absolu" de J.-F. Le Mouël - et "référencé" - le "relatif" du même auteur -. Pour le "milieu humanisé", on distingue le "régulier" - où le nom indique l'usage régulier que les hommes font du lieu - de "l'accidentel" - où les toponymes rappellent un événement exceptionnel qui s'y est produit -[19].

---

[19] Pour 7 toponymes de mon *corpus*, les traductions et informations connexes n'étaient pas assez précises pour déterminer s'ils sont "réguliers" ou "accidentels". Aussi ont-ils été inscrits dans la classe "milieu humanisé" sous la rubrique "pas d'informations supplémentaires".

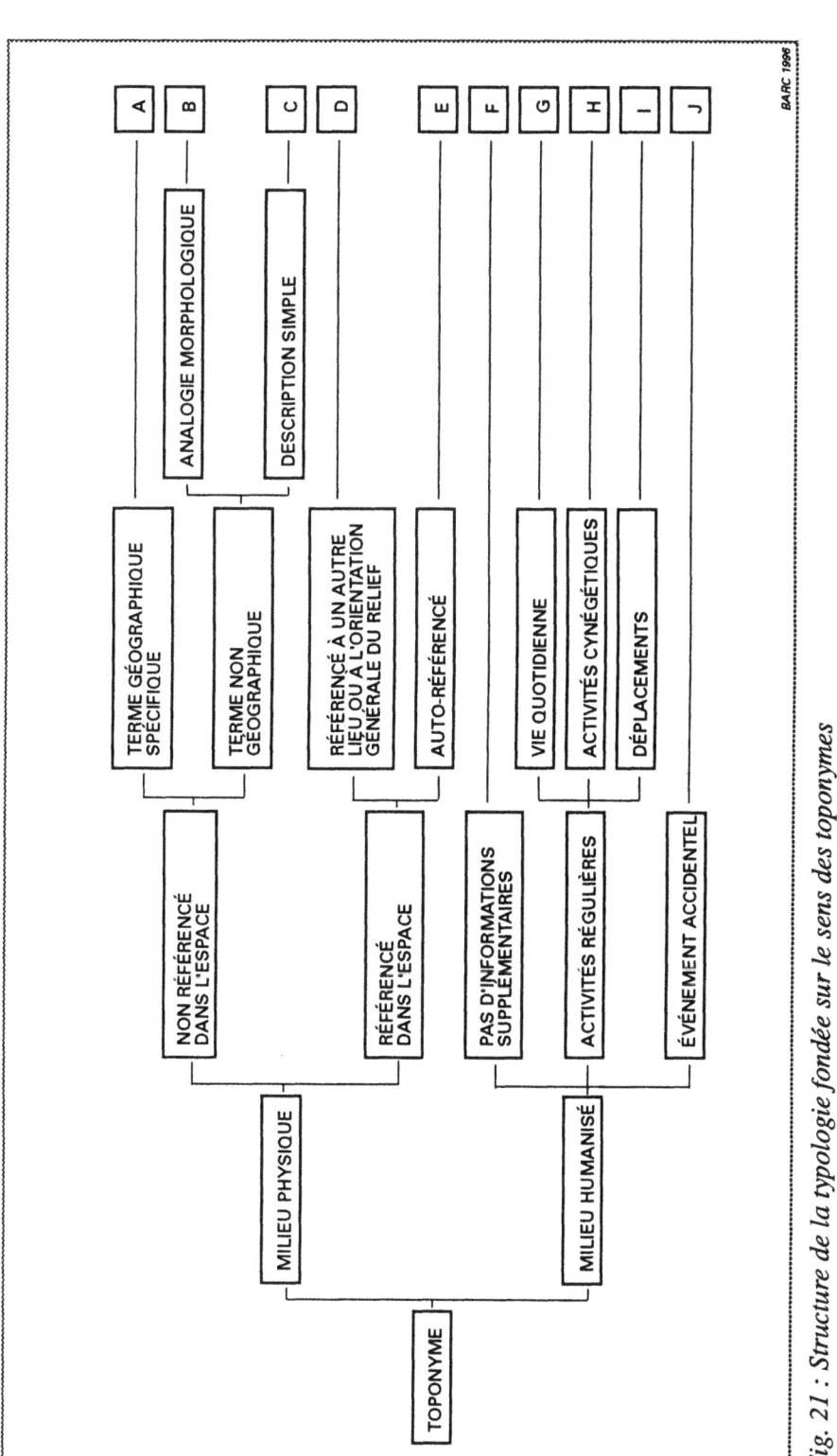

Fig. 21 : Structure de la typologie fondée sur le sens des toponymes

Chapitre 4

A un troisième niveau, ces quatre branches sont encore divisées, pour faire apparaître les dix catégories du classement. Dans le "milieu physique", on distingue parmi les "non-référencés" les toponymes qui sont des termes géographiques et considérés comme tels par les Inuinnait - "lac", "falaise", "rivière", etc. - de ceux qui appartiennent au vocabulaire courant. Pour ces derniers une ultime distinction, à un quatrième niveau, sépare ceux qui décrivent le lieu par analogie morphologique - "la tête", "le cœur", "la casserole", etc. - de ceux qui sont de simples descriptions - "le rouge", "le boueux", "le plat", etc. Parmi les "référencés", on distingue les lieux qui sont nommés en fonction de leur position par rapport à d'autres lieux ou à l'orientation générale du relief de ceux qui sont auto-référencés. Ces derniers sont des entités complexes ou multiples (île et péninsule, plusieurs îles, etc.) dont le nom commente la disposition, les uns par rapport aux autres, des éléments qui la composent : "ceux qui sont très éparpillés", "ceux qui sont comme les uns sur les autres", *etc*. Dans le "milieu humanisé", la branche "activités régulières" est divisée en trois catégories en fonction de la nature de l'activité à laquelle le toponyme se réfère : "vie quotidienne", "activités cynégétiques" (cueillette inclue), "déplacements" (pour les toponymes qui évoquent la façon dont on voyage à travers l'entité nommée : "le raccourci", "celui que l'on longe", etc.) La branche "événement accidentel" ne nécessite pas de distinction supplémentaire. Tous les toponymes qui rappellent un événement inhabituel qui s'y est produit, qu'il concerne des hommes ou des êtres surnaturels - esprits, géants, etc. - y sont regroupés. On y retrouve *Amaaqtuq* et *Ahungahungalik* (voir page 90 et suivante) mais aussi "le canif" (parce que quelqu'un a perdu là son canif) et *Huluraq,* nom du premier Inuinnait qui prit un poisson dans le lac ainsi désigné.

L'utilisation de cette typologie n'est possible que si l'on dispose, à côté du toponyme et de sa traduction, d'un certain nombre d'informations complémentaires qui indiquent comment il faut comprendre certaines appellations parfois un peu vagues. Si *Tahiryuaq* ("le grand lac") ne pose pas de problème ("milieu physique, non-référencé, terme géographique spécifique") il n'en va pas de même pour *Qalgilik* ("l'endroit qui a une maison de danse") : le nom fait-il référence à la forme de l'entité nommée ("milieu physique, non-référencé, terme non géographique, analogie morphologique") ou au fait que les Inuinnait édifiaient régulièrement une maison de danse en ce lieu, par exemple à l'automne, ("milieu humanisé, régulier, vie quotidienne") ou encore, qu'ils y élevèrent une fois une maison de danse, ce qui était si inhabituel que l'on s'en souvient encore ("milieu humanisé, accidentel") ? De même, il est impossible de déterminer d'après le seul nom si un nom de personne donné à un lieu rappelle qu'il y campait régulièrement ("milieu humanisé, régulier, vie quotidienne") ou qu'il y fit une fois quelque chose de particulier, comme de prendre le premier poisson dans ce lac qui porte depuis son nom ("milieu humanisé, accidentel"). Il faut encore tenir compte du fait que certains noms propres ont aussi un sens commun. Si l'on ne sait pas que tel rivage est nommé *Kannuyaq* parce que celui-ci y installait régulièrement son camp à l'automne, ("milieu humanisé, régulier, vie quotidienne"), on risque de penser que l'on y trouve des pépites de cuivre naturel, et qu'il leur doit son nom ("milieu physique, non référencé, terme non géographique, description simple" ou "milieu humanisé, régulier, vie quotidienne", parce que ce cuivre est utilisé par les hommes).

Sans qu'on les y invite, les informateurs fournissent en fait d'eux-mêmes ces informations indispensables. C'est sur ce réflexe, observé tout au long de l'enquête, que se fonde la validité de la typologie proposée, car il témoigne du fait qu'elle rend compte au plus près de la façon dont les Inuinnait eux-mêmes conçoivent le toponyme : il n'existe que dans le contexte auquel il est associé, il n'est pas possible de l'en extraire, de l'isoler du territoire auquel il fait référence[20]. Pour cette raison, j'ai été amenée à classer parfois dans deux catégories différentes un même terme figurant plusieurs fois dans le *corpus*. Un tel phénomène illustre bien que, si les mots sont polyvalents, les toponymes ne le sont pas. En dépit des apparences, chacun renvoie à un lieu bien particulier, même si ce lieu partage son nom avec un autre. J'ai donc bien recueilli 1 006 toponymes, même s'ils ne correspondent qu'à 750 mots.

Résultats

Les tableaux de la figure 22 indiquent la part relative de chacune des catégories, calculée pour 972 toponymes. Pour la nomenclature du graphique placé dans la partie droite de la page, on se reportera à la figure 21.

Une lecture humaine du territoire ?

Avec plus de 60% des toponymes, le "milieu physique" domine, mais la part du "milieu humanisé" est loin d'être négligeable. Elle l'est d'autant moins lorsqu'on la confronte à la perception allogène de l'Arctique : désert de

---

20 Au printemps 1996, je profitai d'un passage à Holman pour présenter cette typologie à plusieurs Inuinnait avec lesquels j'avais travaillé en 1991-92. Ils en comprirent très vite le principe et j'eus la satisfaction de les entendre l'approuver puis la commenter, l'utilisant comme un outil pour expliquer comment s'organise le territoire.

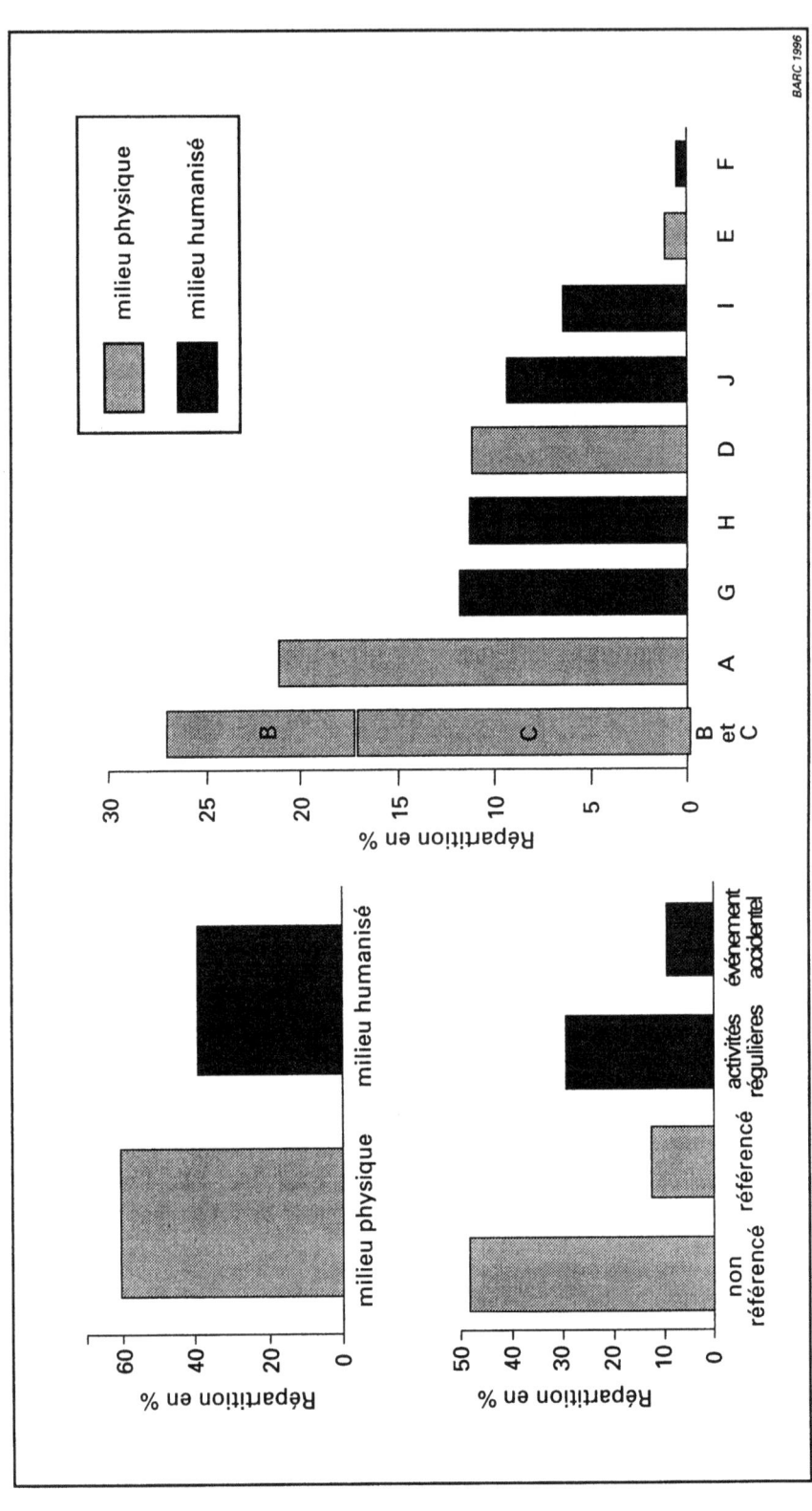

Fig. 22 : Répartition des toponymes par types de sens

glace où la présence de l'homme est à peine perceptible, réduite à presque rien. Sa bonne représentation conduit à nuancer les conclusions de N.M. Holmer et B. Goehring (voir encadré *supra*). Cette répartition finement assez équilibrée indique que l'humanisation du milieu est une composante importante de la géographie des Inuinnait, elle guide pour une bonne part leur lecture du territoire.

A l'intérieur de ces deux classes, la part de chaque branche est assez inégale. Pour le "milieu physique", les toponymes non-référencés viennent largement en tête (80% du total de cette branche, 48% de l'ensemble). Cela contredit les affirmations des Inuinnait et l'hypothèse formulée ci-dessus, selon laquelle les toponymes ne serviraient pas à se déplacer, à se situer. On est en effet en droit de s'interroger sur le sens d'une domination des noms de lieux descriptifs, qui commentent, comme un livre de bord, les configurations topographiques du territoire (je reviendrai sur cette question). Par ailleurs, la part des toponymes qui désignent les entités en les situant ou en les comparant à d'autres est assez faible, sans pourtant être infime : 12% de tous les toponymes sont explicitement relatifs.

Pour le "milieu humanisé", la part la plus grande revient aux activités régulières (75% du total de cette catégorie). Les toponymes rappelant des événements particuliers représentent tout de même le quart des noms de lieux relevant de cette classe, ce qui témoigne de la place qu'occupent ces multiples incidents, souvent minimes, dans la vie des Inuinnait

A un niveau encore plus précis de la typologie, aucune catégorie ne domine nettement. Deux ont une part comprise entre 20 et 26% du total, tandis que les quatre suivantes regroupent entre 10 et 12% de l'ensemble des toponymes, suivies d'une catégorie représentant encore 6,5% du total, tandis que la part des deux dernières est négligeable (1% et 0,5% du total).

L'information la plus remarquable est que ce ne sont pas les termes géographiques spécifiques qui sont les plus nombreux (21% du total) mais les autres "descriptifs absolus" : simples descriptions (16,5% du total) et analogies fondées sur la forme des entités désignées (10% du total). La faiblesse de la catégorie des termes géographiques spécifiques est encore plus nette lorsque l'on sait que les 206 toponymes rangés dans cette catégorie ne correspondent en fait qu'à 113 mots. Certains de ces termes sont en effet très courants et figurent plusieurs fois dans le *corpus* (jusqu'à 11 reprises pour *Qikiqtalik* : "l'endroit qui a une île"). Cela vient étayer l'hypothèse que la géographie inuinnait n'est pas un champ du savoir constitué. Si c'était le cas, on devrait voir se développer ici une terminologie propre beaucoup plus riche. Or, au contraire, la description des configurations géographiques mobilise le plus souvent le vocabulaire courant, ou va puiser dans des registres

Chapitre 4

appartenant à d'autres champs du savoir. C'est pourquoi il importait d'isoler dans la typologie les analogies morphologiques, qui cherchent à rapporter les formes topographiques à des formes familières[21]. Elles désignent un bon cinquième des entités nommées par un toponyme appartenant à la branche "milieu physique - non-référencé".

Le fait que les quatre catégories suivantes rassemblent chacune environ la même proportion de toponymes (10 à 12%) témoigne de la complémentarité, dans l'appréhension du territoire, des données spatiales (la position des entités les unes par rapport aux autres) et des données humaines. Les toponymes liés aux déplacements sont un peu moins nombreux, puisqu'ils ne représentent que 6,5% du total. Cela appuie cette fois l'affirmation des Inuinnait selon laquelle les toponymes ne servent pas à se déplacer, alors que l'on pouvait s'attendre à voir cette catégorie figurer à un rang au moins égal à celle des activités cynégétiques.

A propos de la répartition spatiale des types de toponymes

Sur les cartes (figures 23a, 23b et 23c), l'ubiquité des toponymes relevant du milieu physique est évidente : on les retrouve partout, sur les deux types de territoire (élément terrestre et élément marin) et dans les trois zones identifiées précédemment[22]. En revanche, ceux classés dans le milieu humanisé ont une distribution plus spécifique. Ils se concentrent dans les "zones de rassemblement" et sont rares dans les "zones de parcours", à l'exception des alignements de toponymes qui partent vers l'Est depuis la baie de Bathurst. Sur les "bordures", ils sont encore moins nombreux. La marque de l'humanisation est plus forte dans les cœurs des territoires de chaque sous-groupe, où l'occupation est à la fois plus dense et plus prolongée dans le temps. Cette disposition est ainsi en parfaite cohérence avec le système d'exploitation de l'espace et l'organisation de la vie sociale.

---

21 Ces analogies morphologiques renvoient à une perception des formes propres à la culture qui les identifie, aussi convient-il d'être prudent dans leur interprétation. La forme d'un cœur (*Uumannaq*) telle que se la représente un Inuinnait est bien loin de celle que l'Occidental dessine. De même je fus fort surprise de constater que le mot *Niaquqtuq* ("qui a la forme d'une tête") ne désignait pas, comme je le croyais, le sommet arrondi d'une haute colline mais, tout au contraire, un sommet pointu. Pourquoi, pour les Inuinnait, la tête est-elle une pointe ? En observant les collections de vêtements d'Eskimo du Cuivre rapportés par les diverses expéditions du début du siècle, on peut avancer une réponse : on y voit en effet très bien que le capuchon des vestes extérieures des hommes était toujours pointu.

22 "Zone de rassemblement", "zone de parcours" et "bordure".

Au sein de la classe "milieu physique" les toponymes référencés par rapport à d'autres ne sont jamais éloignés de plus de 5km d'un autre lieu nommé et se concentrent dans les "zones de rassemblement". Les termes non géographiques, quant à eux, dominent dans les "zones de parcours", notamment dans les alignements déjà évoqués. En revanche, dans les "bordures", ce sont les termes géographiques spécifiques qui sont les plus nombreux : sur les marges du territoire, les noms de lieux désignent le plus souvent des lacs (voir page 123) et correspondent surtout à des termes géographiques. Le système toponymique tend ainsi à se simplifier et à se neutraliser au fur et à mesure que l'on s'éloigne des parties les plus intensément fréquentées du territoire.

Au sein de la classe "milieu humanisé" les toponymes faisant référence à la vie quotidienne se concentrent dans les "zones de rassemblement", sans être totalement absents des autres. Dans les "zones de parcours", les toponymes relatifs aux déplacements sont assez bien représentés sur les entités côtières et sur les îles, mais ils sont plus rares sur les alignements de lieux nommés, à l'intérieur des terres. Ceci corrobore les déclarations des Inuinnait à propos de l'absence de rapport entre les connaissances toponymiques et les qualités d'un bon voyageur. Les "zones de parcours" et les "bordures" sont surtout, pour le milieu humanisé, le domaine des toponymes évoquant les activités cynégétiques ou rappelant des incidents. On en conclut que plus le degré d'humanisation est faible, plus ce sont les événements inhabituels qui sont le plus efficaces pour les fixer dans les mémoires. Par ailleurs, le nombre assez important de toponymes liés aux activités cynégétiques concorde avec la reconstruction de la perception du territoire - où les aires n'existent que sous l'œil vigilant du chasseur, attentif d'abord au gibier - proposée précédemment (voir page 100).

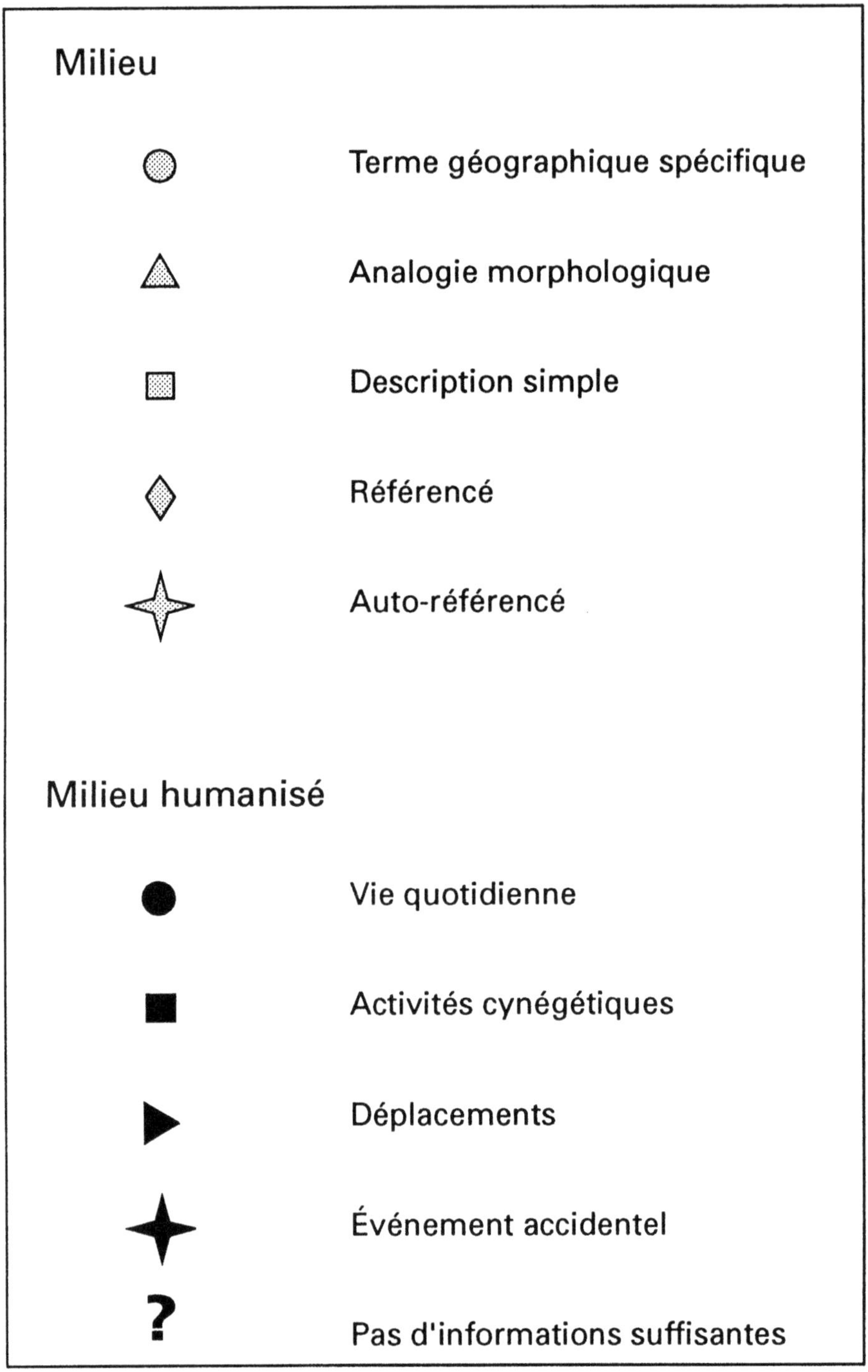

Milieu

○ Terme géographique spécifique

△ Analogie morphologique

▢ Description simple

◇ Référencé

✦ Auto-référencé

Milieu humanisé

● Vie quotidienne

■ Activités cynégétiques

▶ Déplacements

✦ Événement accidentel

? Pas d'informations suffisantes

Légende des figures 23a, 23b, 23c

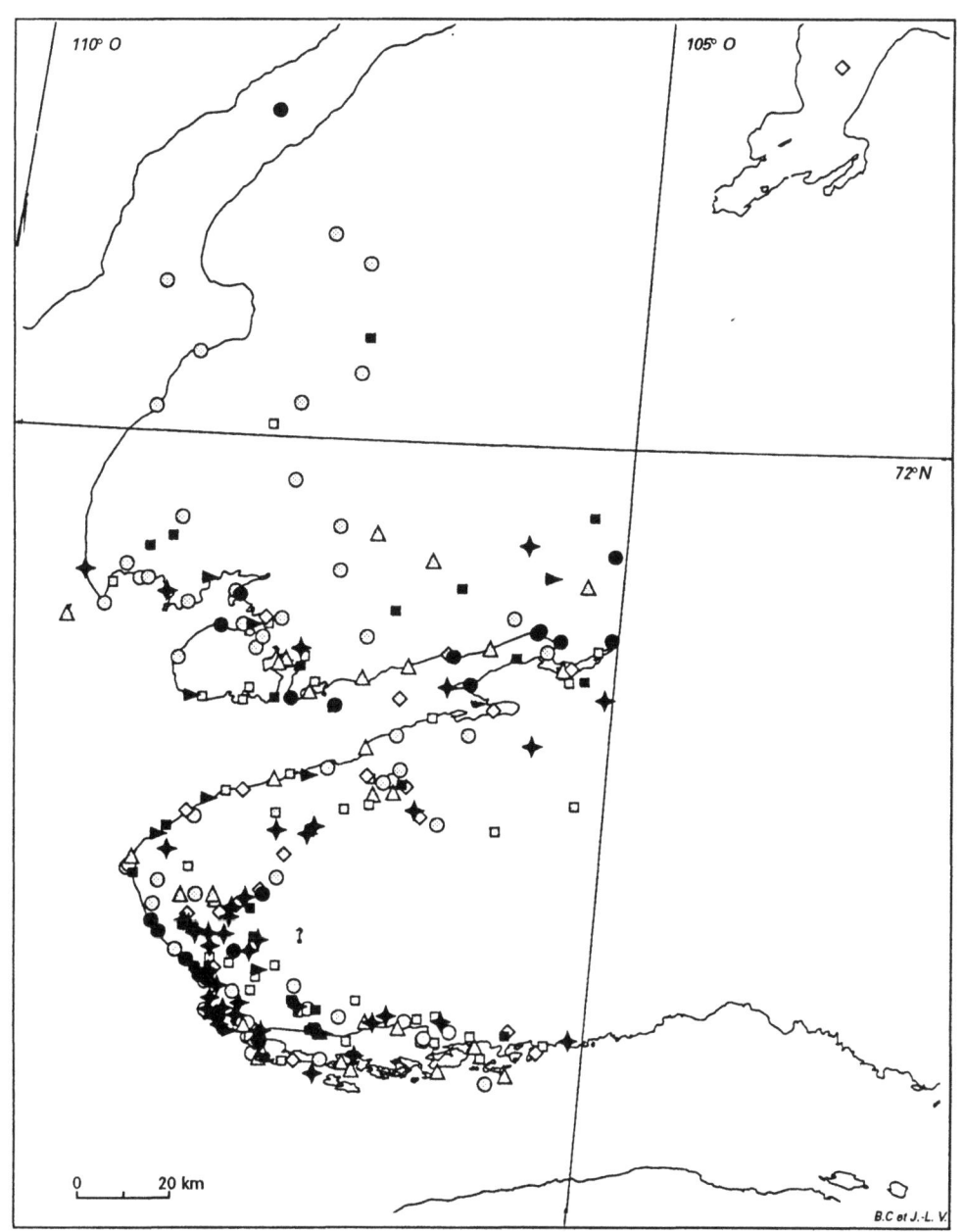

Fig. 23a : Localisation des toponymes selon le type de sens, région d'Holman

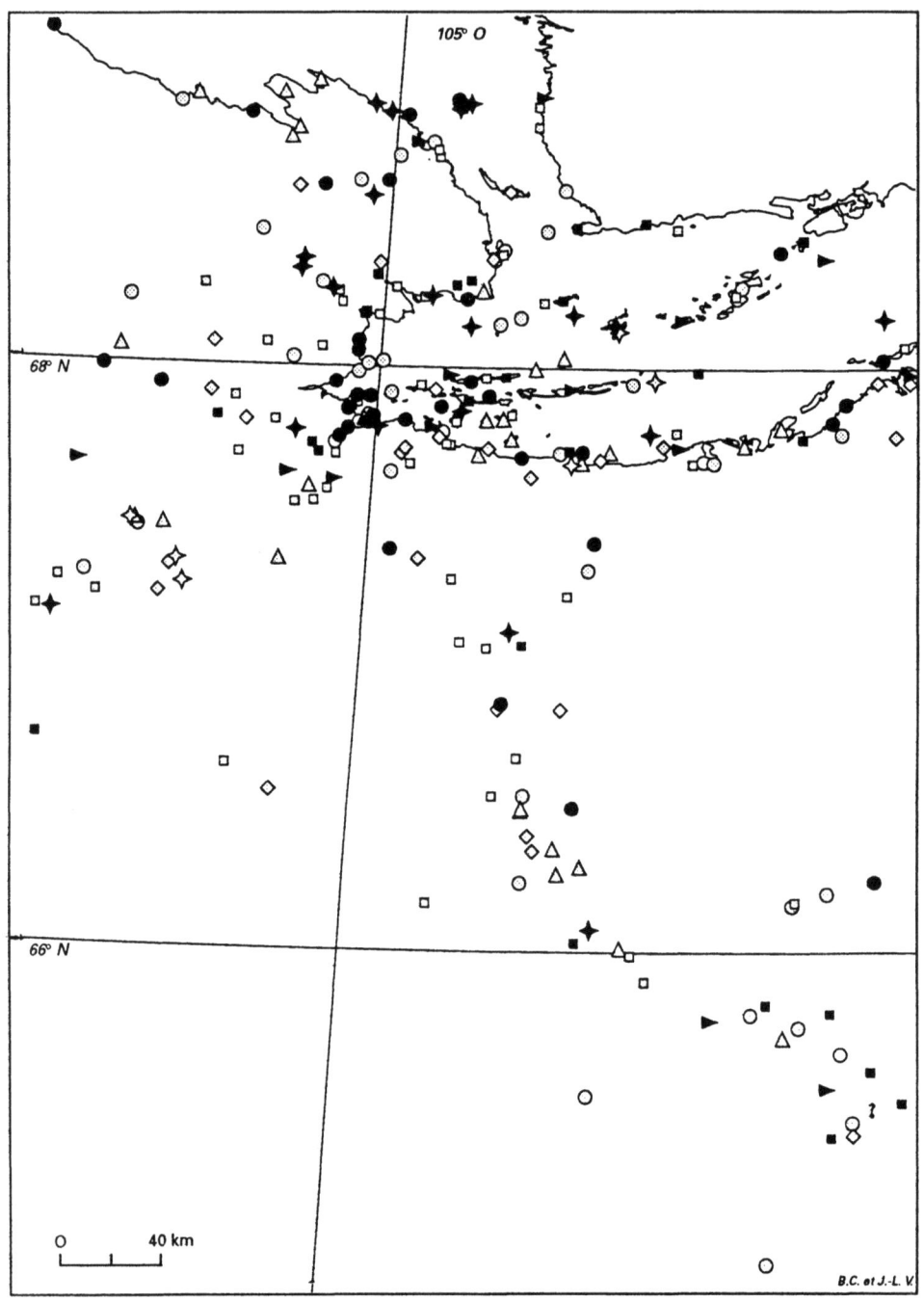

Fig. 23b : Localisation des toponymes selon le type de sens, région de Coppermine

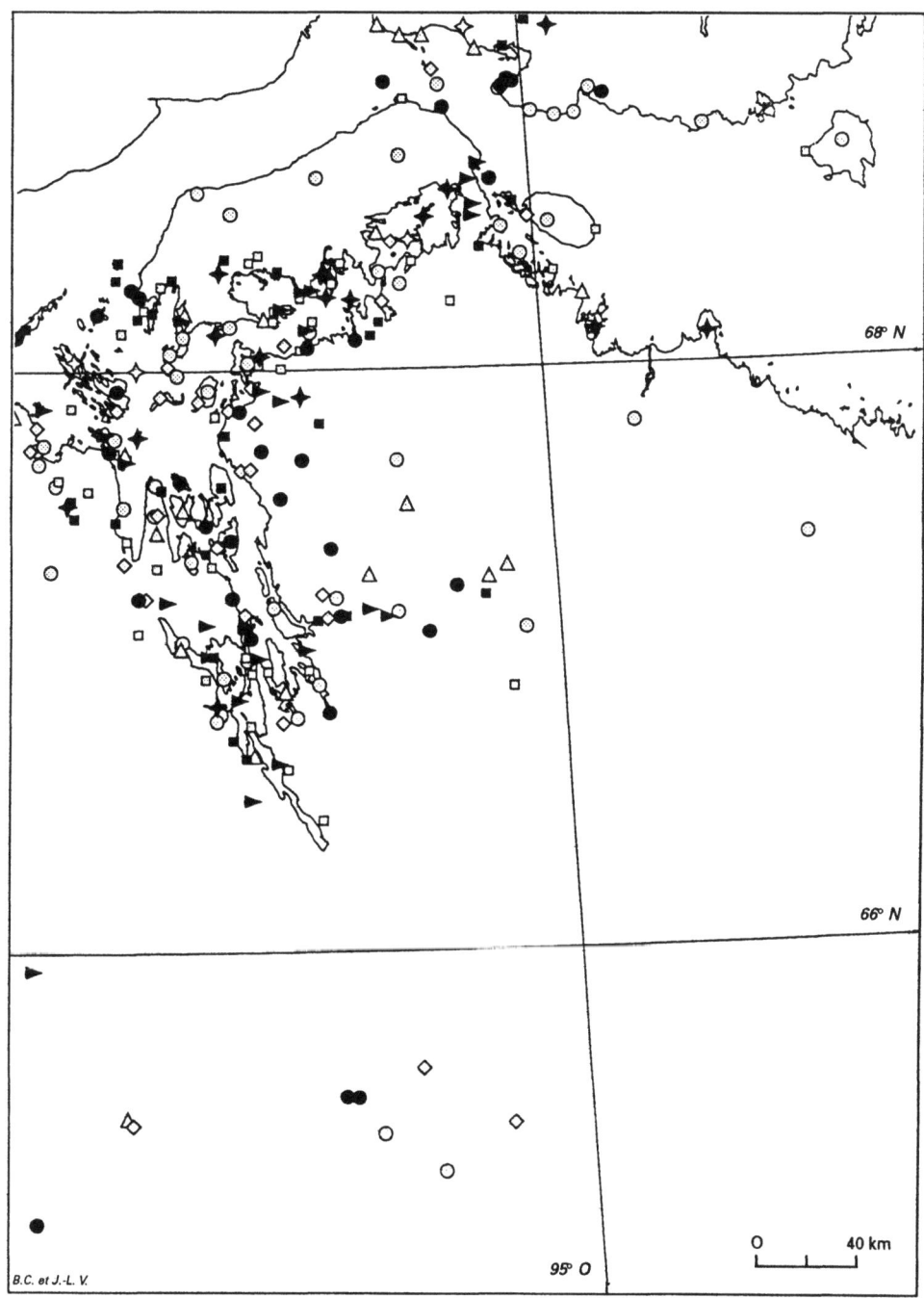

Fig. 23c : Localisation des toponymes selon le type de sens, région baie de Bathurst

Chapitre 4

Réflexion critique : dépasser l'opposition "milieu physique" - "milieu humanisé"

Cette typologie présente pourtant, en dépit d'une apparente efficacité, un problème majeur : au vu des résultats, ce classement contredit pour une bonne part les déclarations des Inuinnait à propos des toponymes. J'ai certes souligné les points de conformité, mais on ne peut ignorer la nette domination du milieu physique sur le milieu humanisé et, plus encore, la part écrasante des toponymes non-référencés qui, *a priori,* sont des descriptifs absolus. Que faut-il en conclure ?

Lors de l'application de cette typologie au *corpus* des toponymes inuinnait, il fut à plusieurs reprises difficile de choisir dans quelle catégorie ranger tel ou tel nom de lieu. Pour un certain nombre d'entre eux, en effet, déterminer s'ils appartenaient au "milieu physique" ou au "milieu humanisé" était fort délicat et la question se posait toujours dans les mêmes termes. Ce n'était pas le mot lui-même qui faisait problème, mais les explications qui avaient été aussitôt ajoutées lors des enquêtes. *Hiuqqitak* : "l'endroit sableux et peu profond" me disait la traduction. Sans aucun doute, ce toponyme appartenait à la catégorie "milieu physique, non-référencé, terme non-géographique, descriptif simple". Pourtant, juste après la traduction, suivait une explication : "passage à gué des caribous". A la question : "quelle est la vraie signification ?", l'informateur et le traducteur avaient répondu que ce n'était pas un problème, car il faut lire ces deux informations sur deux plans différents. Dans l'absolu, hors contexte, le sens est celui donné en traduction. Mais chez les Inuinnait, rien n'est jamais hors contexte.

Aussi, parce que l'on connaît le lieu désigné par ce terme, il s'opère immédiatement un glissement de sens par lequel le locuteur comme ses auditeurs comprennent "passage à gué des caribous". Ils renvoient alors le toponyme, par delà les mots, à la réalité telle qu'elle est évaluée en fonction des activités humaines relatives à ce lieu. *Hiuqqitak* appartient donc à la catégorie "milieu humanisé, activités régulières, activités cynégétiques". De même *Nilak* ("l'embouchure d'une rivière dont l'eau coule tout l'hiver et où la glace devient très épaisse et s'empile") devrait apparemment se ranger dans la catégorie "milieu physique, non référencé, vocabulaire géographique". Pourtant, lorsque l'on dit *Nilak,* on évoque immédiatement un obstacle pour le voyageur, une difficulté pratique. Aussi faut-il le ranger dans la catégorie "milieu humanisé, activités régulières, déplacements", tout comme la plupart des autres termes qui décrivent des types de formations glacées (qu'il faut cependant parfois ranger plutôt avec les activités cynégétiques). Au total, lors de leur ventilation entre les dix catégories de base, une trentaine de toponymes sont ainsi passés du milieu physique au milieu humanisé, à cause des explications connexes qui avaient été données lors de l'enquête. Ce reclassement a été limité aux cas les plus évidents, afin de mieux rendre compte des étapes suivant lesquelles s'est élaborée l'interprétation du *corpus* toponymique. Le lecteur en aura aussi un aperçu en consultant l'Annexe 1.

Si l'on ne possède pas les informations complémentaires, la typologie proposée fonctionne sans problème. Cependant, si elle donne un ordre, une lisibilité utile au chercheur, elle ne rend pas compte de la perception des Inuinnait eux-mêmes. Celle-ci ne peut se saisir que dans les paroles qui accompagnent les toponymes et qui expliquent qu'en fait, il n'y a pratiquement pas de "milieu physique" car, partout où les hommes passent et plus encore lorsqu'ils nomment les lieux où ils passent, celui-là s'efface au profit du "milieu humanisé", qui occupe tous les "pleins" du territoire. Ces "pleins" ne sont que pratique et mémoire, en dépit d'une faible trace matérielle de leur humanisation. L'intégration des Inuinnait à l'environnement, leur connaissance détaillée du territoire parcouru, leur mémoire très développée des lieux et de leurs histoires, transforment le sens des toponymes même les plus neutres : *Tahiryuaq* n'est pas "le grand lac". Ce mot dix fois répété dans le *corpus* toponymique des Inuinnait renvoie pour chacun de ces lacs à une réalité particulière, parce que chacun d'eux est perçu au travers d'un filtre subjectif, celui de l'espace vécu. Le "milieu physique" se limite aux "vides" du territoire, qui ne sont pas nommés.

Ce phénomène est en fait courant dans les savoirs vernaculaires, qui sont totalement intégrés à la pratique de ceux qui les produisent. B. Martinelli (1982) remarquait les mêmes caractères à propos du savoir toponymique des habitants d'un village agricole de Basse Provence. En contact direct et permanent avec le territoire, les Inuinnait investissent constamment les noms de lieu d'un vécu mémorisé, qui change sans doute plus vite que le toponyme lui-même. Celui-ci perdure au-delà des transformations des modes d'exploitation du territoire, son sens premier se maintient tandis que son sens second, son vrai sens, change avec le cours de l'histoire. Le toponyme se révèle porteur de plusieurs couches de sens, du plus superficiel au plus intime mais aussi du plus lointain au plus actuel. Au fur et à mesure que se personnalise le rapport au lieu, le toponyme s'humanise, aussi neutre soit-il dans sa formulation brute.

Il faut donc reformuler la typologie, en associant d'emblée le toponyme au milieu humanisé et en réintroduisant les catégories qui appartenaient à la classe "milieu physique" dans celles identifiées pour le milieu humanisé. Ces dernières sont bien, elles, des catégories opératoires propres aux Inuinnait. C'est en fonction de celles-là qu'ils appréhendent leur territoire et construisent leur système toponymique. Les questions de référencé et non-référencé, de termes géographiques ou non, reflètent bien une certaine façon d'interpréter les lieux, mais elles ne sont pas efficaces pour les Inuinnait eux-mêmes. En revanche, elles sont utiles au chercheur étranger à leur culture, car elles expriment une géosophie rarement verbalisée. Il va aussi de soi que, pour la typologie, la ventilation des noms doit se faire toponyme par toponyme, et non mot par mot.

Cela éclaire aussi d'un nouveau jour la question posée plus haut à propos de la relation entre toponymie et déplacements, et les paroles des Anciens prennent enfin tout leur sens. Les descriptions des lieux que l'on croyait destinées aux voyageurs ne peuvent plus être considérées comme telles. Elles lui serviront éventuellement, mais dès qu'il devient un familier du territoire, elles prennent un autre sens, parce qu'elles se rattachent d'abord à une mémoire du groupe ou du sous-groupe. De même, les termes classés dans la catégorie "milieu, activités régulières, déplacements" servent moins à prévenir le voyageur, à lui indiquer le chemin, qu'à commenter pour les autres le vécu d'une pratique. Ils permettent moins d'effectuer un voyage que d'en rendre compte.

On comprend désormais mieux ce que représente, pour les Inuinnait, l'action de nommer le territoire. L'importance que les Anciens reconnaissent aux toponymes témoigne de la charge symbolique de cette parole, tout comme le tri précis qu'ils opèrent entre noms de lieux et simples appellations temporaires, qu'ils se refusaient à voir portées sur les cartes lors de l'enquête. Le nom donne au lieu un statut spécial, il rappelle une pratique du territoire et une histoire du groupe. Il alimente la dimension "verticale" de sa perception. A propos des Inuit - dits "Eskimo Caribou" - du Keewatin, Th. Correll (1976) montre que leur monde se divise en deux domaines : ce qui est nommé et ce qui ne l'est pas. La relation au territoire se construit sur l'appartenance à une même catégorie, celle des choses nommées : les hommes, le gibier, la flore... et les lieux. Certains groupes Inuit pensent qu'à chaque nom de personne, correspond un nom de lieu, ce qui resserre encore la relation entre l'homme et les points identifiés du territoire. J. Oosten (*in* Tersis et Therrien, 1996) rappelle pour sa part que la plupart des cultures eskimo pensent que les hommes, les animaux et les lieux ont tous une "âme". Cela corrobore l'idée qu'il faut dépasser l'opposition "milieu physique", "milieu humanisé" : au premier niveau, il n'y a qu'une grande classe, celle du "milieu humanisé", car l'acte même de nommer participe à l'humanisation du territoire.

Conclusion - Quelle distribution des connaissances ?

Si les connaissances géographiques ont été identifiées, la question de la distribution des pouvoirs a été jusqu'ici laissée de côté. Comment ces connaissances sont-elles réparties parmi les membres de la communauté, à quelles spécialisations donnent-elles lieu ? On s'attendrait peut-être à voir accorder une place de choix à cette question. S'il n'en est rien, c'est que la placer au centre de l'analyse aurait entraîné celle-là sur un terrain plus sociologique que géographique, et laissé de côté l'interrogation sur la nature des savoirs géographiques vernaculaires. Je ne formulerai donc que quelques remarques.

Le premier chapitre signale que, chez les Inuinnait, il n'y a pas de système hiérarchique complexe et que la spécialisation, très poussée entre les hommes et les femmes, se réduit à cette répartition par genre. Aussi est-il peu étonnant de retrouver cela à propos des connaissances géographiques.

Les femmes appréhendent le territoire à partir des points d'implantation temporaire (les camps) et de la tradition orale. Les alentours de chaque camp, l'utilisation pratique des lieux pour les activités de la vie quotidienne, les histoires de tous niveaux rapportées au territoire sont bien connus. En revanche, les axes de circulation (les lignes) et les aires d'activités cynégétiques (les surfaces et les toponymes de cette catégorie) le sont moins bien. Le territoire des femmes est un ensemble de points mal ou pas reliés les uns aux autres, qui sont autant de centres à partir desquels la connaissance géographique décline rapidement dès que l'on s'en éloigne de quelques kilomètres. Leur connaissance toponymique est conforme à cette perception pointilliste. En moyenne, une femme connaît une quarantaine de toponymes, rarement plus de soixante, surtout dans la "zone de rassemblement" et, dans une moindre mesure, dans la "bordure". Cependant, les connaissances varient beaucoup d'une femme à une autre, en fonction de son caractère, de ses curiosités et de son histoire personnelle[23].

Les hommes ont en revanche une connaissance globale du territoire. Ils mobilisent ensemble toutes les catégories qui organisent le savoir géographique, qu'elles soient comprises dans le savoir cynégétique ou la

---

23 En particulier, à partir des années quarante et de l'éclatement du groupe lié à la pratique de la trappe, de nombreuses jeunes filles ont été amenées à remplacer le fils manquant - ou trop jeune ou parti ailleurs - comme compagnon de chasse et trappe auprès de leur père. Elles ont alors acquis des connaissances géographiques et cynégétiques rangées traditionnellement plutôt dans la sphère masculine.

Chapitre 4

tradition orale. Du point de vue de la perception, leur image du territoire est plus achevée, puisqu'elle ne se limite pas aux points mais intègre les lignes et les surfaces. Au pointillisme des femmes, s'oppose une appréhension très articulée. Aucune zone de répartition des toponymes comme aucune catégorie identifiée dans la seconde typologie n'échappe à leur répertoire toponymique. En moyenne, un homme connaît une centaine de toponymes, mais rarement plus de cent cinquante[24]. Les histoires, quelle que soit leur échelle de pertinence, sont aussi bien connues que chez les femmes.

Bien entendu, la perception dépend aussi de l'âge, l'image complète ne s'élaborant que lentement, au fil des années et de l'expérience accumulée. Cependant, les biais selon les générations ne sont que des aspects secondaires par rapport à la distribution inégale entre hommes et femmes[25]. Ce déséquilibre en faveur des hommes découle d'une spécialisation des tâches selon laquelle, au sein du couple, les hommes sont les chasseurs et les voyageurs ; ils sont les agents privilégiés du rapport entre la société et la nature, l'extérieur ; alors que les femmes sont les transformatrices des matières premières apportées par les chasseurs pour les besoins domestiques[26]. Elles sont les agents privilégiés de l'organisation de la vie sociale, de l'intérieur : l'homme parcourt le territoire tandis la femme anime le foyer dans l'iglou[27].

---

24 J.-F. Le Mouël (1978) a observé le même phénomène pour les Eskimo *Naujâmiut* avec, pour les femmes, une image du territoire encore plus incomplète que celle notée pour les femmes inuinnait. Cette différence s'explique sans doute par la sédentarisation ancienne des Eskimo de la côte occidentale du Groenland, qui signifie pour les femmes un confinement plus accentué, leur aire d'activité se limitant aux alentours d'un lieu d'habitat principal et de quelques campements d'été.

25 Cela n'est plus vrai dans le contexte de mutation culturelle de la période contemporaine, où la différence entre générations est bien plus importante que celle entre les sexes, bien que cette dernière persiste (voir chapitre 6).

26 Du point de vue des Inuit, cette fonction de transformation est "chevillée au corps" des femmes : ne sont-elles pas celles qui, à l'intérieur d'elles-mêmes, dans l'utérus, transforment le sperme de l'homme (matière brute) en vie humaine ?

27 Sur les liens étroits, établis en particulier par l'intermédiaire de la langue, entre le corps humain et l'espace chez les Inuit, voir M. Therrien (1987).

(d'après Ohoveluk, Holman)

Chapitre 5

Caractérisation du savoir géographique

Le savoir géographique des Inuinnait est désormais bien circonscrit. L'absence d'énoncé géographique a été reconnue et, dans le même temps, on a pu affirmer l'existence d'un savoir géographique spécifique constitué de connaissances empruntées à d'autres champs de savoir, avec lesquels il ne se confond pourtant pas. A la croisée du savoir cynégétique et de la tradition orale, son existence tient non pas au développement de connaissances particulières mais à une structure d'organisation des connaissances qui lui est propre. Les objets géographiques sont appréhendés par le biais de catégories opératoires qui constituent une grille de lecture qui imprègne la perception de l'espace géographique dans son ensemble et qui exprime, au-delà d'un savoir géographique, une "sagesse du territoire".

MODALITES D'ORGANISATION DU SAVOIR

Appréhender la structure d'un savoir vernaculaire est un travail délicat, car le risque est grand de plaquer un schéma organisateur allogène au lieu de dégager les conditions de mobilisation des connaissances propres à la culture étudiée. Aussi faut-il replacer le savoir dans son contexte, en partant des moments où, sur le terrain, on a pu observer ce savoir mis en pratique, les conditions de sa mobilisation et les formes qu'il prenait alors. L'évocation du lieu-dit *Tatiik* (page 13 et suivantes) a montré que la vie dans les camps, la vie que l'on peut qualifier de traditionnelle, est toute entière imprégnée de géographie. Les activités quotidiennes sont organisées pour répondre au mieux à la nécessité d'assurer l'efficacité des activités cynégétiques. Or, pour ce faire, le chasseur doit déployer ses connaissances relatives non seulement au champ du savoir cynégétique mais également à la tradition orale, afin d'établir avec le territoire exploité la relation globale sur laquelle se fondent ses choix.

Chapitre 5

Une mobilisation conjointe des connaissances géographiques

Les connaissances appartenant à divers champs du savoir forment ensemble une grille de lecture du territoire mobilisée en permanence par le chasseur. Cette grille est un outil dont il se sert pour déchiffrer l'espace dans un souci proprement géographique, son appréhension prenant en compte à la fois l'espace - l'horizontal - et le milieu, physique et humain, - le vertical -. Sa lecture est par ailleurs fortement influencée par une pensée animiste et "magique"[1].

Connaissances cynégétiques, toponymiques et récits

Les chapitres qui précèdent ont longuement analysé des connaissances pratiques et orales qui ne seront donc que rapidement évoquées ici. L'exemple du voyage vers *Tatiik* montre bien que les premières connaissances mobilisées sont celles qui concernent l'étendue, l'espace, et relèvent habituellement du champ du savoir cynégétique : se reconnaître et se déplacer sûrement. Viennent ensuite les toponymes, qui transforment l'espace parcouru en un milieu habité, vivant, humanisé. Chaque lieu nommé renvoie à une pratique, à une histoire, à des hommes d'hier ou d'aujourd'hui. Les autres lieux, anonymes, sont de simples points de repères, utiles pendant les déplacements mais non investis par l'histoire des hommes. S'ils sont à part entière des éléments du territoire, ils restent en marge du milieu humanisé.

Simultanément, ou un peu avant ou un peu plus tard, les connaissances qui se rapportent aux écosystèmes alimentent elles aussi la lecture du territoire, notamment toutes celles qui concernent les comportements du gibier. On le voit avec *Tatiik*, ce sujet occupe une grande place dans la géographie des Inuinnait. C'est ainsi que l'on comprend mieux, en s'attachant aux conditions dans lesquelles le savoir géographique est mobilisé, pourquoi les chasseurs insistaient, lors des enquêtes toponymiques, pour que les renseignements concernant la faune - et plus particulièrement les principaux gibiers, caribous, bœufs musqués, ombles arctiques et canards sauvages - fussent consignés avec le nom des lieux.

La mémoire, la tradition orale, viennent elles aussi enrichir la lecture de l'espace et guider le chasseur dans ses choix. Les expériences personnelles accumulées, mais encore celles des parents et des Anciens, transmises par les gestes ou la parole, toutes sont mobilisées au moment de décider où seront posés les filets, vers quelles vallées on se dirigera pour chasser les caribous. A

---

[1] L'expression est sans aucun doute un peu réductrice, mais l'objet de cet essai n'est pas de chercher à mieux qualifier la croyance dans le pouvoir des mots déjà évoquée (voir page 88).

ces récits de portée locale s'ajoutent, plus tard, au calme des veillées, ceux de portée régionale - qui nourrissent la dimension verticale de la perception du territoire - et même ceux de portée nationale - qui rappellent aux "hommes par excellence" qu'ils sont au centre de l'Univers, du monde terrestre bien sûr, mais aussi des mondes céleste et marin, puisque ceux qui peuplent ces derniers étaient à l'origine des Inuit comme eux (voir page 86 et suivantes).

La part de la pensée magique

La géographie des Inuinnait a jusqu'ici été présentée comme partagée entre savoir cynégétique et tradition orale. Des connaissances inscrites dans ces champs du savoir ont été identifiées pour leur contenu géographique : celles relatives aux déplacements, aux écosystèmes, aux récits, à la toponymie, sans oublier l'investissement affectif dans le territoire. Pourtant, l'observation en situation de la mobilisation du savoir géographique révèle l'importance, non pas d'une autre forme de connaissance mais d'une forme de pensée : la pensée magique, qui imprègne la perception du territoire et la construction d'un savoir à son endroit. A *Tatiik* comme ailleurs, les paroles prononcées comme les événements rêvés ont pour le chasseur autant de poids que ce qui est, ou a été, directement observé. Il n'y a pas de confusion entre ces deux domaines, mais une importance égale accordée à l'un et à l'autre. Rêver que beaucoup de poissons se prennent dans les filets est considéré comme un élément de connaissance au même titre que le fait de savoir que les ombles arctiques sont nombreux à *Aimauqattahuk* parce que cet évasement de la rivière est un point de passage obligé pour ceux qui remontent la *Kuujjuaq* pour se reproduire à *Qariaq,* puis redescendre vers l'océan. De même, la concentration de la pensée sur un phénomène particulier (prendre beaucoup de poissons, trouver les traces d'un ours polaire, etc.) est comprise comme un moyen d'influencer le cours des choses, plus encore si cette idée est verbalisée, à l'image de ce qui se produisait à l'origine des temps et que rapporte la tradition orale (voir page 88). Le monde est aujourd'hui mieux établi, mais le pouvoir de la pensée exprimée par les rêves ou par la parole reste fort. Il s'appuie sur une conception animiste de la nature que la christianisation récente - au mieux soixante ans pour les Inuinnait - n'a pas éteinte. La proximité des hommes, du gibier et des lieux permet l'efficacité de la parole. Quant aux rêves, on considère qu'ils sont l'un des moyens de communication privilégiés entre les hommes, les animaux et les lieux, et qu'ils sont prémonitoires[2].

La pensée magique est ainsi une composante à part entière du savoir géographique, à côté des connaissances précédemment caractérisées. Si elle n'a pas été analysée dans les pages qui précèdent, c'est que l'on dispose de bien peu d'informations à son endroit. Les Inuinnait ont été christianisés à partir des années vingt et les chamans ont rapidement disparu. Les derniers sont morts dans les années soixante-dix et, convertis ou non, ils ne pratiquaient plus depuis les années quarante ou cinquante. La pression sociale, exercée par les Inuinnait christianisés (anglicans et catholiques) après qu'ils furent devenus majoritaires, a mis fin aux séances chamaniques plus sûrement que les dénonciations répétées des premiers missionnaires. Quant aux pratiques secrètes, par définition, elles ne sont guère connues. A partir des années cinquante, il s'opère une sorte d'autocensure : l'animisme reste très fort dans la perception du territoire, mais nul n'en parle. Aussi n'existe-t-il aucune étude sur ce sujet pour les Inuinnait. Il serait d'ailleurs difficile de la mener, car il ne reste aujourd'hui que les éléments épars de ce qui formait autrefois une lecture sacrée globale du territoire. Elle n'a pas été analysée quand cela était encore possible et il est aujourd'hui trop tard pour procéder même à une reconstruction. Certains ethnologues tentent de mener ces analyses pour d'autres groupes inuit, mais leurs résultats ne sont pas toujours convaincants[3].

---

2 Les Inuinnait ne s'étendent pas sur ce sujet, mais ils parlent en revanche volontiers de leurs rêves et justifieront souvent une action, une décision, par un rêve. Cela est notamment courant lorsqu'il s'agit de choisir où l'on ira chasser - "parce que j'y ai vu des caribous en rêve, je vais y aller" - ou décider d'après quel défunt on nommera un nouveau né : "parce que untel m'a parlé en rêve lorsque j'étais enceinte, je donne son nom à mon enfant, car c'est ce qu'il voulait" (ou "lorsque ma fille, ma petite-fille, était enceinte", car ce sont souvent les grands parents qui nomment l'enfant). Sur la question du nom, voir page 176.

3 Pour ma part, investir sérieusement cet aspect de la question aurait présenté deux difficultés majeures. D'une part, si je ne voulais pas renoncer à l'interrogation sur les caractères d'un savoir géographique vernaculaire, je ne disposais pas de suffisamment de temps pour explorer cette dimension. D'autre part, et surtout, les Inuinnait eux-mêmes sont très peu enclins à parler de ces questions, qui sont de l'ordre de l'expérience très intime, laquelle ne se partage pas, pour des questions de pudeur sur lesquelles la culture inuit a des règles strictes. Je n'avais pas le goût de forcer mes informateurs à aller sur des chemins qu'ils ne souhaitaient pas prendre, aussi ai-je préféré laisser dans l'ombre cette question. Un savoir, comme un individu, n'a-t-il pas droit à sa part de mystère ?

Il nous reste les analyses des premiers ethnographes. Si K. Rasmussen n'a pas vraiment eu le temps de s'intéresser aux chamans lors de son passage chez les Eskimo du Cuivre[4], D. Jenness (1922) leur accorde une grande attention. L'ethnographe cherche en particulier à comprendre quel est le statut des chamans et de leurs miracles : sont-ils de cyniques imposteurs patentés et leur auditoire d'une naïveté désolante, comme on avait tendance à le penser à l'époque ? Partant de ses observations, il plaide pour l'abandon d'une approche fondée sur les notions de mensonge et de vérité, qui ne permet pas de comprendre le phénomène car elle plaque des jugements de valeurs qui sont étrangers aux Inuinnait. Il se propose de considérer le chamanisme en dehors de ces deux termes pour tenter de saisir comment il est perçu par ceux-là même qui le pratiquent et ceux qui y ont recours. Son analyse cherche notamment à réhabiliter les chamans aux yeux des Occidentaux, qui les considéraient le plus souvent comme d'habiles intrigants. X. Blaisel (1993) a depuis montré qu'ils n'avaient sans doute pas une place aussi centrale qu'on le croyait. Si le recours à ces intermédiaires était fréquent, chaque Inuit développait lui-même une relation étroite et directe avec les forces de la nature, dans le cadre d'une pensée animiste que D. Jenness avait également bien décrite. La chronique de la vie à *Tatiik* comme les réflexions ponctuant certains récits de chasse entendus dans les villages au cours de mes séjours témoignent de l'importance de cette pensée dans le savoir géographique contemporain des Inuinnait.

Une cristallisation des connaissances en un savoir

En contexte, sur le terrain, on observe que les diverses connaissances qui composent le savoir géographique sont mobilisées de façon conjointe, articulées entre elles pour former ensemble un tout cohérent. Si l'une des données manque, le savoir est incomplet. A aucun moment cependant, ce savoir ne se manifeste sous la forme d'un énoncé discursif ordonné, où chaque élément qui le constitue occuperait une place spécifique et définitive. Au contraire, le savoir géographique apparaît sous la forme d'une construction éphémère sans cesse recomposée, d'un moment dans la pensée plus que d'une structure permanente. Aussi peut-on parler de point de cristallisation, qui se dissout lorsque la situation de mise en relation des diverses connaissances disparaît. L'absence de structure permanente n'empêche pas l'existence d'une matrice sur laquelle se reconstruit à chaque occasion la grille de lecture du

---

[4] Mais il y avait accordé beaucoup d'attention chez les *Natsilingmiut* (voir le volume XIII du rapport de la Cinquième expédition de Thulé, 1931).

territoire. Chez tous les Inuinnait, du moins chez les Anciens et les chasseurs actifs, ce sont bien les mêmes types de connaissances qui sont chaque fois mobilisés pour former à un moment donné un savoir géographique. Ceci porte à conclure à l'existence d'un modèle commun qui préside à la reformulation permanente d'un savoir qui n'est exprimé que lorqu'il est en contexte.

Aucune des connaissances qui composent le savoir géographique ne lui est spécifiquement attachée. Toutes appartiennent à d'autres savoirs. Elles ne deviennent géographiques que dans le moment où elles sont mobilisées conjointement aux autres. Aucune n'est plus importante qu'une autre et, prise isolément, aucune n'a de sens géographique. Le sens naît de l'assemblage, qui se fait selon une structure très souple permettant une adaptation aux besoins spécifiques de chaque situation. La cristallisation s'opère toujours par l'association des mêmes composants, mais disposés les uns par rapport aux autres différemment à chaque fois. Parce que la relation qui s'établit entre eux varie selon leurs positions respectives, le sens est chaque fois particulier, adapté à une situation précise. Les modalités de cette association passent en outre par le filtre de la pensée animiste, qui modèle toute la perception du territoire. Ainsi ce savoir n'est-il qu'une matrice, un mode d'articulation des connaissances qui n'existe en permanence qu'à l'état latent et ne s'actualise que dans la situation qui implique sa mobilisation. Hors contexte, il n'est qu'une structure vide.

Cette structure se caractérise notamment par l'absence de principe hiérarchique dans l'ordonnancement des connaissances : aucune n'a la préséance et, selon les données du moment, telle ou telle sera mobilisée d'abord, sera plus importante que les autres. Cette souplesse n'est pas l'apanage du savoir géographique. La société inuinnait est peu hiérachisée, tout comme les épopées que rapporte la tradition orale ne sont pas enfermées dans un ordre fixe. En effet, si la narration de chaque épisode - qui constitue un récit en lui-même - suit un ordre d'énonciation assez précis, le conteur dispose en revanche d'une grande liberté pour ordonner entre eux les différents épisodes. Selon l'humeur du jour, le contexte, l'ordre des aventures varie, donnant à l'ensemble un sens chaque fois nouveau. Mais c'est dans la langue que s'exprime de façon exemplaire ce processus de construction du sens. Tout dépend en effet de l'ordre selon lequel les composants qui vont ensemble faire sens sont disposés. Analysant les dialectes du delta du Mackenzie (*Inuvialuktun*) et le parler d'Holman, R. Lowe signale en effet que :

> "Il arrive même [...] que deux mots contenant exactement les mêmes éléments formateurs auront, au résultat, un sens très différent du fait que ces derniers ne sont pas distribués de la même façon à l'intérieur du mot." (Lowe, 1991 : 192)

L'expression du savoir géographique

Ce savoir latent qui ne se cristallise qu'en situation, comment en prendre connaissance, comment s'exprime-t-il et se transmet-il ? Il reste en fait intérieur, seules les connaissances qui le composent sont apparentes. Elles sont rapidement évoquées, par allusions, mais l'articulation qui en fait un savoir cohérent n'est jamais explicitée. De telles explications ne sont pas considérées comme nécessaires par les Inuinnait, qui seraient d'ailleurs bien en peine de les fournir, tant une telle démarche leur est étrangère. Cette recherche des modalités de construction n'a en effet pour eux guère de sens, car ils se placent dans le rôle de l'utilisateur et non pas dans celui du chercheur. Si celui-ci est soucieux de comprendre les mécanismes de production d'un savoir qui n'est pas le sien, c'est qu'il veut pouvoir en rendre compte à un public plus large, étranger à la culture qui le produit et l'utilise, et dont il ne sera sans doute jamais un praticien.

Aussi faut-il bien, en fin de compte, se rendre à l'évidence et accepter que le savoir géographique inuinnait n'a pas d'existence en dehors de la pratique, dans laquelle il s'exprime par les actes de ceux qui le mobilisent comme une grille de lecture qui est appliquée sans jamais être commentée. Son expression n'est que pratique, tout comme sa transmission. Celle-ci passe par une formation par l'exemple, l'observation et l'imitation des aînés. Aux questions enfantines sur le sens des choses, le pourquoi des gestes, il sera peu répondu. Seule compte la situation, que le savoir géographique doit permettre à chaque fois de mieux comprendre dans sa globalité, donc de gérer au mieux de l'intérêt des chasseurs. Dans la prise de décision regardant l'exploitation de telle ou telle partie du territoire, toute une série de données entrent en jeu, dont aucune ne peut être identifiée comme toujours dominante. Le rapport des unes aux autres change constamment, tout comme les conditions spécifiques qui font de chaque instant un moment particulier.

Force est de constater que l'on se trouve finalement assez démuni pour caractériser un savoir géographique qui est, fondamemtalement, un savoir du moment, qui n'existe qu'en contexte. Il est remarquable que ce caractère soit aussi celui de la langue, à propos de laquelle R. Lowe écrit :

> "Gustave Guillaume [...] classe [les langues du monde] en trois grands groupes structuraux distincts selon que le mot s'y trouve entièrement préconstruit en langue, partiellement préconstruit en langue et partiellement à construire en discours, ou encore entièrement à construire en discours. C'est à ce dernier type linguistique qu'appartient l'esquimau."

Chapitre 5

"La construction du mot esquimau [...] a lieu dans cette langue, contrairement à ce qui prévaut dans les langues indo-européennes, *entièrement* sur le temps dévolu, dans l'exercice du langage, à la construction de l'unité de discours par excellence qu'est la phrase. C'est donc dire qu'en esquimau, la construction du mot et celle de la phrase se chevauchent, en quelque sorte, dans l'espace de temps requis pour la construction du discours."

"La construction [du mot] a lieu une fois seulement déclenché l'acte de langage, au gré des besoins de la visée de discours, construction qui semble mettre en œuvre une espèce de mécanisme d'implétion sous l'effet duquel viennent prendre place dans le mot autant d'éléments de signification que la structure de ce dernier en peut contenir."

"Les éléments formateurs des mots de la langue esquimaude ne sont [...] pas logés, dès la langue, sous les catégories grammaticales préconstruites et, partant, permanentes que nous désignons sous le terme de 'parties du discours'. Ce n'est que lors d'un acte de langage particulier que ceux-ci s'assemblent *momentanément,* en discours, sous l'effet de la visée phrastique que déclenche dans l'esprit du locuteur la visée de discours. [...] Le mot, dans cette langue, se construit au fur et à mesure que l'on parle." (Lowe, 1991 : 201, 188, 191 et 245)

LES CATEGORIES OPERATOIRES DU SAVOIR GEOGRAPHIQUE

Le savoir géographique se caractérise par sa structure mais aussi par les catégories opératoires par lesquelles les objets géographiques sont appréhendés. Elles forment une grille de lecture de l'espace géographique qui imprègne ce savoir et le fait accéder au stade d'une "sagesse du territoire". Cette sagesse, qui demeure implicite, se construit à partir des connaissances de base identifiées précédemment, mais c'est dans la matrice décrite ci-dessus qu'elle se trouve comprise, dans un mode d'articulation des connaissances qui privilégie certaine façon d'envisager les phénomènes géographiques.

Les catégories opératoires qui fondent le savoir géographique des Inuinnait sont des notions qui sont présentes dans bien d'autres savoirs géographiques, y compris dans le nôtre. Mais elles occupent dans le leur une place centrale : c'est à partir d'elles que s'organise le rapport au territoire, sa perception et son interprétation.

Un espace de relations

Tout travail avec les Inuit impliquant l'utilisation de cartes révèle rapidement l'importance des relations dans l'approche géographique. L'appréhension des cartes topographiques de grande ou moyenne échelle se fonde en effet sur une perception de l'espace comme un ensemble de relations. Un Inuinnait commence toujours sa lecture d'une carte par le repérage de quelques lieux-clefs, à partir desquels il déchiffre ensuite l'ensemble de la carte en y transposant son image mentale du territoire : un réseau d'itinéraires, de lignes qui relient des lieux. Cette primauté donnée aux itinéraires comme fil directeur pour la lecture de la carte met en exergue le rôle joué par les relations dans le processus de mise en ordre de l'espace, mise en ordre qui seule permet d'y vivre sereinement. C'est par elles que l'espace prend sens, qu'il devient lisible, interprétable, apprivoisé. La carte sert de support à l'expression d'une représentation du territoire qui s'est construite ailleurs, non pas en fonction des informations données par la carte et des modes de représentation cartographiques qui influencent tant les Occidentaux, mais en fonction d'une perception où l'espace est d'abord un ensemble de relations. Élaborée en dehors de tout contexte cartographique, elle demeure aujourd'hui opératoire aux yeux des Inuinnait, qui continuent (y compris les jeunes) à penser l'espace d'abord en termes d'axes, de chemins : un tissu de relations où chaque lieu a sa place le long des fils et se mémorise en fonction des qualités de ses liens avec d'autres lieux, disposés eux-aussi le long d'itinéraires qui sont comme le fil d'Ariane du territoire.

La toponymie également véhicule l'idée que l'espace est relations. La typologie fondée sur le sens des toponymes montrait - si l'on garde l'opposition de base "milieu physique", "milieu humanisé" - que 40% des toponymes appartiennent à la catégorie "milieu humanisé", c'est-à-dire que, dans 40% des cas, le lieu est explicitement apprécié en fonction de la relation que les hommes ont établi avec lui. Cela est particulièrement sensible pour les toponymes liés aux déplacements, qui évoquent le plus souvent la façon dont le lieu est traversé par le voyageur : "le raccourci", "le passage", "le détroit", etc. Ce qui caractérise alors le lieu au point de lui donner son nom, c'est la nature d'une relation dynamique à l'espace. Par ailleurs, pour 12% des toponymes du "milieu physique" (60%), c'est la qualité de la relation du lieu nommé à un ou plusieurs autres lieux qui est soulignée par le nom : c'est elle qui fait explicitement sens (voir toponymes de la catégorie D, Annexe 1, page 220). Ce qui compte pour ce lieu, ce n'est pas le point lui-même mais sa position par rapport à d'autres, c'est-à-dire le système spatial de relations dans lequel il est compris, aux deux sens de ce terme. De plus, pour un très grand nombre de toponymes, la relation est sous entendue. Elle n'est pas contenue dans le nom lui-même mais elle est systématiquement évoquée par les utilisateurs des toponymes. Habituellement, chaque locuteur garde pour lui ce petit commentaire : il sait qu'il est inutile d'en faire part à ses interlocuteurs qui, Inuinnait comme lui et utilisateurs du même territoire, se font au même moment la même réflexion. Ici, nul besoin de parole pour partager l'idée. Cependant, lors des enquêtes toponymiques, les informateurs signalaient souvent ces petits compléments qui permettent de localiser plus sûrement une entité - notamment dans le cas des doublons -, tout en précisant qu'il ne fallait pas les noter comme une partie du toponyme proprement dit. De cette façon, le lieu est replacé dans son contexte régional, restitué dans le réseau de relations auquel il appartient et par lequel il est perçu, comme s'il ne pouvait exister isolément.

Parmi les éléments structurants de l'espace, repérés lors de l'élaboration du schéma théorique de la perception inuinnait du territoire (points, lignes, surfaces, voir figure 16, page 101), l'analyse des pratiques et discours montre que se sont, sans aucun doute possible, les lignes qui ont la primauté. La mise en ordre de l'espace passe d'abord par le repérage des itinéraires qui relient entre eux les lieux du territoire et traversent des aires d'extension limitée. C'est donc par une appréciation des relations que se perçoit le territoire et son organisation. Le système spatial ainsi construit repose sur les lignes qui mettent en relation, ce qui implique qu'il repose sur le principe de mobilité. Les lieux n'occupent qu'une place secondaire dans ce système, ils sont perçus comme disposés le long des itinéraires, parfois à la croisée de plusieurs itinéraires, ce qui leur confère alors une fonction de carrefours qui leur vaut d'occuper une place plus grande dans l'image mentale du territoire. On note d'ailleurs que leurs noms sont bien mémorisés (même parmi les jeunes générations sédentarisées), alors que la mémoire des autres toponymes se perd vite lorsque l'on cesse de fréquenter une région.

Dans cette représentation du territoire un lieu n'existe pas en soit mais seulement dans la relation qu'il entretient avec d'autres (lieux, hommes ou gibier). C'est cette relation qui donne sens au lieu, qui est lui-même un des éléments constructeurs de ce sens dans la mesure où les relations qu'il tisse avec d'autres lieux font qu'il participe activement à l'élaboration du système spatial. Les lieux sont ainsi les points d'ancrage d'un espace humanisé organisé en réseau de relations, tandis que les aires (surfaces) occupent une place très discrète dans cette représentation du territoire. Peu intégrées au "milieu humanisé" - en dépit de leur importance dans les activités cynégétiques - elles occupent une position marginale. C'est aussi la raison pour laquelle nombre de promontoires qui sembleraient autant de points de repères importants pour des nomades - et donc méritant d'être nommés dans une logique occidentale - ne portent aucun nom : ils ne sont pas reliés aux autres lieux et, ainsi placés aux limites du système relationnel, il n'existent pour ainsi dire pas aux yeux des Inuinnait, ou du moins pas suffisamment pour mériter d'être baptisés. Qu'ils servent effectivement à la navigation lors des déplacements ne fait aucun doute, mais cela ne suffit pas.

La géographie des Inuinnait souligne ainsi que l'espace n'est pas fixe mais changeant, car il est d'abord relation et toute relation est susceptible de se modifier. Dans ce système, ce qui est hors champ, hors relation, n'existe pas vraiment et n'est donc pas nommé. Cela est d'ailleurs inscrit dans la matrice même du savoir géographique, dont nous avons vu que le sens se construit, dans le moment, en fonction de la disposition les uns par rapport aux autres des éléments qui le composent, cette disposition modifiant les relations qu'ils entretiennent entre eux. La primauté revient ainsi à la relation, et non aux connaissances en elles-mêmes. C'est aussi de cette façon que l'écosystème est appréhendé (voir page 79). Cette pensée se fonde sur une approche que certains géographes contemporains qualifieraient volontiers de systémique : approche globale intéressée davantage à la nature des liens entre les différents éléments constitutifs du territoire qu'à ces éléments proprement dits, dont le sens particulier est considéré comme secondaire, voire négligeable.

Un espace relatif

Le savoir cynégétique des Inuinnait est fondé sur l'idée que tout est toujours susceptible de changer, en particulier les comportements du gibier[5]. Les Inuit ont appris à leurs dépens que même le caribou, réputé suivre toujours la même route de migration suivant un cycle saisonnier très régulier,

---

5 Cela a été rappelé maintes fois par les Anciens d'Holman depuis que le caribou de Peary semble avoir déserté la péninsule de Diamond Jenness (voir page 29). "Ils reviendront, il suffit d'attendre, c'est toujours comme cela : ils partent quelques années puis ils reviennent, c'est ce que nos parents disaient toujours", disaient-ils. Il n'y avait pas lieu de s'inquiéter outre mesure, il fallait seulement être patient. Leur attitude était en totale opposition avec celle des biologistes du service canadien de la faune, qui considéraient qu'il s'agissait d'une crise majeure liée à la réduction d'un troupeau menacé, ce qui justifiait la mise en place d'une politique de protection sévère, passant par l'interdiction stricte de la chasse au caribou de Peary. Pourtant, au cours de l'hiver 1996, puis au printemps, plusieurs chasseurs rapportèrent avoir vu beaucoup de caribous de Peary sur la péninsule de Diamond Jenness, quatre ans seulement après une disparition que d'aucuns croyaient quasi définitive...

Chapitre 5

peut soudainement changer d'itinéraire ou déserter telle partie du territoire. Et si le caribou n'est pas toujours au rendez-vous, qu'attendre des autres gibiers ! Les expériences, parfois douloureuses, apprennent au chasseur que son territoire de chasse n'existe pas en soi, qu'il est toujours à reconstruire. De même, les savoirs liés au déplacement prennent nécessairement en compte les conditions imposées par une nature très instable, dont les caractères sont constamment modifiés : un coup de vent et la banquise se disloque, mettant le chasseur isolé sur un morceau de glace à la dérive en danger de mort, un brusque réchauffement et la glace dure devient mol élément dans lequel la progression est difficile et parfois dangereuse, un brouillard soudain et tous les repères disparaissent... A ces transformations imprévisibles et irrégulières, s'ajoutent celles, saisonnières, de la luminosité, de la température et des précipitations (voir figures 7 et 8 pages 34 et 35). Le savoir cynégétique[6] est ainsi marqué par une appréciation aiguë de la relativité de l'espace. Ce qui est mis en exergue à propos du milieu ce sont ses transformations permanentes et parfois brutales, et c'est sur cette qualité que se construit le savoir relatif à son utilisation.

La "sagesse du territoire" des Inuinnait dit ainsi que la norme est la transformation, la modification permanente et souvent imprévisible du milieu. Il est normal de se trouver soudainement pris par le brouillard ou la tourmente de neige autant qu'il est normal de voyager sous un grand soleil avec une visibilité parfaite. Aucune de ces deux situations n'est plus normale que l'autre, de sorte que l'on s'accommode des deux sans protester, si ce n'est sans difficultés. L'absence de valorisation d'un type de situation par rapport à une autre exprime une philosophie dans laquelle l'espace comme le temps sont relatifs et non pas des "en soi" dotés de qualités immuables, de sorte qu'on ne peut dire "il n'y a jamais de brouillard en février[7]", "l'eau est toujours libre au mois d'août", "il faut trois nuitées pour aller de tel à tel camp", etc. La relativité de l'espace est une donnée complètement intégrée et même mise en avant dans le savoir géographique. Une telle approche permet aux Inuinnait d'accepter sans déception tous les aléas climatiques (et ils sont nombreux !) auxquels ils sont confrontés, car ils ne les considèrent justement pas comme

---

6 Au sens étendu du terme, savoir du déplacement compris (voir page 73).

7 Le brouillard se créée lorsqu'il y a une différence de température entre l'air et le sol ou l'eau. En Arctique, il indique le plus souvent la présence d'eau libre quelque part. Or, en février, le froid est si intense que l'on pourrait penser que cette situation est impossible, ce qui n'est pas le cas car une tempête peut disloquer la banquise, ou un très fort courant empêcher sa formation, même au cœur de l'hiver.

des aléas (voir encadré page suivante). La mobilité est la norme à l'aune de laquelle le milieu est apprécié.

Cela se marque également dans le savoir toponymique. On note tout d'abord la fréquence de toponymes tels que : "celui qui est plus petit", "celui qui est plus grand"[8], le lieu de référence étant soit intégré au toponyme - "celui qui est plus petit que x" - soit implicite : il n'est pas besoin d'ajouter une information que tous, utilisateurs du même territoire et agents d'élaboration comme de transmission du même savoir toponymique, connaissent. Cependant, l'idée de relativité imprègne la toponymie bien au-delà de ces cas explicites. L'enquête toponymique a révélé qu'il n'y a pas, d'absolu qui servirait de référence pour l'appréciation des lieux, mais une multitude de contextes locaux qui imposent pour chaque petite partie du territoire une mesure particulière - relative - des qualités des lieux. Des toponymes tels que "le grand", "le petit", "le minuscule", "le plat", "le haut", etc., qui semblent à l'Occidental exprimer une appréciation absolue des qualités des lieux, ne sont pas compris ainsi par les Inuinnait. Deux lacs de même taille seront appelés ici "le grand" et là "le moyen", voire même "le petit", selon la taille des autres lacs environnants. Le long de la côte, les versants sont "falaise" ou simple "talus", moins en fonction de leur taille métrique que de la topographie générale du littoral sur une dizaine de kilomètres alentour. Cela est d'autant plus remarquable que ces différences d'appréciation s'observent à l'intérieur d'un même sous-groupe, au sein d'un seul territoire. Que ce qui est "montagne" à Cambridge Bay ne soit que "butte" à Holman, alors que plus de 500 km séparent les deux localités et qu'il s'agit de deux territoires, habités par des sous-groupes différents, cela n'est guère étonnant. Que l'appréciation change à l'intérieur même du territoire des *Kangiryuarmiut*, voilà qui est, en revanche, beaucoup plus significatif.

L'Inuinnait qui déclare "celui-là est grand" sait parfaitement qu'il s'agit d'une appréciation relative, car il sait pour y pêcher ou camper souvent qu'il existe des lacs bien plus grands ailleurs sur son territoire et que si le lac dont il parle s'y trouvait, il l'appellerait "le petit" voire "le tout petit". Cela ne l'empêche pourtant pas de qualifier de grand ce dont il parle, car l'unité d'appréciation pertinente n'est pas une idée en soi du grand, mais une expérience concrète du grand qui n'a de sens que dans un contexte localisé. Hors de ce contexte, il n'y a plus de sens, donc d'appréciation possible des choses pour un Inuinnait. Son savoir géographique s'élabore à partir d'une conscience forte de l'extrême relativité de ce que l'homme perçoit.

---

8 Voir toponymes de la catégorie D, Annexe 1, page 220. Le suffixe *-nahiq* exprime en *Inuinnaqtun* l'idée de comparaison.

Chapitre 5

> **Une "sagesse du territoire" à l'épreuve de toutes les intempéries**
>
> Dans son récit destiné au grand public de la Cinquième Expédition de Thulé, K. Rasmussen décrit une scène de la vie ordinaire des Inuit par temps d'orage. On y voit en action leur "sagesse du territoire", qui leur a appris à ne rien considérer comme acquis et à accepter comme normal ce qui nous semble un temps épouvantable auquel il convient de réagir par un comportement exceptionnel. L'ethnographe se trouvait alors du côté de Baker Lake, chez les Eskimo Caribou (région du Keewatin, voir figure 11, page 52).
>
> "Le printemps marque le retour des caprices atmosphériques. Tantôt c'est un froid piquant accompagné de giboulées de neige, tantôt c'est le dégel et la pluie. Donc, à notre grande surprise, nous avons le 26 mai un violent orage : les éclairs, sans interruption, zigzaguent au-dessus de la rivière. Une pluie torrentielle s'abat et, en quelques heures, le vent est devenu si violent, que nous préférons renverser notre tente plutôt que de lutter pour l'empêcher d'être emportée. Nous ne nous sentons pas précisément à l'aise sous cette toile qui claque à nos oreilles.[...] Le campement est dans un état lamentable. Le sol n'est plus qu'une boue mouvante, sillonnée par le ruissellement d'une pluie qui n'en finit pas. Le toit des maisons n'est plus recouvert que d'une peau de renne. Les murs ne sont plus qu'une masse de sucre en poudre où la pluie creuse continuellement de nouveaux trous qu'on s'efforce de boucher avec de vieilles chaussures, des culottes ou des peaux. [... arrive une famille, trempée et affamée, venue chercher là quelques vivres ...] La journée tirait à sa fin et, à la longue, j'étais si fatigué d'être enroulé dans une tente humide que je jugeai préférable d'en sortir pour voir si mes compagnons de campement avaient besoin de mon concours. Je commence par me rendre auprès des nouveaux venus qui tout à l'heure n'avaient pas un fil de sec sur le dos. En approchant de leur tente, j'entends, à ma grande stupéfaction, des chants joyeux. [...] Maintenant qu'ils ne sont plus tiraillés par la faim, le goût du chant les a immédiatement repris. [...] Tout cela était chanté gaiement, et il était évident que ces gens n'avaient pas besoin de moi. Pour eux, le mauvais temps n'avait aucune importance. Je m'en fus ensuite vers l'une des maisons les plus mal en point [...]. Pour y parvenir, il me fallut patauger dans un véritable lac qui, à mesure que j'avançais, devenait plus profond. Je m'arrêtai pour regarder à travers une lézarde du mur. Mais je n'en pouvais croire mes yeux, en voyant toute la famille jouer aux cartes. Les rires et les exclamations joyeuses alternaient avec les coups de tonnerre. Je compris alors que des gens nés pour un temps pareil ne pouvaient prendre trop au sérieux de si petites incommodités." (Rasmussen, 1929b, pp. 83-85)

La tradition orale se charge de nourrir cette conscience. Bien peu de lieux, en effet, y sont intrinsèquement positifs ou négatifs[9]. Le plus souvent ils sont neutres, mais ils peuvent aussi être ambivalents. Ici non plus on ne trouve pas d'absolu, mais des qualités qui changent - parfois du tout au tout - selon le contexte. Nombre de récits insistent sur les qualités très changeantes des lieux. Ainsi *Qiviuq* - héros légendaire connu dans la plupart des groupes inuit - commence-t-il sa longue errance en plein hiver, alors qu'à l'affût au bord d'un *aglu* une brusque tempête sépare le morceau de banquise sur lequel il se trouve de la terre ferme et de son camp. Il dérive en pleine mer et atterrit chez des géants, avant de rencontrer toutes sortes d'êtres étranges aux limites de l'humanité et, finalement, de retrouver son foyer[10].

Le cas de la petite île est encore plus exemplaire, car les récits dont elle fait l'objet sont autant de symboles de l'ambivalence des lieux. Elle est à la fois lieu d'abondance et de pénurie. A l'abondance de l'hiver, grâce à la présence de nombreux phoques, s'opposent les pénuries et famines de l'été pour ceux qui ont le malheur de rester sur les îles après que la banquise se soit disloquée : lieu de vie et de fête, elle est aussi lieu de souffrance et de mort. La petite île est encore le berceau de l'humanité - la mère de tous les hommes (Inuit, Indiens et Blancs) vivait sur une île - en même temps qu'un enfer : cette même femme ne s'accouple avec un chien que parce qu'elle est enfermée là sans échappatoire possible. La petite île est à la fois prison (pour la jeune fille placée là en punition pour avoir refusé tous les maris que son père lui proposait), lieu de repli où se meurt la vie dans le châtiment et, en même temps, naissance (la jeune fille enfante) et ouverture sur le monde le plus vaste (elle envoie ses enfants vers la forêt - où ils deviennent les Indiens - et au-delà de la forêt - où ils deviennent les Blancs). C'est encore sur une petite île que le chien monstrueux qui enlève *Arnakapkhaaluk* la retient prisonnière[11]. La tradition orale souligne ainsi que le sens du lieu, sa valeur, se construit sur l'interaction du moment, sur l'articulation dans un contexte spécifique d'une série de facteurs physiques et humains dont la conjugaison engendre des situations qui peuvent être radicalement opposées selon le contexte, qui est ici l'élément déterminant.

---

[9] On remarque au passage que ceci distingue les Inuinnait de nombre de peuples de tradition orale (voir par exemple ce qu'indique J. Bonnemaison, 1986-87, à propos du rapport aux lieux dans les cultures mélanésiennes).

[10] K. Rasmussen (1932 : 237). Chez les Inuinnait, *Qiviuq* devient *Qiviuna*.

[11] Tous ces récits sont rapportés plus en détails au chapitre 3, page 92 pour ce qui concerne les famines, page 86 et suivante pour les deux autres.

Les lieux sont ambigus, ambivalents, leur valeur est strictement conjoncturelle. Une attention considérable est accordée par les Inuinnait à la qualification des lieux, non pas pour les fixer dans une posture définitive mais, au contraire, pour en souligner toute la relativité. Le message ainsi délivré est que l'espace est intrinsèquement relatif.

Un espace subjectif

Si l'espace est relation et relativité, il en découle qu'il est aussi subjectif. Ce sont les multiples transformations qui affectent la perception de l'espace qui sont mises à l'honneur dans le savoir géographique des Inuinnait. Si les facteurs physiques jouent un rôle important (et reconnu) dans cette mobilité qui affecte l'espace géographique, le facteur humain n'est pas pour autant oublié : on a vu la place qui revient aux relations dans la mise en ordre de l'espace. Or, ces relations ne sont pas un "en soi", mais une construction intellectuelle. Leur qualité dépend du regard de l'homme, placé explicitement au cœur d'un système géographique dont il est l'un des acteurs. L'espace est ainsi considéré en fonction de l'appréciation, personnelle ou collective, de celui qui le perçoit et élabore à son endroit un discours ou des pratiques adaptées aux caractères perçus de cet espace : il n'est donc rien d'autre qu'une idée subjective. Dans le cas des Inuinnait - contrairement à ce que l'on peut observer dans d'autres cultures - les fondements mêmes du savoir géographique tiennent dans cette conscience de la subjectivité. Il n'y a pas d'autre discours possible sur l'espace qu'un discours personnalisé, spécifique et contingent. On a ainsi vu précédemment qu'une même saison sera désignée par des noms différents en fonction du contexte dans lequel on est amené à en parler (voir page 79).

Le savoir toponymique est empreint de cette appréciation de la subjectivité, notamment par le système des doubles noms, qui permet de préciser la position depuis laquelle un lieu est appréhendé[12]. Un même lieu peut en effet être désigné par plusieurs toponymes, en fonction de sa position par rapport à celui qui le voit ou en parle[13]. "Le dernier" devient "le premier", "le plus éloigné" devient "le plus proche", etc. Ce phénomène permet de

---

12 Plusieurs anthropologues signalent ce phénomène dans leurs écrits, notamment R.A. Rundstrom (1987) et E. Carpenter (1973). Lors de ses enquêtes toponymiques, L. Müller-Wille l'a lui aussi noté (1987 et communications personnelles, 1991, 1994, 1995).

13 Dans une conversation hors contexte, le locuteur se resitue mentalement par rapport au lieu dont il est question et indique à son auditoire quelle est sa position.

Caractérisation du savoir géographique

rendre compte au plus près de la réalité : selon le point d'où il est vu, le lieu est appréhendé différemment et le réseau relationnel dans lequel il s'insère est perçu dans un autre sens. La relation est modifiée, le caractère - le sens - même du lieu l'est donc aussi et il convient de rendre compte dans la toponymie de cette importante transformation. Les noms changent ainsi en fonction d'une relation qualifiée par un acteur qui la perçoit et l'interprète selon ses propres préoccupations. La "dernière île" pour le chasseur qui part du village devient "la première île" lorsqu'il y retourne. La rivière "entre les deux" (sous entendu entre deux autres rivières) pour celui qui la replace dans un contexte régional devient la rivière "boueuse" pour celui qui privilégie l'approche locale et se place dans le contexte du voyageur qui la regarde de près, etc.

Les enquêtes toponymiques ont par ailleurs révélé l'existence d'une toponymie parallèle, dont la diffusion ne dépasse pas le cercle familial. Elle résulte de l'habitude de baptiser d'un second nom les lieux qu'une famille fréquente très souvent et qui leur sont particulièrement familiers. Ces noms ne sont cependant pas considérés comme de véritables toponymes par leurs utilisateurs, mais plutôt comme des surnoms qui expriment une relation privilégiée au lieu et n'ont pas vocation à entrer dans le savoir toponymique du groupe. Ces surnoms soulignent d'une part l'importance accordée à l'expérience personnelle de la rencontre homme - lieu, si forte que l'on ressent la nécessité de l'exprimer par l'acte performatif du baptême, d'autre part la conscience qu'il ne s'agit là que d'une appréciation subjective, trop subjective pour pouvoir s'intégrer à la relation communautaire que le groupe entretient avec son territoire et qui s'exprime dans un savoir toponymique commun.

Si elle est marquée dans la toponymie, c'est sans doute dans les descriptions des lieux que cette subjectivité de l'espace est la plus affirmée. Il est impossible à un Inuinnait de décrire un lieu de façon apparemment objective. Il prendra toujours soin de préciser selon quel point de vue il est décrit. La saison est presque toujours spécifiée, mais aussi l'endroit où se place le spectateur : est-il plus haut, plus bas, vient-il de la terre ferme, de la mer, d'un lac gelé qu'il traverse à pied, en moto-neige, en traîneau à chiens autrefois ? Est-il seul ou en groupe ? Pourquoi se trouve-t-il là ? Toutes ces données contextuelles doivent être précisées si l'on veut que la description soit fidèle. Il n'existe pas de point de vue privilégié, de physionomie absolue du lieu : de la position, du contexte, dépend la description que l'on en fera, et nul ne songerait à imposer son regard comme le seul possible. On verra d'ailleurs que la structure même de la langue ne le permet pas. Le seul regard privilégié est celui du "je" qui parle, et il n'a rien d'une référence absolue. Le locuteur

Chapitre 5

lui-même précise dans son discours les limites de la recevabilité de sa description : fruit de sa perception, elle est explicitement subjective.

> "[Pour les Inuit] le corps, le sujet, joue un rôle non négligeable dans la compréhension de l'espace. Un chasseur décrivant le fait d'avoir vu sur sa route un caribou indiquera, par le choix du démonstratif utilisé, qu'il s'agissait d'un caribou aperçu en contrebas ou non, à faible distance ou non, clairement perceptible ou non. L'animal sera décrit selon la position occupée par le locuteur et sa capacité visuelle du moment." (Therrien, 1987 : 107)

De sorte que l'on peut parler d'une subjectivité envahissante. L'ensemble du savoir produit sur l'espace s'organise en fonction du "je" qui parle, duquel procède le sens. Ce savoir est donc strictement contingent. Cette dernière catégorie opératoire implique les deux autres : relativité et "relationnalité" de l'espace. Il est sans doute périlleux d'essayer de classer ces trois catégories en fonction desquelles l'espace est perçu, interprété et compris par les Inuinnait. Cependant, il me semble que la subjectivité est première dans ce triptyque. Dire que l'espace est à la fois relationnel et relatif, c'est le considérer selon la perception que l'on en a et non pas selon ce qu'il est "en soi". C'est privilégier le point de vue de celui qui parle ou plutôt ici, de celui qui voit. De même, appeler une île "la dernière", c'est adopter comme déterminant le point de vue de certain voyageur suivant une certaine direction[14].

CATEGORIES GEOGRAPHIQUES, CATEGORIES CULTURELLES

Si les catégories identifiées ci-dessus sont aussi fondamentales qu'on le prétend, on peut légitimement penser qu'elles ne sont pas seulement opératoires dans l'élaboration du savoir géographique mais imprègnent toute la pensée des Inuinnait. On devrait donc pouvoir les retrouver dans d'autres champs essentiels de la culture inuinnait : la langue et le système social. Certaines similitudes avec les caractères de la langue inuit ont déjà été signalées. Il paraît logique que la géographie soit influencée par la structure de la langue dans laquelle elle se pense, et que le rapport au milieu le soit par

---

[14] Le cas des Inuinnait est en ce sens une illustration exemplaire des modalités de construction d'un rapport subjectif à l'espace dont la géographie des représentations, notamment, rappelle l'importance dans la plupart des savoirs géographiques vernaculaires.

les modalités des rapports entre les individus qui le vivent. Caractères linguistiques et sociaux sous-tendent ainsi la production d'une pensée géographique qui les influencent peut-être à son tour.

En l'absence de discours endogènes sur ces questions, il faut à nouveau s'en remettre aux observations de terrain et aux travaux des linguistes, ethno-linguistes et ethnologues. Ces études sont interprétées par une géographe et mes réflexions se limitent aux aspects susceptibles d'éclairer ma propre recherche.

La structure de la langue

Peut opérer des rapprochements entre les catégories opératoires dans la langue des Inuinnait et dans leur pensée géographique ? Pour l'*inuinnaqtun*, on dispose de l'étude linguistique de R. Lowe, mais il n'a étudié que le parler d'Holman[15], mais d'aucune analyse ethnolinguistique. Compte tenu de la grande régularité grammaticale de la langue, il est possible d'utiliser les conclusions de travaux menés sur d'autres groupes.

L'*inuktitut* est une langue agglutinante[16] où les mots sont construits à partir de racines qui ne sont que rarement des mots indépendants. Chaque racine renvoie à un concept mais, seule, elle est le plus souvent dénuée de toute signification. Ce sont les infixes qui lui sont accolés qui lui donnent un sens qui se précise au fur et à mesure qu'ils s'ajoutent les uns aux autres. En théorie, un nombre infini d'infixes peuvent être insérés à la suite les uns des autres. Le suffixe qui le clôt le mot lui donne sa forme, verbale ou nominale[17].

---

15 Les travaux du Père M. Métayer n'avaient malheureusement pas encore pris une forme publiable lors de son décès subit. R. Lowe (1983, 1985, 1991), travaillant sous contrat avec les *Inuvialuit*, n'a étudié pour l'*inuinnaqtun* que le parler d'Holman. Cependant, ses interprétations dépassent largement le cadre des dialectes et concernent la langue eskimo dans son ensemble.

16 Je remercie particulièrement Michèle Therrien (INALCO, Paris) et Mick Mallon (Arctic College, Iqaluit) qui m'ont introduite à l'*inuktitut*, au sens de la nuance de cette langue et à ses subtilités.

17 La plupart des linguistes pensent que les racines sont soit verbales soit nominales, mais peuvent changer de statut à l'intérieur du mot en fonction des infixes utilisés : une racine verbale peut être nominalisée, une racine nominale verbalisée. Cependant, R. Lowe (1991 : viii) avance qu'il s'agit là d'une erreur d'interprétation, due au fait que cette langue a toujours été appréhendée dans le cadre de théories développées par et pour l'observation des seules langues indo-européennes. Pour lui et quelques autres, les racines ne sont ni nominales, ni verbales, seul le mot, le résultat d'une construction de sens, l'est.

Chapitre 5

Une langue de la description, une langue particularisante

La structure de la langue est telle que tout doit toujours être qualifié. Une idée ne peut s'exprimer seule, il faut qu'elle soit associée à un cas précis, car la langue ne permet pas, grammaticalement, qu'il en soit autrement. Théoriquement du moins, il n'y a pas de place pour l'implicite dans cette langue, tout doit être précisé, explicité par les infixes. Ainsi, par exemple :

> "Il n'existe pas en esquimau, contrairement à ce que l'on trouve dans nos langues, de représentation *générale* de la personne. Il n'y a dans cette langue, autrement dit, que des cas *particuliers* de représentation de la première personne, que des cas particuliers de représentation de la deuxième personne, et que des cas particuliers de représentation de la troisième personne grammaticale."
>
> "Pour l'expression des trois personnes grammaticales, l'esquimau retient beaucoup plus de particulier que ne le fait, par exemple une langue comme le français, qui s'est donné une représentation très généralisée de la personne grammaticale." (Lowe, 1991 : 213 et 225)

La construction du mot fonctionne dans une dynamique qui part d'une idée générale (la racine) pour élaborer une description la plus fidèle possible de la situation réelle, au fur et à mesure que le locuteur accole des infixes. On avance dans le mot par petites touches, qui affinent peu à peu le message qui est en train d'être transmis. L'*inuktitut* apparaît alors comme une langue éminemment descriptive, dont le projet idéal semble être de rendre compte de quelque situation que ce soit dans les termes les plus proches possibles de la réalité. Un toponyme tel que *Tahikafaalungnahiq* : "Le plus grand des lacs mais moins grand que 'Le plus grand des lacs'" illustre parfaitement ce caractère. Cet idéal n'est évidemment jamais parfaitement atteint, mais il imprègne toute la pensée inuit, soucieuse de toujours parler des choses en contexte et non dans l'absolu. A propos de la description (déjà citée p. 166) d'un caribou vu par un chasseur, l'auteur ajoute :

> "Il est également fréquent d'indiquer si l'animal vu faisait partie d'un tout (un groupe) ou était isolé. La forme verbale choisie pourra souligner s'il s'agit d'un animal dont mention aurait déjà été faite." (Therrien, 1987 : 107)

De sorte que R. Lowe peut écrire :

> "Par sa tendance générale à inclure dans le contenu notionnel de ses éléments formateurs de mot le maximum d'impressions particulières tirées de l'expérience humaine commune, l'esquimau, comme système linguistique, se trouve alors beaucoup plus près de la réalité vécue

que ne l'est une langue comme le français, qui, par sa tendance inverse à l'abstraction, s'en éloigne d'autant." (Lowe, 1991 : 225)

Ce caractère descriptif répond par ailleurs parfaitement aux besoins de chasseurs nomades qui, en l'absence de tout support écrit, se trouvent dans l'obligation de mémoriser le plus précisément possible tant les configurations du territoire fréquenté que les liens entre individus, sur lesquels repose l'organisme social (voir *infra*).

Une langue de la relation et de la subjectivité

Pour qualifier les concepts - les racines des mots - le locuteur n'a que deux solutions : les décrire pour l'idée de ce qu'elles évoquent en elles-mêmes ou pour ce qu'elles sont par rapport à d'autres. Chez les Inuinnait, c'est presque toujours ce second point de vue qui est retenu. Les infixes ont ainsi pour fonction de situer ce dont on parle, dans l'espace du territoire ou du corps social, plus rarement dans le temps. C'est donc la relation qui est privilégiée, pour appréhender les idées comme les situations, de sorte que l'on arrive à un point limite où les choses n'existent pas en elles-mêmes mais uniquement dans la relation qui permet de les évoquer. L'absence d'article conforte cela, car il est grammaticalement très difficile au locuteur d'évoquer des phénomènes dans l'abstrait, comme le permettent les articles, notamment les articles indéfinis. La construction même du mot impose que ce dont il est question soit rapporté à un contexte particulier.

"lorsque le sujet parlant construit en pensée un mot, il le construit nécessairement en fonction de la phrase dans laquelle ce mot sera appelé à figurer." (Lowe, 1991 : 227)

Un système de communication qui privilégie ainsi la relation entre les choses pour qualifier chacune d'elles implique une multiplication des possessifs et des déterminants. Rien ni personne n'est jamais seul, tout est lié à autre chose, à quelqu'un d'autre, donc est forcément la chose d'autre chose, ou de quelqu'un. Ainsi, un lac n'est pas un lac, mais le lac de[18] telle région, cet autre lac est celui de la pêche de printemps ou de la haute colline d'où l'on guette le gibier, etc. De même, les individus ne sont jamais des anonymes mais toujours des êtres liés à d'autres ou à des lieux, qui sont eux-mêmes en relation avec d'autres lieux ou avec certaines personnes pour lesquelles on dispose de qualificatifs reconnus. De même, pour le corps et ses parties :

---

18 Au sens possessif du terme.

> "chez les Inuit, la marque du possessif accolé au terme désignant une partie corporelle insiste sur le rapport de dépendance. On ne dit pas 'bras' mais 'son bras'. La partie anatomique appartient à un élément plus large qui est le corps, et le corps à l'individu. La notion de subordination de la partie au tout est omniprésente. Un Inuit dira 'de la table son dessous' là où nous disons 'sous la table'. La marque linguistique de relation entre le déterminé et le déterminant rendait difficile les toutes premières enquêtes sur le vocabulaire de base. Rasmussen (1941 60), par exemple, déplorait l'impossibilité d'obtenir une désignation corporelle dans la forme absolue, ses informateurs ajoutant infailliblement la désinence possessive." (M. Therrien, 1987 : 108)

La boucle est bouclée, tout est qualifié et la relation trouvée. A la limite, dans un tel système linguistique, les choses et les êtres pour lesquels on ne peut trouver de relations, de possessifs, n'existent pas, puisqu'il devient très difficile, pratiquement impossible, de les désigner.

L'attention à la relation et à sa qualification se marque encore par la diversité des formes par lesquelles un rapport entre deux personnes grammaticales (ou trois) distinctes à l'intérieur d'une phrase peut être exprimé. R. Lowe (1991 : 224) dénombre pas moins de 63 formes grammaticales théoriquement possibles pour l'expression de ce rapport à la forme déclarative, et 117 pour l'expression de ce rapport à la forme causative. Pour la première, seules 36 formes existent vraiment, pour la seconde 51. Cette multiplicité permet de rendre compte très précisément de la relation entre agent actif et sujet passif[19].

La mise au monde des choses passe toujours, il est vrai, par la perception de celui qui les nomme, qui en parle, elle est toujours subjective. Cependant, en *inuktitut* la subjectivité est explicite. La structure même de la langue impose en effet au locuteur, dans la plupart des cas, de préciser l'origine du point de vue sur lequel se construit ce qu'il dit. Presque chaque phrase signale encore et encore quelle est la position du sujet parlant par rapport à ce dont il entretient les autres, qu'il s'agisse de personnes, de choses ou de lieux. La relation, qui qualifie, est systématiquement rappelée. Ainsi la langue donne-t-elle à voir les bases de relativité et de subjectivité sur

---

[19] Ainsi on ne peut dire "lui marchant, il parlait" car il faut absolument préciser s'il s'agit de la même personne ou d'une autre. On dira donc "lui marchant, il, lui-même, parlait" ou "lui marchant, il, un autre, parlait" et dans ces deux énoncés la terminaison du participe présent sera différente, car on y exprimera que les deux actions appartiennent ou non à la même personne. On le voit, la langue des Inuit ne craint pas les redondances.

lesquelles elle repose, ce qui renforce encore ces qualités. Elle s'affirme d'emblée comme contingente du "je" qui parle, tout comme l'est l'approche du milieu (voir *supra*).

L'hypothèse de départ est ainsi confortée, puisque l'on retrouve dans la langue les catégories opératoires de la pensée géographique. Relativité, "relationnalité" et subjectivité imprègnent la langue tout comme elles imprègnent le rapport au milieu. Il faudrait pouvoir appuyer cela sur une étude géolinguistique approfondie, à l'image de l'étude ethnolinguistique menée par M. Therrien (1987) sur la métaphore de l'espace du corps en *inuktitut*.

L'organisme social

Les modalités selon lesquelles s'organisent les relations entre individus au sein de la société inuinnait sont aussi l'un des fondements de leur culture. La recherche des catégories opératoires qui les sous-tendent s'impose donc. Cela est plus aisé que pour la langue car on dispose aujourd'hui, pour la plupart des groupes eskimo, d'analyses très fines sur les systèmes de parenté et les réseaux d'alliance. Cependant, leurs auteurs ne s'interrogent guère sur une éventuelle relation entre système social et lecture géographique du territoire. Pour les Inuinnait, le travail strictement ethnologique de D. Damas (1969 et 1972) n'a pas été repris depuis. Mon but est d'identifier les termes par lesquels la structure de l'organisme social peut influencer la construction d'une interprétation du territoire dont rend compte le savoir géographique, aussi seuls les traits communs à l'organisation des relations sociales et à la structure de la langue ont été retenus.

Un réseau de relations

Chez les Inuinnait la famille nucléaire simple - parents et enfants non mariés, éventuellement un des grands parents s'il est veuf ou veuve - est l'unique structure sociale stable du groupe. Elle est théoriquement indépendante, puisque la spécialisation des tâches au sein de la société inuinnait se limite à une stricte répartition par genres au sein de chaque couple. Au cours de l'année, les cellules de base s'associent entre elles pour exploiter conjointement le territoire et former des camps temporaires de taille extrêmement variable. Le passage d'une économie de chasse à une économie de trappe a modifié les modalités d'association des cellules familiales, ainsi que les rythmes saisonniers qui les caractérisaient. Les fondements de l'organisme social se sont maintenus, mais leur appréhension est devenue plus

Chapitre 5

difficile. Après la sédentarisation, l'ensemble a perdu de sa cohérence et n'est plus lisible aujourd'hui dans son intégralité. Aussi est-ce l'organisation sociale telle que décrite avant les années soixante-dix qui est ici considérée, tout comme le savoir géographique dont il a été question jusqu'ici est celui de la société traditionnelle.

La compréhension des règles qui modèlent les relations entre individus dans la société inuinnait passe par l'observation attentive de la composition des camps aux différentes saisons de l'année. D. Damas (1969) notait que plus le camp est petit (en été), plus il est fréquent que les familles qui le composent soient directement parentes : parents et fils adulte, frères adultes sont les associations les plus courantes, sans pour autant être exclusives. Les camps d'automne, eux, rassemblent plutôt des familles élargies dont les membres se retrouvent après s'être séparés pendant l'été. Enfin les grands camps d'iglous de l'hiver réunissent plusieurs lignées parentales, liées les unes aux autres mais de façon plus lâche. Dans tous les cas, chaque famille nucléaire simple a son iglou, même s'il arrive assez souvent qu'un seul couloir d'entrée desserve les habitations de deux proches, qui ne sont pas toujours parents. Cependant, si la parenté s'affirme comme le principal élément structurant de l'organisme social, elle n'est pas le seul. En effet, contrairement à ce qui se passe dans d'autres groupes inuit, les camps inuinnait ne se forment pas systématiquement sur la base de la famille élargie. Ainsi, il n'est pas exclu que le camp compte également quelques familles nucléaires simples n'ayant pas de liens de parenté avec les autres. Cette caractéristique a amené parfois à conclure un peu rapidement à une certaine atomisation de la société inuinnait.

Or, à mieux y regarder, on s'aperçoit que le rôle ici plus faible de la famille élargie est compensé par l'importance des liens non parentaux qui tissent entre individus des relations étroites. Il faut tout d'abord bien mesurer la place de l'adoption, très courante chez les Inuinnait comme chez tous les Eskimo. Elle permet d'élargir le réseau de relations de l'adopté, qui est normalement membre à part entière de sa famille d'origine comme de sa famille adoptive. Par ailleurs, les relations hors parenté sont organisées par un système de partenariat très développé, qui touche presque tous les domaines de la vie quotidienne. Aux partenaires de chasse, s'ajoutent ceux avec lesquels se partagent certaines parties du gibier (du phoque surtout), mais encore les partenaires de chant, de jeux, de joutes oratoires, d'échanges conjugaux. Pour les Inuinnait ces liens sont aussi importants que ceux de parenté. A côté de la parenté réelle, ils édifient une parenté fictive aussi solide que celle du sang.

Aussi, loin d'une société atomisée, on a bien plutôt ici un organisme social reposant sur un réseau très dense de relations entre tous ses membres.

La dynamique du système tend vers la multiplication maximale des types de partenariats, dans le but de toujours étendre le cercle des relations, qui est aussi un cercle de solidarités grâce auquel un Inuinnait peut espérer toujours trouver de l'aide lorsque cela sera nécessaire. A n'en pas douter, l'objectif idéal est d'éliminer toute possibilité de se retrouver dans une situation d'isolement où, en Arctique plus qu'ailleurs, les chances de survie sont minces pour celui qui s'y laisse prendre.

Un statut contingent de l'individu

Tout comme on s'est intéressé au statut des racines des mots dans le cadre de l'examen linguistique, on peut ici s'interroger sur le statut de l'individu au sein de la société inuinnait. Dans un système relationnel très dense, comment chaque membre de la communauté est-il considéré ?

Il n'y a pas de réponse simple à cette question. D'un certain point de vue, chaque personne jouit d'une grande autonomie. Elle se voit reconnaître une identité propre et un droit certain à l'indépendance. Entre parents et enfants le respect et la confiance fondent une autorité qui n'est jamais absolue. L'âge de raison est vite atteint et chacun est alors responsable de soi-même et de ses choix. En cas de mauvaise conduite, les parents ne sont pas blâmés, les comportements des individus n'étant pas considérés comme le pur produit de l'éducation reçue. Cependant, au-delà de cette indépendance apparente, l'individu est pris dans un réseau de relations très serrées qui déterminent sa place et ses attitudes dans la société. Chez les Inuinnait, une personne n'existe jamais en elle-même, elle est toujours considérée en fonction de sa relation à d'autres, morts ou vivants. Nombreuses sont les expressions de cette situation.

Tout d'abord, il est assez rare qu'une personne soit appelée par son nom propre. On lui préfère le plus souvent le terme qui indique sa relation par rapport à celui qui parle. Pour cela, les Inuinnait - tous les Eskimo - disposent d'un vocabulaire très riche, qui leur permet de qualifier ceux qui les entourent en fonction du lien par lequel ils sont associés à eux-mêmes. Les figures 24a et 24b témoignent de la précision avec laquelle les membres de la famille élargie peuvent être désignés, en fonction du degré de la relation parentale, mais aussi de l'âge de celui qui est désigné par rapport à l'âge de celui qui parle. La généalogie, véritable art oratoire chez les Inuinnait - comme dans de nombreuses cultures de tradition orale d'ailleurs - est là pour assurer que chacun saura toujours caractériser la relation qui le lie à tout les autres et par laquelle son appartenance au groupe est reconnue. Elle permet de situer chacun dans le temps et dans l'espace.

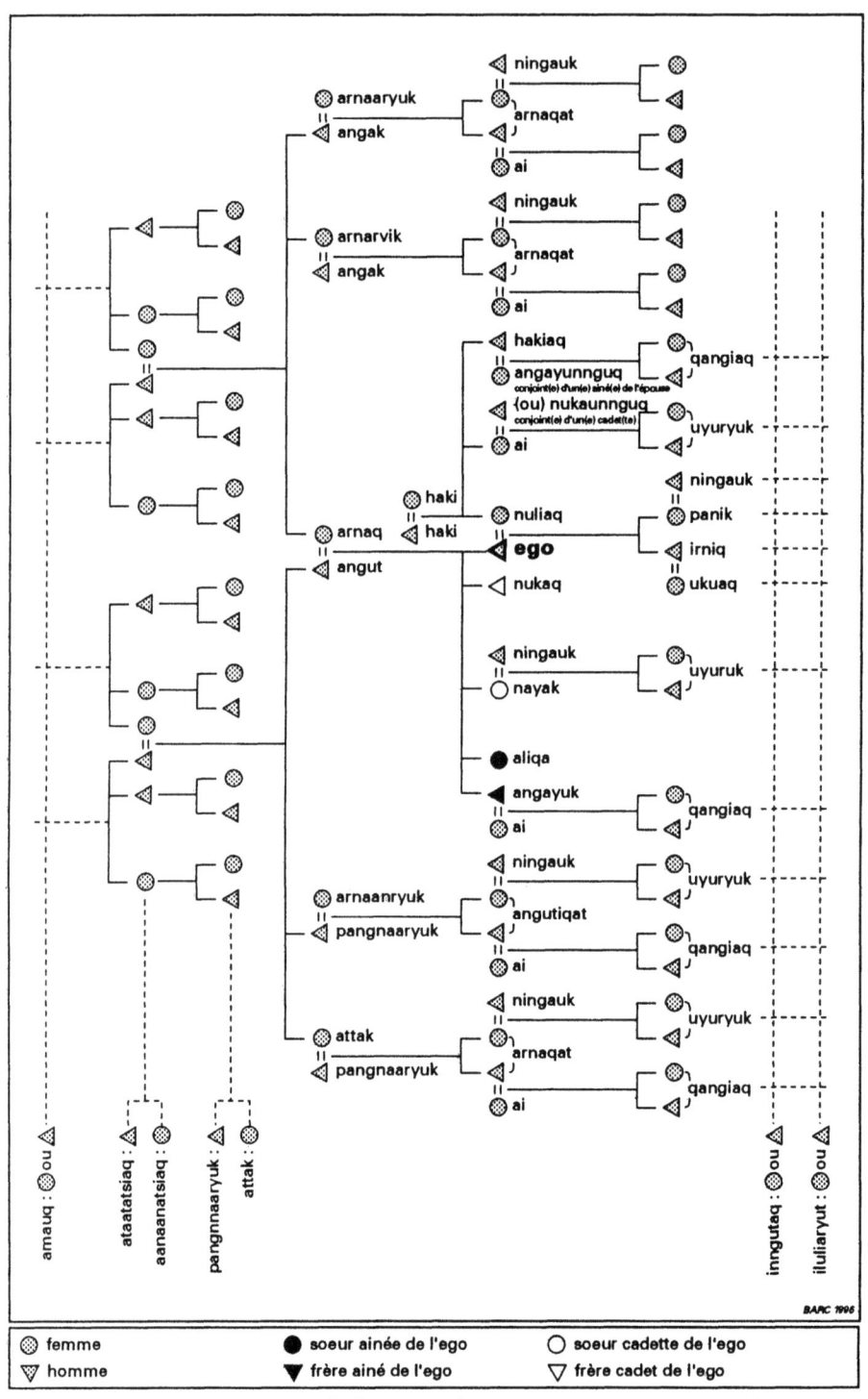

Fig. 24a : Termes principaux de la parenté en inuinnaqtun, ego masculin (d'après D. Damas, 1984)

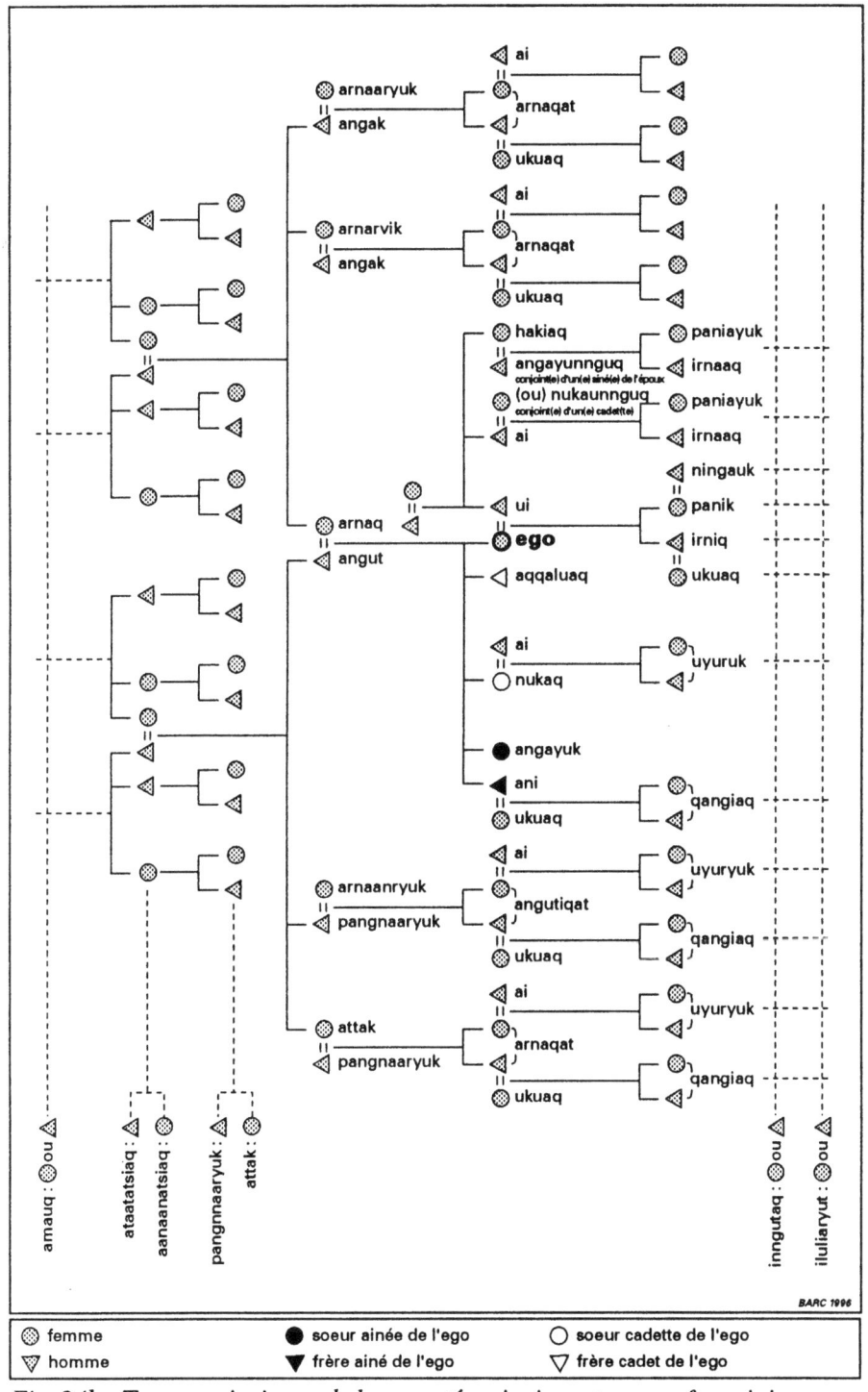

Fig. 24b : Termes principaux de la parenté en inuinnaqtun, ego femminin (d'après D. Damas, 1984)

Chapitre 5

Il faut encore ajouter les termes qui s'appliquent aux membres de la famille adoptés de l'extérieur, ainsi que ceux qui qualifient les nombreux types de partenariats par lesquels deux individus qui ne sont pas parents peuvent être liés. La multiplicité des noms auxquels peut avoir à répondre quotidiennement un même individu place d'emblée son identité sous le signe de la contingence.

A cela, s'ajoute le rapport complexe que chacun entretient avec son nom propre et qui participe aussi d'un processus visant à donner à chacun une place précise - la multiplicité n'est qu'une apparence - dans le corps social. Dans les cultures eskimo, les enfants sont nommés en référence à une personne[20] le plus souvent décédée, dont ils héritent des qualités en même temps que du nom. L'âme du mort revit en eux et son esprit les protège. Il peut aussi arriver qu'il leur veuille du mal, auquel cas le nom est changé[21]. A cause de son nom, jusque tard dans la vie, une personne est considérée non pour elle-même mais en référence à la relation qui existait de son vivant entre celui ou celle dont elle porte le nom et la personne qui parle[22]. Ainsi, un fils portant le nom de sa grand-mère paternelle sera appelé "ma mère" et non pas "mon fils" par son père, "ma belle mère" par sa mère, "ma sœur (aînée ou

---

20 Dans certains groupes, notamment au Keewatin, l'enfant reçoit plusieurs noms qui peuvent être ceux de personnes vivantes. Chez les Inuinnait, la règle est qu'il n'en a qu'un seul, qui est toujours celui d'un défunt. Cependant, depuis une dizaine d'années, une nouvelle tendance se dessine, où le nouveau né se voit donner le nom d'un Ancien encore vivant, en signe d'hommage et parfois, aussi, plusieurs noms.

21 Cela s'est produit à Holman en octobre 1991, pour une petite fille hémophile de cinq ans. Comme la médecine occidentale ne parvenait pas à la guérir, ses parents pensèrent que c'était peut-être ce qu'on appelle aujourd'hui son "nom eskimo" qui la faisait sciemment souffrir. Alors que l'enfant était une fois de plus hospitalisée à Yellowknife, ils demandèrent donc à une femme d'Holman hospitalisée au même moment de changer son nom. Au retour de la petite au village, tout le monde reçut la consigne de l'appeler désormais par son nouveau nom et de ne plus jamais employer l'ancien, afin que l'esprit de ce dernier ne puisse retrouver sa victime.

22 A Holman, en juillet 1992, un homme de 30 ans s'est noyé. Conçu lors d'un échange conjugal entre partenaires de chasse, il était traité comme membre à part entière des deux familles et bien qu'élevé dans le foyer de sa mère, ses demi-frères et demi-sœurs par le père ne l'appelaient jamais que "mon frère". En août 1992, une de ses nièces (fille d'une de ses demi-sœurs aînées, par le père) accoucha d'un garçon. Aussitôt, l'enfant reçut en second prénom anglais et, surtout, en "nom eskimo", celui de son oncle disparu. Depuis sa naissance toute la famille de la mère du nouveau-né n'appelle ce dernier que par son second prénom anglais et, plus souvent encore, par le terme qui désignait leur relation avec le disparu dont il porte le nom : "mon oncle", "mon frère", "mon fils", etc.

cadette)" par ses grands oncles, etc. De plus, chez l'enfant, gestes, attitudes et caractère sont interprétés comme ceux du décédé dont il porte le nom. Enfin on considère que les personnes nommées en référence au même individu sont également liées entre elles, ce qui accroît encore le cercle des relations[23].

Comme pour les mots, on retrouve l'idée que, à la limite et pour grossir le trait, les individus - comme les lieux - n'existent pas tant qu'on ne peut les mettre en relation avec d'autres personnes, lieux, choses... Pour les Inuit, il est presque impossible de communiquer avec une personne avec laquelle aucune relation préalable n'existe. Heureusement, toutes les formes de vie procèdent des Inuit (voir page 86), ce qui permet de toujours trouver un lien, aussi lointain soit-il. Même les *Qallunaat* (les Blancs) sont de très lointains parents, puisqu'ils sont issus des enfants-chiots de la fille qui refusait tous les maris et que son père maria avec un chien. Mais la parenté est tout de même très éloignée et suffit tout juste à assurer l'humanité de ces êtres étranges. Encore aujourd'hui, il est très difficile d'arriver dans un village inuit sans être recommandé par d'autres Inuit ayant des parents dans cette communauté[24].

Un tel système social est aussi, nécessairement, marqué par la subjectivité, puisque le statut des personnes est toujours déterminé par le point de vue de celui qui parle : l'identité est mobile, fragile et contingente. On retrouve ainsi dans l'organisme social les trois catégories déjà identifiées pour la géographie et la langue : subjectivité, relativité et "relationnalité".

---

[23] Cela explique la joie d'une de mes amies lorsqu'elle découvrit que nous avions en commun notre second prénom anglais : Mary et Myriam. Enfin, elle pouvait établir une relation vraiment significative avec moi, j'entrais désormais sans usurpation dans le cercle familier de la parenté fictive, notre amitié ne posait plus de problème.

[24] Lors de mon année de terrain, le soin avec lequel les Inuinnait d'Holman me recommandaient d'aller voir leurs parents habitant les autres villages où je devais me rendre et, plus encore, la lumière qui éclairait les visages de ces inconnus lorsque je citais le nom d'un cousin, d'une lointaine tante, etc., illustraient à merveille à quel point il est important de montrer que l'on appartient à un cercle relationnel commun, aussi ténue soit l'attache. Dans le petit village d'Umingmaktok en particulier, le fait que peu après mon arrivée je demandai qui était la tante de David A. - qui me chargeait de la saluer - fut déterminant. L'atmosphère plutôt froide devint aussitôt extrêmement chaleureuse.

CONCLUSION

C'est donc par trois catégories opératoires que se pense, s'appréhende et se comprend le territoire, que s'élabore et s'organise le savoir qui le concerne et, au-delà même du savoir, une sagesse géographique. Ces catégories sont opératoires dans l'ensemble du système cognitif inuinnait. Au terme d'une exploration qui a dû s'élargir à d'autres domaines moins familiers du géographes, géographie, langue et système social apparaissent comme formant ensemble le diagramme organisateur de la culture inuinnait. Ces trois champs sont liés par une relation interactive qui se saisit dans l'identification des catégories opératoires qui leur sont communes : la "relationnalité", la relativité et la subjectivité. Dans le système ainsi reconstruit, le savoir géographique est placé au centre de la structure profonde de la culture des Inuinnait, aux côtés de la langue et de l'organisation sociale.

On peut s'interroger sur la validité de ce diagramme pour les cultures eskimo dans leur ensemble. Les constatations de plusieurs observateurs à propos de la perception de l'espace d'autres groupes, l'unité de la structure linguistique et, dans ses grandes lignes, de l'organisme social, poussent à répondre par l'affirmative. Le travail effectué pour les Inuinnait plaide en faveur d'une reconnaissance de la pensée géographique comme l'une des pièces maîtresses par lesquelles s'est maintenue l'unité d'un peuple dispersé depuis sans doute plus d'un millénaire sur des milliers de kilomètres, des rives sibériennes du détroit de Béring au Groenland.

On ne saurait pourtant s'arrêter ici, car ce serait se limiter à une étude historique. Les changements intervenus dans la vie des Inuinnait depuis leur sédentarisation ont aussi touché leur savoir géographique, dont l'évolution contemporaine peut maintenant être mieux comprise.

(d'après Anaginak, Holman)

Chapitre 6

Mutations contemporaines et savoir géographique

A partir de la sédentarisation, une coupure sépare rapidement le village du "territoire". L'idée de territoire est étroitement liée à celle de la vie "traditionnelle", celle des camps et des activités cynégétiques, celle des Inuit. Les villages sont au contraire associés à l'idée de la vie "moderne", de plus en plus proche du modèle culturel nord-américain, celle des *Qallunaat*. Les Inuinnait eux-mêmes soulignent cette opposition : il y a la vie *"on the land"* et la vie *"in town"*. Leur vie contemporaine s'inscrit dans cette dualité, dans une tension permanente entre deux cultures qui est marquée dans l'espace géographique lui-même.

Cependant, s'ils sont les premiers à reconnaître que ces deux mondes sont sur bien des points à l'opposé l'un de l'autre, ils ne les considèrent pourtant pas comme irréconciliables. Le défi d'aujourd'hui n'est pas pour eux de choisir entre les deux, mais de trouver la voie moyenne d'une ouverture sur un monde plus large, par l'adaptation de traditions qui gardent leur sens et par l'adoption de nouveaux comportements, l'intégration de traditions allogènes. Plutôt qu'une conciliation, ils semblent plutôt chercher à trouver un équilibre à l'intérieur d'un monde duel accepté comme tel. Cette réaction est elle-même en parfaite conformité avec la culture eskimo, qui est fondée pour une bonne part sur l'association des contraires. Le cycle annuel de l'occupation du territoire reposait sur le principe de l'alternance entre deux éléments (terre et mer) opposés à un point tel qu'il était tabou de les mélanger (voir note 15, page 36) ; tout comme la vie sociale était rythmée par un balancement entre isolement et regroupement des maisonnées (voir page 40 et suivantes). Dans le même ordre d'idée, M. Therrien avance que :

> "Si tradition et transition peuvent cohabiter, cela vient sans doute de ce que les Inuit témoignent d'une remarquable aisance à apparier des valeurs en apparence contradictoires. [...] La société valorise à la fois la violence sur un terrain de chasse où, pour abattre le gibier, l'homme doit l'affronter et la non-violence des relations interpersonnelles qui se fondent sur le respect de l'autonomie de l'autre. On attend d'une personne qu'elle se montre *attanaittuq*, [...]

Chapitre 6

> capable d'assurer son bien-être en toute indépendance, tout en éprouvant simultanément des sentiments protecteurs à l'égard de l'entourage." (Therrien, 1995 : 251)

Tout comme, analysant la mythologie eskimo, X. Blaisel souligne que :

> "Là où l'idéologie inuit donne à voir une limite qui assure la cohésion de l'ensemble des idées-valeurs, elle présente cette propriété de maintenir à son sommet un indécidable qui la rend flexible et continûment ouverte. Il est possible, à la fois, d'ouvrir la voie aux transformations de l'idéologie coutumière et de transmettre la tradition." (Blaisel, 1995 : 316)

C'est dans cette dynamique que s'inscrit une évolution actuelle qu'il demeure difficile de qualifier. Le terme de rupture est sans doute trop tranché, manichéen, pour rendre compte des changements culturels en cours depuis les années cinquante - soixante, tout comme l'acculturation tant dénoncée est sans doute plus une acquisition de nouvelles traditions qu'une perte des anciennes, même si une partie de ces dernières tend à disparaître car elles n'ont plus d'usage. La mutation n'en est pas pour le moins profonde et son issue demeure incertaine. Quel sera le degré de continuité entre la société inuinnait décrite par D. Jenness et K. Rasmussen au début de ce siècle et celle du siècle prochain ? Il est bien difficile de répondre pour l'heure. On ne peut que souligner la complexité d'une situation où, dans le même temps, on constate la disparition de la quasi-totalité des traits matériels de la culture traditionnelle ainsi que l'abandon - en Arctique occidental - de l'*inuktitut* comme langue vernaculaire tout en observant la persistance des valeurs profondes de l'idéologie inuit et l'acquisition d'une autonomie de gestion des territoires qui bouleverse le rapport de force entre les Inuit et les *Qallunaat*.

Comme l'ensemble de la culture, le savoir géographique est affecté par ces mutations. Parce qu'il occupait une place centrale dans la culture traditionnelle, l'analyse de son évolution actuelle est un bon indicateur de celle de la société dans son ensemble. Les dynamiques que l'on peut repérer en ce domaine aident, avec d'autres, à la compréhension globale du processus de redéfinition de la culture et de l'identité inuit en cours dans l'arctique nord-américain. Si tous les Inuit vivent aujourd'hui la même mutation, leurs réactions ne sont pas partout semblables et il est dans l'immédiat hasardeux de généraliser à partir d'observations locales. L'unité culturelle des Inuit va-t-elle même se maintenir dans le siècle prochain ? Pour l'heure, les *Inuvialuit* et les Inuinnait semblent prendre une direction différente de celle de leurs voisins plus orientaux, mais les attitudes changent très vite. Ce qui est présenté ci-dessous ne concerne donc que les Inuinnait et il n'est pas exclu que les tendances de la première moitié des années quatre-vingt-dix soient renversées prochainement. Au printemps 1996, elles semblaient cependant s'affirmer.

UNE SOCIETE AUJOURD'HUI EN PROFONDE MUTATION : LA FIN DES CHASSEURS

Jusqu'au milieu des années soixante-dix, les Inuinnait ont vécu dans leurs nouveaux villages plus comme dans une salle d'attente que comme dans un lieu d'enracinement, la vraie vie se trouvant sur le territoire, dont les villages ne faisaient pas partie (voir page 42). Trois facteurs ont précipité la fin de cette période de transition : l'adoption des motos-neige, la multiplication des emplois salariés et l'interdiction d'importation de peaux et de biens manufacturés en peau de phoque votée par le Parlement européen en 1983.

L'adoption des motos-neige

Au début des années soixante-dix, les Inuinnait comptaient encore tous sur les attelages de chiens pour tirer leurs traîneaux. A la fin de la décennie, les huskies ne servaient plus qu'à promener des touristes attachés à l'image de l'Eskimo vêtu de fourrures, vivant dans un iglou et réservant à ses chiens le meilleur de son attention. L'exemple d'Holman illustre la rapidité du processus. A la fin des années soixante, on y compte 3 motos-neige : une pour chacune des deux missions (Anglicane et Catholique) et la dernière pour la Gendarmerie Royale. En 1972, deux Inuit en achètent chacun une. En 1977, tous les foyers comptant au moins un chasseur actif en possèdent une et il ne reste plus que deux attelages de chiens de traîneaux. En 1978, à l'initiative de l'Association des Chasseurs et Trappeurs, 14 huskies sont envoyés à Holman afin que la race ne disparaisse pas de la région. En 1992, on comptait dans ce village sept équipes de chiens de traîneaux régulièrement entraînées, quatre à Coppermine et aucune à Cambridge Bay, Umingmaktok et Bathurst[1].

---

[1] Au début des années quatre-vingts, les représentants des sections arctiques de l'Association des Chasseurs et Trappeurs décident que les chasses à l'ours polaire organisées pour les amateurs de trophées devront obligatoirement utiliser des traîneaux tirés par des chiens, afin de répondre aux attentes de ces touristes fortunés. Dans la région, Holman a toujours été la communauté la plus impliquée dans cette activité très lucrative.

Le remplacement des chiens de traîneaux par les motos-neige a certainement été l'un des bouleversements les plus profonds vécus par les Inuit depuis le début du siècle. En effet, il a modifié fondamentalement l'équilibre techno-économique des périodes précédentes. Au quotidien, l'abandon des chiens se marque par la libération soudaine d'un temps passé autrefois à les soigner et les nourrir d'une part, à maintenir en état le matériel lié à leur utilisation (harnais, longes, etc.) d'autre part, soit plusieurs heures par jour. Il faut y ajouter la baisse notable des besoins en viande des ménages, puisque le chasseur devait auparavant non seulement nourrir sa famille mais aussi son attelage. La disparition de celui-ci réduit de près des deux tiers la consommation quotidienne de la cellule familiale, donc le temps passé à chasser pour se procurer cette nourriture. Non seulement les besoins alimentaires des familles diminuent mais ils peuvent désormais évoluer plus rapidement. Les chiens étaient principalement nourris avec de la viande de phoque en raison de ses qualités énergétiques, nettement supérieures à celles du caribou et plus encore du poisson. Les chiens disparus, les chasseurs abandonnèrent d'autant plus facilement la chasse au phoque lorsque, au tournant des années quatre-vingts, la chute des prix la rendit économiquement non rentable (voir page 189). Le goût pour cette viande s'est peu à peu perdu et les Inuinnait des années quatre-vingt-dix n'en consomment presque plus. Ils lui préfèrent le caribou, le bœuf musqué et, de plus en plus, le poulet frit et les *hot-dogs* et hamburgers congelés pré-assaisonnés du magasin local.

Par ailleurs, le passage de la traction animale à la traction mécanique en hiver affecte sensiblement la mesure pratique de la distance : le temps. La moto-neige permet d'aller plus loin dans un laps de temps équivalent : elle agrandit donc le territoire accessible depuis chaque localité. Grâce à elle, des régions éloignées des lieux de sédentarisation peuvent théoriquement être à nouveau exploitées, puisque la machine réduit la distance relative qui les sépare des villages. La portée des déplacements de chasse mais aussi de sociabilité s'accroît donc. Ce nouveau rapport entre la distance et le temps touche aussi le rythme des déplacements. Parce que l'on va plus vite, les étapes intermédiaires entre le lieu principal d'habitation et chaque zone d'activités cynégétiques cessent d'être fréquentées pour la plupart d'entre elles, ce qui change la perception de l'espace. Cette modification de la mesure de la distance touche aussi le territoire estival, du fait de l'utilisation de moteurs hors-bord de plus en plus puissants à partir du début des années quatre-vingts et de l'adoption dans cette décennie des motos tout terrain (à quatre roues) sur lesquelles se traverse désormais la toundra.

Enfin l'adoption des motos-neige accroît brusquement et substantiellement les besoins monétaires des chasseurs (Müller-Wille, 1978 ; Smith, 1979-80 ; Smith et Wright, 1989). Il leur faut non seulement acheter la machine mais encore l'essence qui la fait avancer et les pièces détachées qui permettent de maintenir en état un équipement fragile[2].

L'adoption de ce nouveau moyen de traction a offert aux Inuit des conditions nouvelles d'exploitation du territoire, notamment par la possibilité de pratiquer à nouveau des activités cynégétiques dans des zones éloignées abandonnées après la sédentarisation (Usher, 1972 ; Wenzel, 1986 et 1991). Il n'en est pas moins vrai que l'introduction de ce nouveau mode de locomotion était en soi une véritable révolution culturelle pour les Inuit. Un pan entier de leur culture a disparu en même temps que les chiens, et les nouvelles données du rapport distance - temps ont bouleversé les itinéraires, les modes de déplacement et, plus généralement, le rapport à l'espace. Il appartenait aux Inuit de fixer l'usage de ce nouvel outil. Alors que, sur la côte orientale de la Terre de Baffin, ils en ont profité pour étendre leur territoire de chasse en réinvestissant des régions lointaines[3] ; les Inuinnait ont tendu à exploiter d'abord la vitesse. Ils ne vont pas plus loin qu'auparavant mais ils ne s'arrêtent plus aux lieux d'étape traditionnels et multiplient les allers et retours entre camp de chasse et village. Aussi la moto-neige a-t-elle été surtout, pour eux, l'un des instruments du passage à une vie de plus en plus centrée sur le village à partir des années quatre-vingts.

La multiplication des emplois salariés

A la fin des années soixante-dix, la multiplication des emplois salariés permanents a bouleversé à son tour la société inuinnait. Jusqu'alors, il n'y avait dans les villages que très peu d'emplois disponibles. La plupart étaient saisonniers, tels le déchargement des biens lourds apportés chaque été par voie maritime, ou la construction de maisons pour le compte de l'organisme gouvernemental *Housing* (l'équivalent de nos sociétés H.L.M.). Le magasin local de la Compagnie de la Baie d'Hudson employait bien un ou deux commis, mais le plus souvent à temps partiel. Par ailleurs, depuis le milieu des années soixante, les Inuit trouvaient dans la vente aux coopératives

---

[2] Les pannes, fréquentes, sont dues à la conjonction d'une utilisation intensive de machines conçues d'abord dans la perspective d'un emploi ludique dépassant rarement quelques heures par jour, voire par semaine et des conditions très rigoureuses auxquelles elles sont soumises : températures extrêmes et terrain très rocailleux, souvent insuffisamment recouvert d'une couche de neige trop mince.

[3] Communication personnelle de G. Wenzel, 1992.

Chapitre 6

locales[4] d'œuvres d'art[5] et de petits objets cousus main une source non négligeable de revenus, qui complétaient ceux de la trappe (fourrures de renards blancs) et de la chasse (peaux de phoques). Les coopératives n'offraient cependant pas d'emplois stables, car elles ne voulaient pas favoriser la fixation des Inuit dans les villages et les détourner d'une vie semi-nomade qui semblait, à l'époque, viable.

Les emplois salariés se développent à la fin des années soixante-dix et au début des années quatre-vingts, d'abord sous l'effet de la décentralisation de l'administration territoriale. Les villages accèdent au rang de *Hamlet*, c'est-à-dire de municipalité[6], ce qui implique l'embauche sur place d'un certain personnel : secrétaire de mairie, agent de police municipale chargé de faire respecter les décrets municipaux, standardiste, femme de ménage, etc. Afin de partager les revenus ainsi offerts, un poste est souvent réparti entre deux ou trois salariés à temps partiel. Face à cette nouvelle mutation, les coopératives changent de politique et créent à leur tour des emplois permanents, tout comme les branches locales des magasins de la Compagnie de la Baie d'Hudson[7]. Après une première stabilisation vers 1983-84, les emplois se multiplient à nouveau à la fin de la décennie. Cette seconde phase est surtout marquée par l'augmentation des postes à temps complet et le déclin de la

---

4 Au début des années soixante, un réseau de coopératives se met en place dans l'Arctique canadien afin de favoriser la production d'objets pouvant être commercialisés dans le Sud du pays et même à l'étranger. Dès le départ, les Inuit en sont les principaux actionnaires. Ce réseau a joué un rôle très important dans les économies locales ainsi que dans la formation d'une élite dont la plupart des représentants politiques Inuit sont aujourd'hui issus.

5 Dessins dont on fait des lithographies et sculptures sur stéatite, os ou andouiller. Ces œuvres sont présentées dans des galeries d'art spécialisées, en Amérique du Nord mais aussi en Europe et au Japon. A l'échelle du monde, une petite communauté active d'amateurs et de collectionneurs encourage la poursuite de ces productions et la naissance de nouveaux artistes Inuit.

6 Sauf Umingmaktok et Bathurst, où il n'y a d'ailleurs aucun emploi permanent à temps plein encore aujourd'hui.

7 En 1987, la Compagnie a vendu la branche arctique de ses magasins, la seule rentable, afin de se renflouer. Dans le Sud du Canada, elle est devenue simplement *La Baie*. Dans le Nord, *Northern Stores* a racheté l'ensemble du réseau.

pratique du partage des emplois, sauf dans les coopératives[8]. A partir de 1991 le Canada entre dans une crise économique profonde qui se fait aussi sentir en Arctique, où le mouvement de création de nouveaux emplois s'arrête brusquement.

Les salaires réguliers apparaissent en Arctique central au moment même où les besoins monétaires s'accroissent brusquement du fait de l'adoption des motos-neige. C'est d'abord pour pouvoir poursuivre leurs activités cynégétiques qu'une partie des Inuit sont devenus des salariés, astreints à des horaires et des rythmes de travail rigides et réguliers. Aujourd'hui, dans la plupart des villages, les chasseurs les plus actifs sont souvent aussi les salariés aux plus hauts revenus, parce qu'eux seuls sont à même de maintenir en état un équipement coûteux. Nombre de chômeurs ne peuvent se tourner vers les activités cynégétiques car, même s'ils possèdent un véhicule (moto-neige, bateau et moteur hors bord, moto tout terrain), ils n'ont pas les moyens d'acheter l'essence qui leur permettrait de partir. Ils ne peuvent compter que sur la solidarité familiale - qui reste très forte - pour acheter du carburant et souvent aussi pour disposer d'un véhicule, ou encore sur le poker, mode particulier et très en vogue de redistribution des richesses[9].

Au début des années quatre-vingt-dix, le travail salarié a imposé son rythme à l'ensemble des Inuinnait, y compris à ceux qui sont sans emploi. Salariés ou non, ils sont devenus des chasseurs de fin de semaine, mis à part les Anciens. Par conformisme social, même le chômeur qui en a les moyens préfère aujourd'hui chasser ou pêcher le week-end. Quant à la trappe, elle n'est presque plus pratiquée par ces générations. L'apparition de chômeurs est en soi une révolution culturelle dans une société où il y a encore vingt ans personne n'avait d'emploi mais tout le monde avait une activité.

---

8 A titre d'exemple, Holman (400 habitants) comptait, à l'automne 1992, 57 emplois à plein temps (dont 23 pour la seule municipalité) et 33 à temps partiel, auxquels il faut ajouter 15 emplois assurés par des Euro-canadiens mais dont 3 ou 4 auraient pu être occupés par des Inuit.

9 Une femme d'Umingmaktok m'a ainsi expliqué que jamais son époux n'a acheté de moto-neige. Il les a toujours gagnées au poker, de même que la plupart des biens de consommation qu'ils possèdent : minichaîne HI-FI, appareil photo, etc. Son mari n'est pas un joueur régulier, ce qui lui évite de reperdre trop vite ce qu'il gagne, contrairement à ce qui se passe pour la plupart des joueurs de Coppermine et Cambridge Bay. Dans ces deux localités, il se tient chaque soir des parties de poker dans quatre ou cinq maisons différentes, où hommes et femmes de tous ages (de 15 à 70 ans) se retrouvent indifféremment. A Holman, les parties sont moins fréquentes et plus ludiques, le cercle des joueurs se limite à une quinzaine de jeunes adultes (hommes et femmes de 20 à 30 ans) et les sommes en jeu restent habituellement modestes (entre 50 et 100 $ can.).

Chapitre 6

Chronique d'une journée ordinaire d'un adolescent

Suivons un jeune de 16 ans, qui n'est plus tenu d'aller à l'école. Il se lève dans l'après-midi, entre 14 et 17 heures. Il déjeune de corn-flakes ou de toasts en regardant la télévision ou en jouant sur sa console *Nintendo,* puis il sort faire un tour dans le village. Il retrouve ses amis et, ensemble, ils vont du magasin *Northern Stores* à la Co-op, en flânant dans la rue (sauf s'il fait trop mauvais). A Holman, il va faire un tour à la cafétéria de l'hôtel, à Coppermine, il allait au snack-bar mais celui-ci a brûlé en 1991. La bande déambule dans les rues, va d'une maison à une autre. Le groupe se fait et se défait au hasard des rencontres, salue les passants, raconte des blagues.

A 18 heures, les magasins ferment et chacun rentre chez soi. C'est l'heure du dîner, comme partout ailleurs au Canada. On regarde les séries télévisées tout en mangeant. Le menu consiste, selon les jours et les familles, en un plat de caribou ou de bœuf musqué, ou bien en hot-dogs, poulet précuit et autres plats tout préparés, achetés en boite ou congelés au magasin. La part des repas composés de viande de provenance locale augmente avec l'âge des parents.

Déjà il est 19 heures, l'heure d'aller au gymnase ou à la patinoire pour jouer ou simplement regarder les autres. L'adolescent y retrouve amis et nombreux parents, mais rares sont les plus de 35 ans. A Coppermine et Cambridge Bay, il peut en outre aller faire un tour dans la salle de jeux électroniques ouverte par des Euro-canadiens dans les années quatre-vingts. A 22 heures, les moins de 16 ans sont renvoyés chez eux : ils doivent se lever le lendemain pour aller à l'école et les règlements de police municipale leur interdisent, pendant l'année scolaire, de fréquenter bâtiments et voies publics passée cette heure fatidique. Vers minuit, tous les lieux de récréation ferment.

Par petits groupes, les jeunes se dirigent alors vers la maison d'un célibataire sans-emploi, d'un jeune couple, ou vers le domicile familial de l'un d'entre eux. La "journée" commence à peine. S'il fait beau on flâne dans les rues, en hiver comme en été. Dans les maisons, on allume la télévision ou l'on met le magnétoscope en route, à moins que ne commence une longue partie de cartes. En même temps que celle-ci se déroule, on joue à tour de rôle sur une console *Nintendo.* Ainsi passe la nuit. De petits groupes entrent et sortent, vont d'une maison à une autre pour voir qui fait quoi.

Si les adultes sont occupés à boire (notamment en fin de semaine), on attend 4 ou 5 heures du matin pour s'amuser à les regarder rentrer chez eux en titubant. On rit mais on s'inquiète aussi : pourvu qu'il ne leur arrive rien. Peut-être y aura-t-il une bagarre à regarder de loin ? A moins que notre adolescent ait dérobé une bouteille et se saoule dans une cachette avec quelques autres. Souvent aussi, il fume du *haschisch* ou de la *marijuana* avec ses amis. Enfin, entre 4 et 8 heures, il rentre chez lui. Dans sa chambre, il se couche, allume la télévision et s'endort... On est bien loin de la vie à *Tatiik,* dont il rêve peut-être.

Les conséquences de l'interdiction d'importation des peaux de phoque par la C.E.E.

Les deux phénomènes analysés ci-dessus portaient en eux-mêmes les germes d'une évolution vers une sédentarisation de plus en plus marquée des Inuinnait. Cependant, on ne peut négliger l'impact de l'interdiction d'importation de peaux et de biens manufacturés en peau de phoque par la C.E.E., à la suite des campagnes de groupes de pression opposés à la chasse au phoque. Votée au Parlement européen à titre provisoire pour une période de deux ans en octobre 1983[10], elle fut reconduite à titre définitif le 27 septembre 1985.

Ces campagnes souvent prises un peu à la légère en France - car associées à certaine actrice recyclée dont la nouvelle vocation fait sourire - ont eu des conséquences graves pour les Inuit. Depuis l'introduction des biens de consommation d'origine allogène - dans les années vingt pour les Inuinnait -, ils avaient trouvé dans la vente de fourrures et de peaux le moyen de maintenir une relation d'échange à peu près égal avec le monde Occidental. Le système leur permettait de garder une certaine indépendance, en dépit d'aides gouvernementales déjà importantes à la fin des années soixante-dix. Les campagnes des associations de défense des droits de animaux ont mis un terme à ce fragile équilibre. Le boycott européen a aboli tout espoir de remontée des prix des peaux de phoque et entraîné la chute des prix de toutes les autres peaux et fourrures (Wenzel, 1991). Ces mêmes associations se sont d'ailleurs depuis lancées dans la lutte contre les activités de piégeage, avec pour résultat une baisse accrue du prix des fourrures.

Les Inuit ont définitivement perdu en 1985 l'unique monnaie d'échange qui leur permettait de s'adapter à de nouvelles conditions techno-économiques tout en restant fidèles aux racines de leur culture. La C.E.E., sans vraiment le comprendre, a condamné les chasseurs de l'Arctique nord-américain au chômage. Elle a détourné des activités cynégétiques comme mode de vie les derniers jeunes Inuit encore techniquement capables de poursuivre cette tradition[11]. Il est désormais impossible à un chasseur de maintenir son équipement avec les revenus de son activité principale. Il doit

---

10 Résolution 83/129/E.E.C.

11 A Holman, en 1986, sur 30 jeunes hommes âgés de 12 à 19 ans, 7 avaient la ferme intention de devenir des chasseurs à plein temps. En 1991, tous avaient renoncé et aucun adolescent ne déclarait plus vouloir devenir chasseur - trappeur.

Chapitre 6

pour cela compter sur l'assistance du gouvernement[12], ou sur l'aide d'un parent salarié, ou encore, devenir salarié lui-même.

VERS UNE ATOMISATION DU SAVOIR GEOGRAPHIQUE ?

L'état du savoir géographique peut-être appréhendé à partir de deux questions. D'une part, où en est la pratique, d'autre part, où en est la transmission ? La situation diffère grandement selon les générations. Celle des adultes qui ont grandi au rythme du nomadisme de l'alternance saisonnière et vivent aujourd'hui en sédentaires (les 35 - 55 ans) n'a que peu à voir avec celle de ceux qui les suivent, nés depuis le tournant des années soixante et élevés dans un contexte de sédentarisation de plus en plus poussée (les moins de 35 ans). Les Anciens (plus de 60 ans), quant à eux, ne se résolvent à la sédentarité que lorsque leur état de santé les y oblige et, dans les villages, ils continuent de vivre d'abord selon leurs valeurs, n'ayant que très peu intégré celles de la culture euro-canadienne ou, plus largement, occidentale.

Transformation du rapport au territoire : de nouvelles pratiques

Les Inuit décrivent souvent leur vie contemporaine par les cinq traits suivants : le travail de bureau, avec ses horaires fixes ; la vie dans une maison ; la sédentarité, l'immobilité de la communauté ; l'apparition des activités de loisirs, notamment du sport ; la division de la population adulte en deux groupes, les travailleurs (salariés pour la plupart) et les chômeurs. La sédentarisation, accrue à partir de la fin des années soixante-dix, a notamment entraîné une modification profonde des rythmes de la vie quotidienne. Celle-là est devenue routinière, soumise à des horaires réguliers imposés de l'extérieur, alors qu'autrefois l'indépendance de chacun et la nécessaire attention aux changements rapides des conditions météorologiques faisait de chaque jour une journée particulière. Tout cela a contribué à changer le rapport au territoire.

---

12 En plus des multiples subventions dont bénéficient les Inuit, les adultes sans emploi et sans assurance chômage touchent tous les quinze jours un chèque d'aide sociale dont le montant est proportionnel à la taille de la cellule familiale. Les plus de 60 ans perçoivent, eux, une pension semblable à notre minimum vieillesse.

La fréquentation de ce dernier a fortement baissé. Ce ne sont plus les conditions météorologiques saisonnières et quotidiennes qui rythment la vie du chasseur, mais ses horaires de bureau. De sorte que les activités cynégétiques sont limitées aux fins de semaines ainsi que, au printemps et en été, aux soirées. Cependant, les activités villageoises (pratiques de divers sports pour les adolescents et jeunes adultes, soirées dansantes avec vente de bière toutes les trois à cinq semaines environ pour les plus de 19 ans[13]) et les programmes de la télévision (notamment les retransmissions de matchs de hockey sur glace) exercent une forte concurrence dans l'organisation de ces journées de repos. Or, le mauvais temps ignore ce calendrier, ce qui réduit d'autant les journées pendant lesquelles toutes les conditions sont réunies pour que le territoire soit exploité.

Les déplacements des adultes (Anciens exclus) s'organisent désormais comme suit. Un homme décide avec un autre (parent, ami) d'aller chasser pendant deux ou trois jours, parce que ses réserves en viande (en caribou surtout) s'épuisent. On décide quelques jours à l'avance de partir la prochaine fin de semaine, s'il fait beau. Les sans-emploi choisissent en général la première qui vient après le jour où ils touchent "l'aide sociale". Le matin du départ, on se lève assez tôt et l'on part, en direction d'un lieu précis où le camp sera monté. Pendant le trajet, on va au plus vite, sans chercher de gibier. Arrivé au camp, on monte les tentes et l'on commence à tourner dans les environs à la recherche de caribous ou de bœufs musqués. Durant un ou deux jours, les alentours sont sillonnés intensément, mais dans un rayon assez faible (d'une vingtaine de km) autour du camp. Ensuite, on retourne chargé au village, le plus vite possible, en ne s'arrêtant que pour prendre un thé rapide. Au retour, on est fier de sa chasse et, plus encore, de la rapidité avec laquelle on a effectué le trajet et reconstitué son stock de viande.

Les adolescents, dans leur immense majorité, perçoivent d'abord le territoire comme un espace de loisirs, où les activités cynégétiques sont avant tout un amusement. Il en résulte qu'elles ne se pratiquent que dans les meilleures conditions, lorsqu'il fait beau, doux et que les jours sont longs. En

---

13 La "*beer dance*" repose sur un principe simple : le ticket d'entrée - 40 à 50$ can. en 1992 - comprend l'octroi de 4 canettes de bière de 33cl, qui doivent être consommées dans les 4 heures que dure ce bal. En théorie il n'est pas possible d'acheter des canettes supplémentaires mais, dans la pratique, cela se fait systématiquement, de sorte que ces soirées tournent vite à la saoûlerie collective, à laquelle participent pratiquement tous les habitants majeurs de la communauté (la loi interdit la vente d'alcool aux moins de 19 ans dans les Territoires du Nord-Ouest). Pratiquées dans tous les villages inuinnait et *inuvialuit*, elles sont apparemment inconnues plus à l'Est.

fait, les jeunes sortent très peu de leurs villages. Les déplacements sur le territoire sont rares et certains jeunes adultes n'ont jamais de leur vie vu un caribou vivant ! Aller camper signifie pour eux s'amuser, courir après les bœufs musqués, lancer des lignes de pêche dans tous les lacs, tirer sur les rochers à défaut de caribous, etc. La vie au camp est toujours menacée par l'ennui, qui a tôt fait de s'imposer après quelques jours. Il convient donc de s'équiper en conséquence : un jeune ne part jamais sans son baladeur et son *gameboy*, et les séjours sur le territoire ne dépassent en général pas quatre jours, la plupart se limitant à une journée[14]. De plus, on ne s'éloigne pas trop du village - rarement plus de 30 km -, pour pouvoir y retourner rapidement et souvent mais, aussi, parce que ces jeunes savent qu'ils seraient incapables de retrouver le chemin du retour s'ils quittaient les sentiers les plus battus. Ils redoutent le brouillard et le blizzard, qu'ils ne savent pas voir arriver car ils n'ont jamais eu l'occasion d'observer les évolutions du temps et ne savent donc pas lire les signes avant-coureurs d'un changement de météo. Si l'on peut passer de bons moments sur le territoire des Anciens, il est principalement perçu comme un monde dangereux, imprévisible et inquiétant : tout peut y arriver.

Les jeunes adultes - âgés de 20 à 35 ans - ne sont guère plus familiers du territoire que leurs cadets et, comme eux, ils ont d'abord avec lui une relation ludique. Cependant, devenus parents, ils se trouvent dans l'obligation de chasser pour répondre au moins partiellement aux besoins alimentaires de leur famille. Ne possédant pas toutes les techniques de déplacements, ils sont incapables de s'aventurer seuls hors de la petite zone parcourue pendant l'adolescence. Aussi ont-ils tendance à rechercher la compagnie de leurs parents, grand-parents où parents plus éloignés, pour voyager et chasser avec eux, apprendre sur le tard le savoir-vivre inuinnait. Cependant, leurs déplacements sont toujours d'assez courte durée, ce qui ne permet qu'une pratique réduite et une transmission partielle des savoirs.

Avec ce type de pratique, le fin maillage du territoire par un réseau de lignes et de points se déchire, les "vides" se multiplient. Pour les moins de 35 ans, le territoire se limite de plus en plus à quelques points à partir desquels se perpétue une exploitation cynégétique strictement orientée vers la satisfaction des besoins alimentaires des familles. De ces points partent des lignes, qui convergent toutes vers le village. Ces lignes ressemblent de plus en plus à nos

---

14 Qui peut facilement durer plus de 24 heures lorsque brille le soleil de minuit. Mais dans ces cas là, si l'on fait chauffer du thé ou cuire un poisson juste pêché, on ne dresse pas de tente et l'on ne dort pas. Au mieux, on fera une petite sieste, en plein air ou dans la tente d'un parent.

autoroutes modernes, qui traversent en les ignorant des régions qui étaient un semis de lieux que l'on a oubliés, faute de s'arrêter pour les regarder ou exploiter leurs alentours. Le territoire est de moins en moins perçu comme un ensemble d'éléments en relation les uns avec les autres et avec les hommes. De même, les lignes de trappe se font de plus en plus rares, maintenues par quelques Anciens avec lesquels elles risquent bien de disparaître. L'expression de "territoire parcouru" n'est plus vraiment d'actualité. A l'image de la société inuinnait, le territoire perd de sa cohérence et tend à devenir un puzzle de lieux mal reliés entre eux parce que trop de pièces manquent. Les cercles concentriques que dessinent autour des camps les déplacements des chasseurs à la recherche de gibier ne se joignent plus, les surfaces sont dde plus en plus petites et rarement articulées avec le reste du territoire. Plus que la distance qui sépare le village des aires d'exploitation cynégétique, c'est le mode de franchissement de ces distances qui modifie le territoire (voir page 184). A ne plus s'y arrêter, on oublie les noms et les qualités des lieux intermédiaires, le territoire se simplifie, s'atrophie et s'atomise.

Ces nouvelles pratiques mettent en danger un savoir géographique dont on a vu qu'il ne s'incarne pas sous une forme discursive d'énonciation et n'existe que dans la pratique et dans le moment. Ce n'est qu'en situation, sur le terrain, qu'il se cristallise. Or, si la pratique des activités cynégétiques et la vie dans les camps ne disparaissent pas totalement, du moins se font-elles aujourd'hui de plus en plus discrètes. Les occasions de mobilisation, donc de construction, du savoir géographique deviennent plus rares, ce qui met en péril son existence même.

Crise des modalités traditionnelles de transmission du savoir géographique

"Je me demande comment il se fait que je parle si peu d'*inuinnaqtun* alors que mes parent parlent si peu d'anglais." (L.O, 21 ans, 1992)

Cette réflexion suivait une tentative de conversation téléphonique entre une jeune femme et sa mère, âgée de 54 ans et connue pour mener une vie très traditionnelle. L'*inuinnaqtun* de la première était si pauvre et l'anglais de la seconde si rudimentaire qu'elles n'avaient pu s'expliquer sur une question importante, aucun enfant plus âgé n'étant alors auprès de la mère pour traduire.

Chapitre 6

Cette situation n'a rien d'exceptionnel chez les Inuinnait où, comme chez les *Inuvialuit*, la crise linguistique est déjà profonde[15], alors que l'*inuktitut* est très vivant dans tous les groupes plus orientaux ainsi qu'au Groenland[16]. La plupart des jeunes ont pris l'habitude de s'adresser aux Anciens en anglais, alors même que ces derniers ne le comprennent qu'assez vaguement. Il se déroule alors d'étranges conversations, où chacun ne comprend l'autre que très imparfaitement. Le mouvement date de la fin des années soixante-dix, d'après les témoignages des jeunes adultes sur leur enfance et pré-adolescence. Aussi, en dépit de la proportion encore assez élevée d'Inuinnait maîtrisant l'*inuinnaqtun* (environ 35%), la langue est-elle aujourd'hui menacée, car ces 35% ne sont pas également répartis dans l'ensemble de la population mais, au contraire, concentrés dans les tranches d'âge les plus élevées[17].

Dans de telles conditions, il devient évidemment très difficile de transmettre les modalités d'appréhension du monde propres à la culture inuinnait qui fondent, entre autres choses, son savoir géographique et sa sagesse du territoire. Comment en effet transmettre une approche de l'espace privilégiant les notions de subjectivité, de relativité et de "relationnalité" par le biais de la langue anglaise qui, contrairement à l'*inuinnaqtun*, ne les contient pas dans sa structure même, et dans laquelle les jeunes pensent aujourd'hui le territoire ? De même, comment transmettre la tradition orale aux jeunes

---

15 Les chiffres officiels ne rendent pas compte de cette situation. D'une part, lors des enquêtes, la tendance est à la surestimation de la pratique de la langue, d'autre part on y comptabilise souvent comme "locuteurs" non pas ceux qui utilisent couramment la langue en question, mais ceux dont c'est la langue maternelle. Or, nombreux sont les Inuinnait dont l'*inuinnaqtun* est la langue maternelle mais qui ne le parlent que rarement, voire jamais.

16 Au Groenland comme au Nunavik (Nouveau-Québec), pratiquement 100 % des Inuit parlent l'*inuktitut* ou les divers dialectes groenlandais et nombre d'entre eux sont monolingues. En Terre de Baffin, au Keewatin et chez les *Natsilingmiut*, on estime qu'environ 90 % des Inuit parlent leur langue maternelle.

17 Les Anciens sont souvent monolingues et quand ils le connaissent, utilisent peu l'anglais. Les 35 - 50 ans sont le plus souvent bilingues et utilisent une langue ou l'autre en fonction de leur interlocuteur. En revanche, parmi les moins de 35 ans, ceux qui parlent couramment l'*inuinnaqtun* sont l'exception. Entre 35 et 25 ans, la plupart comprennent le sens général des phrases et peuvent échanger des propos simples. Chez les plus jeunes, la compréhension devient très floue, limitée à quelques mots et expressions passés dans l'anglais local. Les moins de 12 ans n'ont pour leur part presque aucune notion de ce que l'on continue d'appeler leur langue maternelle. La pyramide des âges, en forme de belle pagode à la base très élargie, explique que moins de 50% des Inuinnait parlent aujourd'hui l'*inuinnaqtun*.

générations ? Avec la langue, se perd encore un vocabulaire géographique précis qui permettait d'interpréter les paysages traversés, ce qui aidait à les mémoriser mais aussi à éviter les pièges d'un milieu physique toujours en transformation. Ainsi, comment le seul terme de glace peut-il remplacer la trentaine de termesqui, en *inuinnaqtun* désignent les différents types de couvert glacé ?

Parallèlement, la baisse de la fréquentation du territoire réduit d'autant les possibilités pour les jeunes d'acquérir les connaissances indispensables à son exploitation. L'école les retient au village pendant de nombreux mois et, une fois adolescents, ils préfèrent le plus souvent passer leurs vacances chez eux, au village, plutôt que d'accompagner leurs parents lorsque ceux-ci partent camper sur le territoire. Dans les villages, les adolescents passent le plus clair de leur temps avec leurs amis et parents de leur génération de sorte que, là non plus, il n'y a guère d'occasions pour les Anciens de transmettre leur savoir. Rares aussi sont les moments où les plus jeunes peuvent observer attentivement leurs aînés et tenter de reproduire sous leur surveillance les gestes du savoir en action. La fin des gestes s'ajoute à la fin des paroles.

Un savoir menacé

Force est donc de constater que le savoir géographique est de moins en moins souvent mobilisé par la pratique et de plus en plus difficilement transmis, de sorte qu'il faut bien admettre qu'il est aujourd'hui menacé. Lors des enquêtes, il était frappant de voir à quel point certains informateurs, parce qu'ils ne voyagent plus, avaient oublié un savoir qu'il maîtrisaient quinze ou vingt ans plus tôt. Fait d'une multitude de détails qui ne font sens qu'ensemble, il s'oublie très vite s'il n'est pas pratiqué.

"Nous oublions ce dont nous n'avons pas l'usage" (Ikinilik, 1922, *in* Rasmussen, 1931 : 500)

Les Inuinnait d'aujourd'hui font de moins en moins usage de leur savoir géographique, ils sont donc en passe de l'oublier.

La crise est d'autant plus grande que la plupart des adultes ayant grandi avant la sédentarisation pratiquent une sorte d'amnésie volontaire à l'endroit de la vie d'autrefois. Plusieurs m'ont confié avoir ainsi effacé de leur mémoire vive les souvenirs de ce temps là et tous les savoirs qui les accompagnent, "parce que cela fait trop mal de se les rappeler" (M. A., 64 ans). Pour ne pas avoir de regrets, les Inuinnait, qui jugent l'évolution actuelle inévitable, préfèrent ne pas regarder en arrière tant ils redoutent de laisser s'installer la nostalgie pour une époque définitivement révolue. Cette réaction est aussi un atout. Depuis le début du siècle, elle a été le moteur des multiples adaptations qui ont permis à l'essentiel des valeurs fondamentales de la tradition de se transmettre. Cependant, poussée trop loin, une telle attitude est aussi dangereuse, car elle risque de se solder pour les plus jeunes par une perte totale de leurs racines, les précipitant dans une profonde crise identitaire.

Les jeunes (les moins de 20 ans), parce qu'ils ne campent plus avec des Anciens dont, de toutes façons, ils ne comprennent pas les mots, semblent bien mal partis. Si quelques connaissances sont acquises, il ne reste apparemment de la sagesses géographique que quelques intuitions. Quant au savoir en tant que matrice, complexe articulation de connaissances qui se cristallisent dans la mobilisation, il paraît perdu. La disparition de la langue, clef de voûte de la culture traditionnelle, est au cœur de ce processus de déstructuration. Parce qu'ils pensent en anglais, il devient très difficile aux jeunes de lire le territoire en utilisant les catégories opératoires de leurs parents. En tant que structures profondes, leur transmission était implicite, comprise dans les paroles et les gestes des hommes du territoire.

La crise du savoir géographique est profonde et complexe, car déterminée par un ensemble de facteurs qui, conjointement, plongent la société inuinnait dans une phase de mutation générale. Parce qu'une culture est d'abord un organisme social, elle fonctionne comme un système, où la modification d'un seul élément influence tous les autres. Autrefois, cela entraînait une adaptation de la tradition. Aujourd'hui, tant d'éléments sont modifiés à la fois que l'on assiste à une sorte d'éclatement, car trop de données subissent simultanément des changements de grande ampleur. Dans ces conditions, tout converge pour que le savoir géographique se meure. Du fait de la baisse de la pratique, il s'oublie et la cristallisation par laquelle les connaissances forment un savoir devient incomplète. Par l'éclatement des cercles familiaux et l'abandon de l'*inuinnaqtun* au profit de l'anglais, ni les connaissances, ni les modalités de cristallisation des connaissances ne sont plus transmises.

Les femmes sont les premières à le perdre. En effet, la séparation des tâches - dont le modèle perdure même s'il s'applique de moins en moins - les voue à surtout vivre à la maison. A partir du moment où le foyer n'est plus dans un camp mais dans un village, elles n'ont que peu d'occasions d'élargir leur champ d'investigation, en dehors de quelques parties de pêche printanières. Les hommes, eux, retiennent mieux quelques connaissances. Le modèle culturel veut qu'ils aillent chasser : même s'ils ne vont pas bien loin, ils parcourent une certaine partie du territoire, qu'ils finissent par connaître et sur laquelle ils mettent en pratique au moins quelques bribes du savoir de leurs aînés. Mais l'interprétation globale et cohérente du milieu physique, qui est humanisé dans ce mouvement même, est perdue. Sans la langue, il devient très difficile de mobiliser les connaissances traditionnelles et "il est difficile de voyager en anglais" (C. B., 50 ans). De même, comment les toponymes peuvent-ils encore jouer leur rôle puisque, en dehors des plus simples (les termes géographiques), ils ne sont plus compris ? Cependant, ils gardent, au moins certains d'entre eux, une forte signification affective.

VERS L'ELABORATION D'UN NOUVEAU SAVOIR GEOGRAPHIQUE ?

Un savoir est une construction vivante, qui évolue avec son temps pour s'adapter aux besoins suscités par les changements dans les modes de vie. Le savoir géographique des Inuinnait s'est ainsi transformé tout au long du XXè siècle, tout comme dans les périodes précédentes sans doute. Aujourd'hui cependant, les changements sont tels que l'on peut s'interroger sur la nature du savoir géographique des jeunes générations : est-il en continuité avec celui de leurs aînés ou s'agit-il d'un nouveau savoir géographique en cours d'élaboration ? On a pour l'instant surtout souligné la dégradation du savoir traditionnel. Cependant, il ne s'agit pas que de cela. Quelques éléments indiquent déjà que la géographie des jeunes générations sera fort différente de celle de leurs grands-parents. Le phénomène essentiel est sans aucun doute le changement linguistique : ce nouveau savoir se pense en anglais et non pas en *inuinnaqtun*, ce qui l'éloigne du précédent. Par ailleurs, il est fortement influencé par les discours des Euro-canadiens sur le territoire local[18] et replacé dans le cadre d'une appréhension plus large du monde.

L'école joue bien entendu un rôle important dans ce processus. Le niveau général d'éducation scolaire des jeunes générations est faible. Jusque l'automne 1992, les écoles n'allaient pas au-delà de l'équivalent de la troisième. La très petite minorité (à peine 5% d'une classe d'âge) qui poursuivait ses études au lycée devait pour cela aller à Yellowknife. A la rentrée 1992, deux classes de seconde se sont ouvertes, à Cambridge Bay et

---

18 En particulier celui des enseignants qui, de par leur profession, sont en contact prolongé et quotidien avec les enfants et adolescents. Progressivement cependant, ces postes sont occupés par des Inuinnait, qui sont aujourd'hui majoritaires parmi le personnel enseignant.

Chapitre 6

Coppermine. Cependant, le niveau d'enseignement est peu élevé et dispensé par des enseignants dont la formation reste générale. La géographie, dont les objets et concepts sont mal connus de la plupart d'entre eux, occupe une faible place dans leurs cours. Elle se limite à l'acquisition de connaissances non problématisées sur le monde et le Canada, et ignore les réalités locales[19].

Cependant, il convient de ne pas céder trop vite au pessimisme. Aussi différent qu'il soit de celui de leurs aînés, il reste que les jeunes Inuinnait construisent peu à peu, au quotidien, un savoir géographique qui n'est pas celui des Euro-canadiens et développe des connaissances sur trois types d'espaces.

Retour aux sources : à la découverte du territoire des Anciens

On assiste depuis quelques années à un regain d'intérêt pour le territoire des Anciens, longtemps délaissé. Cette dynamique s'apparente à un retour - mesuré - aux sources. Vers la fin de l'adolescence ou aux débuts de l'âge adulte, des jeunes demandent soudain à leurs parents (au sens large du terme) de les emmener camper sur le territoire, alors qu'ils refusaient dans les années précédentes d'accompagner leurs familles lorsqu'elles partaient pour ces mêmes campements. Comprenant que c'est là que se trouvent leurs racines, leur histoire et leur identité, ils cherchent à en retrouver le chemin pour découvrir à leur tour le goût de l'association étroite homme - gibier - territoire dans laquelle vivaient les générations précédentes. Aller camper implique un retour au mode de vie et aux valeurs inuit, telles qu'elles s'expriment dans les activités quotidiennes et dans la langue, car seul l'*inuinnaqtun* est utilisé dès que l'on sort du village en compagnie d'adultes de plus de 35 ans.

Cependant, ce retour au territoire, aussi important soit-il, n'est jamais qu'un court épisode. Il ne s'agit pas de retourner à la vie et à l'identité anciennes. On fréquente le territoire une ou deux semaines par an, afin d'entretenir un lien, mais un lien très distendu. De plus, il concerne surtout les jeunes hommes, placés dans l'impérative nécessité de chasser pour nourrir, au moins partiellement, leurs familles une fois installés dans une vie de couple et motivés par l'exaltation que procure la chasse et l'image valorisante qu'elle leur renvoie d'eux-mêmes. En revanche, les jeunes femmes participent plus rarement à ce mouvement. La plupart ont plusieurs enfants en bas âge et leurs conjoints préfèrent le plus souvent les laisser à la maison plutôt que

---

19 Les lycées de la partie occidentale des Territoires du Nord-Ouest suivent les programmes de la province de l'Alberta.

d'organiser un camp pour toute la famille. De plus, la vie au camp est pour elles moins exaltante : elle consiste pour une bonne part à la tenue de la tente, ce qui revient à tenir une maison sans aucune installation moderne (eau courante chaude et froide, électricité, toilettes). Les femmes plus âgées sont plus à même de trouver dans l'accomplissement de leurs tâches au camp une satisfaction tranquille.

Aussi modérée soit-elle, la fréquentation du territoire n'en permet pas moins l'acquisition d'un certain nombre de connaissances géographiques, notamment celles qui relèvent de la pratique. Peu à peu, les jeunes adultes apprennent à distinguer la bonne de la mauvaise glace, à se repérer dans le mauvais temps, à voir arriver le blizzard, à attendre aussi sans paniquer, dans leur tente, que le temps se calme ou que des secours viennent les chercher quand leur moto-neige est tombée en panne. De plus, ils établissent à leur tour avec le territoire un lien affectif fort, qui humanise ce monde si inquiétant pour eux quelques années plus tôt. Leur bagage culturel s'alourdit des petites histoires de portée locale, des anecdotes familiales grâce auxquelles ils se sentent un peu chez eux sur la terre de leurs parents et grand-parents. Le maintien d'une bonne transmission du savoir généalogique facilite ce processus d'appropriation du territoire et de son histoire.

Cependant, ce savoir géographique en cours d'élaboration se démarque nettement de celui des Anciens, en comparaison duquel il apparaît bien atrophié. Les connaissances pratiques et les petites histoires ne s'appuient en effet plus sur un fond de tradition orale forte, car les grands mythes relatifs à la création du monde et à sa mise en ordre ne sont plus du tout connus, tout comme sont ignorés les récits de portée régionale qui donnaient un sens au territoire et indiquaient quel usage il faut en faire. Du point de vue de la toponymie, on note le même appauvrissement. Seuls sont connus les noms des lieux les plus fréquentés. Si la création de toponymes se poursuit aujourd'hui - pour en remplacer d'anciens ou baptiser des lieux jusque là anonymes - ces initiatives ne sont généralement pas celles des jeunes générations mais des adultes plus âgés, souvent les plus traditionnels. Par ailleurs la pensée magique, sans avoir disparu, a perdu comme le reste de sa cohérence. Surtout, ce nouveau savoir s'élabore et se pense dans une autre langue, éloignée en tous points de l'*inuinnaqtun*.

Chapitre 6

Un nouveau territoire : le village

Si pour les plus de 35 ans le village est un espace marginal, les plus jeunes en font au contraire le centre de leur territoire, celui où se concentrent les expériences de l'apprentissage et qui devient, par là même, l'espace de référence.

Récemment l'histoire du village et sa tenue (en termes d'entretien des infrastructures et de propreté) sont devenus des sujets de préoccupation pour les jeunes Inuinnait. Chacun tisse avec cet espace aux dimensions limitées une relation intime, spécifique, dans laquelle s'ancre non seulement son histoire mais aussi celle de la communauté dans son ensemble. On prend ainsi soin de se souvenir des occupants successifs de chaque maison, des configurations anciennes du village - remontant même à l'époque de sa constitution, alors que ces jeunes n'étaient pas nés - et des étapes de sa croissance. Autant l'histoire du groupe sur le territoire d'autrefois semble peu intéresser les plus jeunes, autant celle qu'il a vécu dans le village depuis sa fondation retient leur attention. Ainsi se construit peu à peu une nouvelle histoire collective, associée étroitement aux micro-lieux où elle s'est déroulée.

Pour ce qui concerne le savoir géographique, cette concentration de l'attention sur le village privilégie le développement d'une micro-géographie où règne en maître l'affectivité d'une relation intime avec chaque mètre carré de cet espace. On est bien loin de la complexe mobilisation conjuguée d'une série de connaissances qui était le quotidien de la vie sur le territoire. On peut d'ailleurs s'interroger sur la pertinence de l'expression "savoir géographique" pour qualifier celui qui s'élabore à propos de l'espace villageois.

Investissement de nouveaux espaces : territoires réels et virtuels

S'il est pourtant possible de parler d'un savoir géographique nouveau, c'est qu'il ne concerne pas seulement l'espace restreint du village et une certaine fidélité au territoire des Anciens, mais se construit aussi sur l'investissement de nouveaux espaces, situés en dehors des régions traditionnellement occupées par chaque sous-groupe.

Tout d'abord, la micro-géographie du village de référence s'étend aux autres villages de la région, où les jeunes Inuinnait ont de plus en plus souvent l'occasion d'aller passer quelque temps, que ce soit pour un tournoi sportif, pour rendre visite à des parents plus ou moins proches, pour aller au lycée depuis 1992, ou encore pour aller travailler quelque temps[20].

Mais c'est surtout à propos de lieux situés en dehors de la zone arctique que se construit ce nouveau savoir. Tout d'abord sur Yellowknife, la ville canadienne[21] la plus proche d'eux, celle qu'ils sont amenés à fréquenter de temps à autres, notamment pour y recevoir des soins médicaux. Jusqu'au début de cette décennie, les plus doués ou les plus motivés, qui poursuivaient leurs études au lycée, y passaient aussi de longs mois pendant trois ou quatre ans (voir *supra*). Parler de la ville, de ses boutiques et de ses bars, de ses rues, est un plaisir dont ces générations ne se lassent pas. Le discours qu'elle suscite rend compte non pas de la ville elle-même mais de la pratique qu'ils en ont : une série de lieux bien connus, mais mal reliés entre eux[22]. Ceci constitue une rupture forte avec la perception inuinnait du territoire, qui est d'abord compris comme un réseau de relations entre les lieux où les axes priment sur les points. Depuis quelques années, l'application à créer des liens avec Yellowknife se marque aussi par l'habitude que les jeunes salariés ont prise de s'y offrir deux ou trois fois par an de courts séjours, à l'occasion de week-end prolongés le plus souvent.

Et le mouvement ne s'arrête pas là. La tendance est à l'intégration dans ce nouveau territoire de villes plus éloignées et moins familières encore, qui symbolisent pour les Inuinnait toutes celles du Canada : Edmonton et Calgary. Certains salariés commencent à y passer aussi de courtes vacances. Leurs séjours se limitent en général à la visite d'une seule ville[23] dans laquelle ils passent une semaine, deux au maximum. Le plus souvent, le choix de leur destination est lié à la présence sur place de membres de leur communauté, qui leur servent de relais dans ce monde inconnu. Les lieux fréquentés sont presque exclusivement ceux dans lesquels ils sont introduits par leurs relais, ou - ce qui revient au même - ceux que des habitants de leur village leur ont indiqués, pour s'y être eux-mêmes rendus lors de leurs propres séjours. Ainsi les jeunes construisent-ils progressivement un territoire qui s'étend peu à peu.

---

20 Pour les jeunes hommes, le plus souvent sur des chantiers de construction ; pour les jeunes femmes, le plus souvent comme gardes d'enfants.

21 C'est-à-dire où la population dépasse 5 000 habitants et est en majorité composée d'Euro-canadiens. Yellowknife compte aujourd'hui environ 30 000 habitants.

22 En 1987, après en avoir entendu parler pendant plus de six mois par les Inuinnait d'Holman, je découvris à mon tour Yellowknife. J'eus du mal à y retrouver la ville de leurs évocations, tant leur perception et la mienne divergeaient.

23 Edmonton est la plus populaire des deux.

Le fait qu'ils préfèrent, lorsqu'ils prennent de nouvelles vacances dans le Sud du pays, retourner dans la même ville - et fréquenter les mêmes lieux - que lors de leur voyage précédent est à ce titre significatif : leurs voyages n'ont pas un but touristique.

Plus intéressant encore, à côté de la mise en place et de l'entretien de relations avec de nouveaux lieux qui entrent peu à peu dans l'espace vécu, on observe que les jeunes s'investissent aussi fortement dans quelques lieux plus ou moins imaginés qu'ils perçoivent comme symboliques de la vie des Nord-américains : les patinoires sur lesquelles se déroulent les matchs de hockey sur glace des grandes équipes et, dans une moindre mesure, les terrains de base-ball et de football américain. Ce qui différencie ces lieux des précédents, c'est qu'ils ne sont connus, sauf exception, que par l'intermédiaire de la télévision. C'est sur les seules images qu'elle en donne que les jeunes Inuinnait créent une relation affective et historique forte avec des lieux dans lesquels la vie du groupe dominant, celui qui impose un nouveau rythme à leur vie d'Inuit, leur semble vivre ses heures les plus décisives. Il s'agit bien plus d'espaces rêvés que vécus. Le nouveau territoire, matrice de l'identité inuinnait du XXIè siècle, est ainsi composé pour une bonne part de lieux fantasmés, perçus à travers l'image déformée qu'en diffuse la télévision. Cela est vrai pour les terrains de sport, cela l'est tout autant pour les grandes régions géographiques : la Californie est celle des séries télévisées *Alerte à Malibu* et *Falcon Crest*, le Colorado se réduit au monde de *Dynastie*, la Floride à celui de *Deux flics à Miami*, le Texas, bien sûr, c'est *Dallas*, etc. Le côté rêvé de ces espaces n'empêche pas les jeunes Inuinnait de les percevoir - et de les vivre - comme des parties intégrantes de ce qu'ils reconnaissent comme leur territoire, point d'ancrage où "s'enracinent [les] valeurs et se conforte l'identité."(Bonnemaison, 1981 : 249, voir page 44)

CONCLUSION

Ainsi se crée peu à peu un nouveau savoir géographique, élaboré à partir de connaissances portant sur trois types d'espaces fort différents mais qui forment ensemble le nouveau territoire des Inuinnait, celui sur lequel se construit leur identité. Marqué par ses discontinuités et son irréalité, plus imaginé que vécu, fantasmé pour une part, il n'en est pas moins un vrai territoire. Les différents types d'espaces qui le composent ne s'opposent pas, bien au contraire. Ils sont plutôt complémentaires, chacun donnant une inscription spatiale à l'une des deux facettes de l'identité contemporaine. Le nouveau territoire par lequel elle peut s'élaborer est constitué de ces deux facettese. Les jeunes oscillent entre l'une et l'autre et trouvent leur identité dans l'équilibre qu'ils arrivent à établir. Hélas, tous n'y parviennent pas. Equilibre instable, toujours à retrouver, identité du compromis, fragile, qui naît dans la mise en relation des lieux et des hommes et accepte la dualité du monde, perçue comme un mouvement et non comme une opposition. En tout cela n'est-elle pas encore bien une identité inuit, même si les relations homme - territoire s'inscrivent désormais dans un monde dilaté par rapport à celui d'hier ? Tout comme le nouveau savoir géographique, aussi abâtardi qu'il puisse sembler à première vue, continue à mobiliser au moins l'une des catégories opératoires de celui des Anciens : la "relationnalité".

Ce savoir est encore à peine naissant, il est aujourd'hui balbutiant et nous paraît, de ce fait, d'une simplicité grossière et quelque peu désolante en comparaison de la subtilité de la sagesse géographique des Inuinnait d'hier. Cependant, il ne manquera pas de se complexifier avec le temps et, parvenu à maturité, accédera sans aucun doute au rang de véritable savoir.

(d'après Ohoveluk, Holman)

CONCLUSION

Forgée dans le cadre de la pensée occidentale, la notion de savoir renvoie à l'idée d'un discours exprimant les propositions d'un champ autonome, constitué, de la pensée. De ce fait, la réflexion sur le savoir géographique des Inuinnait se heurtait au départ à une contradiction majeure, inhérente à son objet. L'emploi du terme "savoir" à propos de la géographie vernaculaire d'une société telle que celle des Inuinnait semblait en effet impropre car, dans le cas étudié, on constatait l'absence d'énoncé discursif. Cela remettait *a priori* en cause l'existence même d'un savoir, donc la légitimité de l'angle retenu pour étudier la géographie inuinnait.

Pourtant, l'étroitesse des relations entre les hommes et le milieu laissait supposer l'existence d'un savoir géographique très élaboré. Sans que cela soit une preuve suffisante, le fait que les Inuinnait aient pour la plupart très facilement compris la nature de mes interrogations indiquait que le concept occidental de "géographie" renvoie bien pour eux à quelque chose. Il fallait donc que, même implicitement, elle soit présente dans leurs savoirs. Le travail du géographe consistait à la dégager de la gangue des autres savoirs dans lesquels elle se trouve insérée. L'analyse de la géographie des Inuinnait a montré qu'il est légitime d'affirmer qu'il existe bien, au-delà des connaissances, un véritable savoir géographique, mais dont la forme n'est pas celle d'un énoncé discursif. J'ai cherché à comprendre puis à montrer selon quelles modalités ce savoir peut exister. En cela, cette étude de cas apporte une contribution à une réflexion plus générale sur le statut des savoirs, ce qu'ils sont et comment ils s'expriment.

Sur la base de l'exemple des Inuinnait, on peut avancer qu'en dépit de l'absence de discours il est pertinent de parler de "savoir" à propos de géographies vernaculaires. Cela implique que l'on admette que la pratique recèle en elle-même les conditions de la constitution, éphémère certes, d'un savoir qui se cristallise dans l'instant de son utilisation, mais qui, parce qu'il n'est pas organisé en discours, se dilue dès qu'il n'est plus mobilisé pour répondre à un besoin précis. Il n'en reste alors que les connaissances, qui seules peuvent donc être recueillies au cours des enquêtes de terrain. Leur articulation s'opère selon une structure souple dans laquelle elles sont toutes présentes, mais disposées de façon chaque fois un peu différente en fonction des conditions spécifiques dans lesquelles cette articulation se réalise. Aussi le savoir géographique ne peut-il se saisir, au-delà des connaissances, que dans l'observation répétée des situations concrètes dans lesquelles les hommes s'appuient sur lui pour prendre des décisions. Le savoir n'existe que dans l'immédiateté de la cristallisation, expérience intérieure qui ne se communique pas. Il en découle que ce savoir géographique est fortement marqué par la subjectivité, et toujours relatif. Il faudrait encore valider cette hypothèse en l'appliquant à d'autres savoirs géographiques vernaculaires.

Au-delà du sens immédiat des mots ou de l'action, au-delà du savoir, la matrice même du discours recèle quelque chose de plus fondamental : "sagesse du territoire", qui est une "sagesse géographique". Inscrite dans les structures profondes de la culture qui la produit et en vit tout à la fois, elle est au cœur du diagramme organisateur de cette dernière. Il est possible de représenter ce diagramme, pour la culture inuinnait, sous la forme d'un triangle dont les trois pôles - la lecture géographique du territoire, la structure de la société et celle de la langue - produisent les trois catégories opératoires par lesquelles s'organise la vie matérielle et spirituelle du groupe : la "relationnalité", la relativité et la subjectivité. L'hypothèse qui préside à cette identification est que, dans chacun des trois domaines, les relations entre les éléments qui les composent - les mots pour la langue, les individus pour la société et les lieux pour la géographie - sont régies par des règles similaires.

Cela s'incarne de façon exemplaire dans le système toponymique. Outre son rôle de révélateur d'une géographie fondée sur les catégories opératoires émanant de la structure profonde de la culture des Inuinnait, l'étude des noms de lieux a débouché sur l'élaboration d'une typologie qui classe ces derniers en fonction de leur sens et dont l'intérêt se situe sur deux plans. D'une part elle propose une grille d'interprétation géographique du système toponymique, d'autre part elle constitue une tentative de dépassement des catégories géographiques classiques : "milieu physique" et "milieu humanisé". En m'amenant à vider la catégorie "milieu physique" de tous ses éléments, pour les transférer dans la catégorie "milieu humanisé", la recherche sur le sens des toponymes a éclairé les modalités d'humanisation d'un territoire sur lequel la présence des hommes est peu marquée matériellement et qui, pourtant, est perçu par ceux qui l'habitent comme un monde plein. L'humanisation dépasse en effet les limites communément admises dans notre civilisation, qui tend à la réduire aux signes visibles sur le territoire. L'exemple des toponymes inuinnait montre qu'elle peut rester à un stade intellectuel, ne pas s'exprimer sous une forme matérielle et pourtant être bien réelle. Par ailleurs, ce glissement d'une catégorie à l'autre permet de mieux saisir comment s'inscrit dans les mémoires et l'héritage culturel

Conclusion

l'investissement affectif des hommes dans leur territoire et comment, de ce fait même, il devient espace vécu. Il illustre aussi la subjectivité de tout savoir géographique.

L'analyse de la perception de l'espace propre aux Inuinnait a encore montré que, pour eux aussi, elle se construit sur la distinction de points, de lignes et de surfaces. Cependant, dans la construction et la perception du territoire, les aires jouent un rôle beaucoup plus faible que les lieux et les axes. Cela ne va pas sans rappeler l'organisation réticulaire de l'espace des sociétés mélanésiennes mise en évidence par les analyses de J. Bonnemaison (1986-87). Eu égard à tout ce qui sépare un groupe Eskimo du peuple de Vanuatu, on peut s'interroger sur le caractère transculturel de ces dimensions géographiques et sur leur rôle respectif dans la construction des territoires.

A partir d'une analyse des rapports entre l'homme et le territoire, il s'agissait aussi de mieux comprendre quelle nouvelle société arctique se dessine aujourd'hui dans le Grand Nord canadien, en particulier dans la région occupée par les Inuinnait. L'hypothèse formulée est que, en dépit des apparences, les Inuinnait restent fidèles à leurs valeurs culturelles lorsqu'ils s'adaptent au modèle nord-américain au point, parfois, de sembler renier leur héritage eskimo. La vie traditionnelle s'inscrit dans un monde dont la dualité, reconnue, n'est pensée en termes ni d'affrontement entre deux éléments opposés, ni de compromis entre les différences, mais simplement acceptée et résolue dans un savant balancement entre les deux composantes principales de l'univers arctique (l'élément terrestre et l'élément marin). C'est dans cette tension que sourd l'identité des Inuit. Fidèles à cette ligne de conduite, les Inuinnait vivent aujourd'hui non pas entre deux mondes mais dans deux mondes - le territoire et le village -, non pas simultanément mais successivement, dans un balancement que nous, réagissant avec nos valeurs occidentales, pensons déstabilisant, mais qu'eux-mêmes considèrent comme la meilleure conduite possible. C'est en toute lucidité qu'ils acceptent que :

> "Sur le territoire, quand nous chassons et campons, nous sommes les Inuinnait. Et puis, nous rentrons au village, où nous devenons des Blancs." (A. J., 53 ans)

Cette interprétation rejoint celles avancées par des chercheurs travaillant dans d'autres disciplines des sciences humaines[1] ; aussi est-il légitime de penser qu'elle peut fournir la base d'une meilleure compréhension des comportements des Inuit d'aujourd'hui, au-delà des seuls Inuinnait. Elle aide aussi à mesurer

---

[1] Voir A.-V. Charrin, J.-M Lacroix et M. Therrien (dir.), 1995.

Conclusion

l'enjeu que représente la construction d'un nouveau savoir géographique qui, en prenant en compte un monde élargi, assure aux Inuinnait qu'ils restent les "hommes par excellence", au cœur d'une humanité qui se résume cependant pour eux à la culture nord-américaine telle que la télévision et les *Qallunaat* résidents ou de passage dans les villages la présentent. Il ne s'agit pourtant pas de se voiler la face en prétendant que tout est pour le mieux dans le meilleur des mondes. Je n'oublie pas que bien des Inuinnait vivent ce balancement bien plus dans la douleur que dans l'harmonie, comme la consommation élevée et régulière de narcotiques, l'alcoolisme, la violence familiale et les trop nombreux suicides d'adolescents et de jeunes adultes ne cessent de nous le rappeler.

Ces dysfonctionnements interpellent les chercheurs en sciences humaines, qui ne peuvent s'enfermer dans une tour d'ivoire. En Arctique nord-américain, la recherche est depuis une quinzaine d'années envisagée de plus en plus comme une relation de partenariat, où les Inuit ne sont plus seulement des informateurs mais aussi des bénéficiaires des études qui les concernent. Cette approche nouvelle ne sonne pas le glas, loin de là, de la recherche fondamentale, mais elle incite au développement, parallèlement à celle-ci, d'applications pratiques des résultats obtenus, dans le cadre d'une réflexion éthique renouvelée sur la relation entre le chercheur et son terrain. Longtemps, on s'est interrogé sur les méthodes de recueil et d'interprétation des informations qui sont données, mais il importe aussi de savoir les rendre. Ainsi s'instaure une relation d'échange plus égal qu'autrefois, où le chercheur intervient le plus souvent comme un intermédiaire, qui transmet des savoirs entre des générations qui ne peuvent plus se parler, que la mort, la langue ou simplement un nouveau mode de vie les aient séparés. Alors que les Inuit s'interrogent sur leur identité, les travaux des chercheurs - sur eux mais aussi sur leur passé, proche et lointain - peuvent contribuer à renforcer cette identité et à restaurer en chaque Inuit une certaine confiance en lui-même.

En ce qui concerne ma propre recherche, deux applications pratiques ont été développées. L'enquête toponymique a été menée dans une optique de recueil d'informations sur le savoir géographique des Inuinnait, mais aussi afin que l'inventaire des lieux nommés, savoir qui est le fruit d'un rapport étroit avec le territoire, ne disparaisse pas avec les Anciens et soit enfin reconnu officiellement, imprimé sur les cartes publiées par les gouvernements fédéral et territorial. Les listes dressées, les cartes recouvertes de noms et de flèches au fil des semaines sont aujourd'hui en possession du *Territorial Toponymy Program* installé à Yellowknife, chargé de suivre un processus d'officialisation qui doit s'achever début 1997[2]. Par ailleurs, dans chaque localité, un jeu de cartes topographiques au 1 / 250 000ème sur lesquelles figurent tous les toponymes recueillis a été déposé[3]. Quant aux informations connexes recueillies pour chaque lieu, elles serviront à illustrer le tout nouveau programme d'enseignement de la culture inuinnait. En effet au printemps 1996, après près de dix ans de réflexion entre Inuit, la division chargée de l'enseignement auprès des Inuit du ministère de l'Education, de la Culture et de l'Emploi du gouvernement des Territoires du Nord-Ouest a publié la version pilote d'un programme d'enseignement de la culture inuit pour les écoles de l'Arctique, de la maternelle à la terminale : *Inuuqatigiit - The Curriculum from the Inuit Perspective* (G. Anawak dir.). Chaque aspect de la culture est traité et une place importante y est réservée à la relation à l'environnement, au savoir géographique en quelque sorte. Ce programme devrait être enseigné dans les écoles des villages inuit à partir de l'automne 1996. Dans cette perspective, j'ai proposé aux enseignants Inuinnait de leur faire parvenir les informations en ma possession concernant les lieux-dits de leur région, afin qu'ils puissent les intégrer à un enseignement qui accorde une large part aux travaux pratiques[4]. Ce matériel pourra servir de point de départ à de nouvelles enquêtes, menées par les élèves, auprès de leurs Anciens. Audelà de la restitution de matériaux brut, une intégration des principales conclusions de cette recherche aux programmes d'enseignement de la géographie arctique à l'attention des Inuit reste à développer.

Donner aux Inuinnait les moyens d'interroger eux-mêmes leur tradition, c'est aussi se donner de nouvelles clés pour ouvrir quelques unes de ces cent mille portes face auxquelles je ne peux qu'éprouver une sorte de vertige.

---

[2] Les listes des toponymes ont été approuvées par les conseils municipaux - par la branche locale de l'Association des Chasseurs et Trappeurs pour Umingmaktok - des localités concernées. Ensuite, les députés de l'assemblée législative territoriale en ont à leur tour recommandé la reconnaissance officielle.

[3] A Coppermine et Umingmaktok ces cartes sont affichées dans le bâtiment de l'Association des Chasseurs et Trappeurs. Les visiteurs ne manquent pas de les consulter, notamment les jeunes adultes, qui viennent y vérifier la localisation de toponymes dont ils ont entendu parler.

[4] A l'heure où toutes les écoles de l'Arctique canadien disposent d'un équipement informatique du dernier cri et sont reliées entre elles et au reste du monde grâce au réseau Internet, ce transfert est un véritable jeu d'enfant.

"Nous savons bien qu'en étudiant un peuple archaïque, dit 'primitif', l'exotisme dresse d'abord ses barrières, s'élève comme un cri de pudeur : 'N'entrez pas !' L'obstacle est facile à franchir - quelques habitudes, quelques conventions à perdre - et très vite, nous notons avec un enthousiasme de néophyte et cette autorité assez arbitraire et prétentieuse d'une science de bibliothèque : 'Ils pratiquent un système patriarcal imprégné de traditions matriarcales préislamiques. La hiérarchie sociale comporte six divisions : les hassanes, les maraboutiques, les tributaires, les baratines...' En fait, nous n'avons rien compris du tout !
C'est le deuxième stade, celui du collecteur - 'ce bibelotage !' écrivait Psichari avec mépris - qu'il faut dépasser.
Ensuite, nous découvrons l'homme, tôt ou tard, souvent par hasard [...]. Aussitôt, tout l'extraordinaire du camp [...], de ses fêtes, de ses danses, [...] s'échappe, glisse entre mes doigts imprudents qui croyaient retenir tant de merveilleux et cède la place à cette émouvante réalité : un père, une mère, des enfants. Ils sont de chez nous, de partout.
'Rien que ça ? s'écriera-t-on. Ce n'était pas la peine d'aller si loin ! Ouvrons la porte de notre voisin, regardons, écoutons !' Précisément !
Ce n'est encore qu'une troisième marche.
Nous nous imaginions tout connaître dans cette maison après avoir parcouru un étage. Or, il y a dix mille étages, cent mille portes... et si peu de clés ! Nous regardons ces marches d'escalier qui descendent dans la nuit, s'effacent peu à peu en petites taches blafardes, froides, fermées à notre vie, qui se moquent de nous du fond de leur marais. Nous n'y arriverons jamais !
Car brusquement nous comprenons que ce voisin qui est là si près, avec nos gestes, notre visage, notre chair et notre sang, n'est rien d'autre qu'un reflet de nous-mêmes dans un miroir.
Cette quatrième marche s'appelle le vieux fond humain.
C'est là que nous nous retrouvons tous, fils d'une même mère, héritiers d'une même peur, d'une même ignorance, tous tremblants, les mains nues et inutiles, désarmés, suspendus par on ne sait quel miracle ou quelle sainte pitié au-dessus d'un tel vide... 'N'allez pas plus loin, ce serait profaner ! Ce mystère n'est plus le vôtre !'
Et ce ne sont que quatre marches sur les cent mille".

(Jean Gabus[5], 1954, *Initiation au désert*, pp. 10-11.)

---

5 Pionnier de l'ethnologie arctique, sa thèse de doctorat (1944) porte sur les Eskimo Caribou.

(d'après Nilgak, Holman)

Annexe 1

Traduction des toponymes

Les toponymes ont d'abord été relevés dans une orthographe latine non standardisée, les Inuinnait refusant celle recommandée par l'I.C.I. depuis 1976. En effet, ils préfèrent encore aujourd'hui transcrire l'*inuinnaqtun* en suivant les principes - qui ne forment en aucun cas un système orthographique - que leur ont légué les missionnaires, dans ce qu'ils considèrent comme leur écriture traditionnelle. Ils ont d'ailleurs recommandé l'officialisation sous cette orthographe des toponymes recueillis. Afin que ce *corpus* puisse être comparé à d'autres systèmes toponymiques inuit, je les ai retranscrits, avec l'aide gracieuse d'Alexina Kublu, dans l'orthographe recommandée par l'I.C.I.

Les traductions proposées se fondent sur celles données en anglais, lors de l'enquête sur le terrain, par des traducteurs qui n'étaient pas des professionnels, mais avaient une connaissance approfondie de l'*inuinnaqtun*. Elles expriment l'interprétation d'utilisateurs de la langue et non pas celle de linguistes, qui ne perçoivent pas toujours les sens de la même façon. Le traducteur "de terrain" a tendance à rendre ce qu'il comprend lui-même du mot, ce qu'il évoque pour lui, plutôt que son sens premier. Les suffixes les plus courants en toponymie sont : *vik*, *lik* et *tuq*. Au risque de certaines lourdeurs, ils sont toujours traduits par une même expression, assez littérale, cela afin de ne pas trop trahir l'idée qu'ils expriment et qui implique une certaine appréhension de l'espace géographique :

* *vik* : "l'endroit où", est associé à l'idée d'action et désigne quelque chose que l'on fait ou qui se passe sur le lieu.

* *lik* : "l'endroit qui a" quelque chose, est associé à l'idée de possession.

* *tuq* : troisième personne du singulier à la forme . Ce suffixe exprime l'idée d'un lieu qui est quelque chose, ce qui est difficile à rendre en français. Il est ici traduit "celui qui est" ou parfois "celui qui est avec".

Les toponymes sont présentés classés, par ordre alphabétique, dans les dix catégories retenues pour l'établissement de la typologie fondée sur le sens des toponymes (voir chapitre 4, page 128 et suivantes).

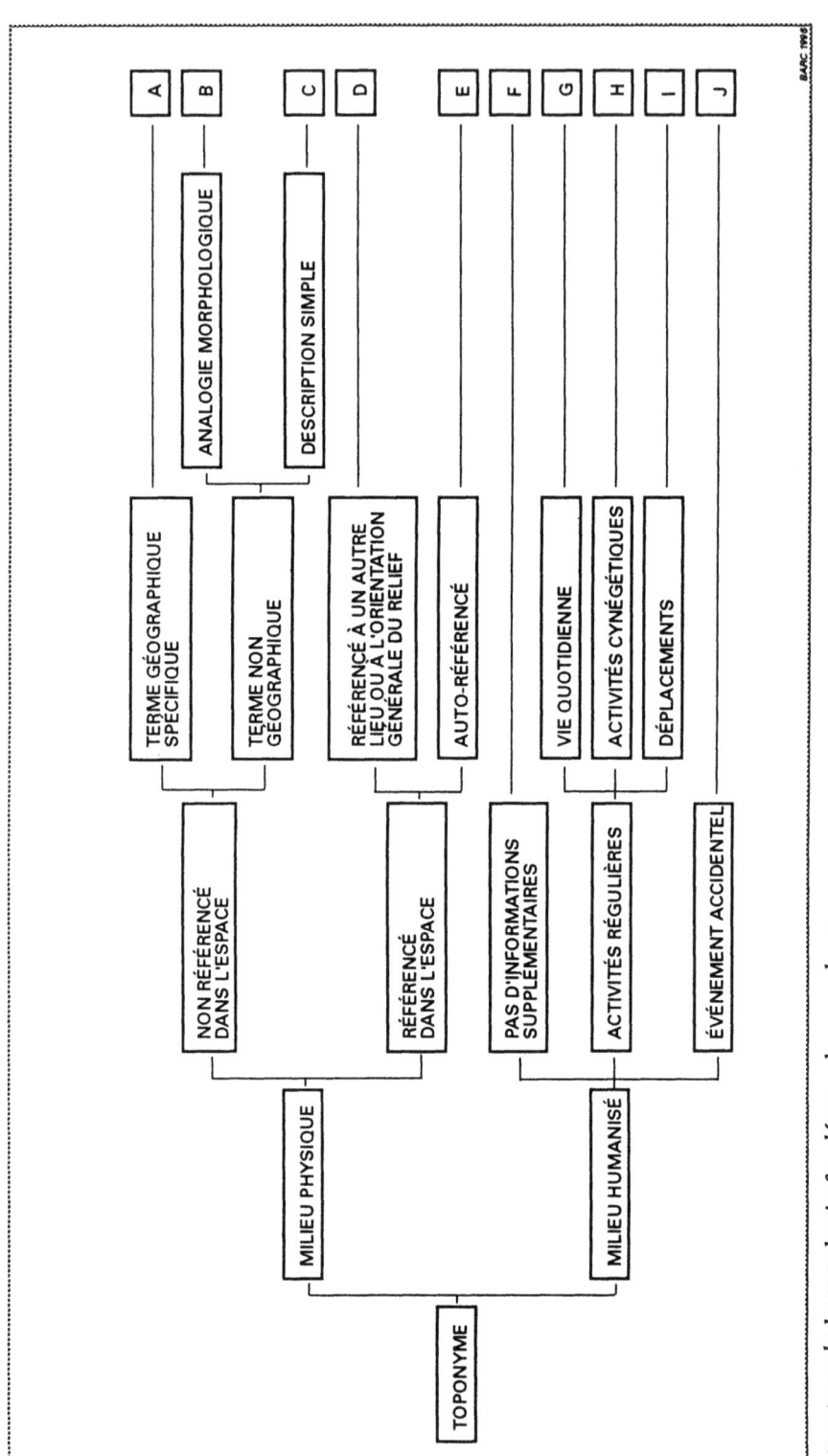

Structure de la typologie fondée sur le sens des toponymes

A. Milieu physique, toponyme non-référencé dans l'espace, terme géographique

AIMAUQATTAALUK : Le grand (lac) au milieu d'une rivière
AIMAUQATTAHUK : Le petit (lac) au milieu d'une rivière
AIMAUQATTAIN : Les deux (lacs) au milieu d'une rivière
AIMAUQATTAQ : Le (lac) au milieu d'une rivière
AIMAUQATTAQHAN : Les petits (lacs) au milieu d'une rivière
AQIAK : L'embouchure de la rivière
HINGIALUK : Le long cap
HINGIGYUAQ : Le grand cap
HINGIKTUUQ : Celui qui est un cap
HINGIKTUUTQUN : Celui qui est de nombreux caps
HINGILIHUK : Le petit endroit qui a un cap
HINGILIK : L'endroit qui a un cap
HIVIKHUAQ : La grosse bosse
IKIRAHAGYUAQ : Le grand détroit
IKIRAHAK : Le détroit
IKPIGYUAQ : Le grand talus
IKPIK : Le talus
ILUITQUYAQ : L'endroit des petites îles
IMNALIALUK : Le grand endroit qui a une falaise
IMNALIK : L'endroit qui a une falaise
IMNALUGYUAQ : La très haute falaise
IMNARALUIN : Les petites falaises
IMNARYUAQ : La haute falaise
IMNARYUAQTUUQ : Celui qui est de hautes falaises
IMNATUUQ : Celui qui est des falaises
IMNAYUKALLAK : La toute petite falaise
IMNAYUKKAAT : Les deux petites falaises
IMNAYUKKAN : Les petites falaises
IURUK : Le petit talus

KANGIQHIMANIQ : Qui a été donné une forme de baie
KANGIQHINIQ : Qui a été fait le fond d'une baie
KANGIQHUALUK : La grande baie
KANGIQHUARYUK : La petite baie
KANGIQHUGYUAQ : La grande baie
KANGIQHUHIQ : Celle qui est presque comme une baie
KANGRYUAQ : La grande baie
KIN'NGAARYUK : La petite colline
KIN'NGAGURYUAQ : La grande et haute colline
KIN'NGAGUTAARYUK : La petite haute colline
KIN'NGAGYUALIK : L'endroit qui a une haute colline
KIN'NGAGYUAQ : La grande colline
KIN'NGAHUIN : Les petites collines
KIN'NGAQ : La colline
KUARYUK : La falaise escarpée
KURLUNGNIALUK : La grande glace-pressée-et-empilée
KUUGAARYUK : La petite rivière
KUUGARYUAQ : La grande rivière
KUUGUALUK : La grande rivière
KUUGUARYUK : La petite rivière
KUUGYUAQ : La grande rivière
KUUJJUAQ : La plus grande rivière
KUUK : La rivière
KUUKTAQ : L'espèce de cours d'eau
KUULRUK : Le ruisseau
KUUNAYUQ : La longue rivière
MANINGYAK : Le très vallonné
MANNGITTUQ : Celui qui est vallonné
MANNGITTURNATIT : Plusieurs qui sont vallonnés
NAARAK : Sorte de petite baie (traduction exacte incertaine)
NUVUK : La pointe

Annexe 1

NUVUKHIGAK : L'espèce de petite pointe
NUVUKHII : Qui a une forme de pointe
NUVUYAQ : Qui est comme une pointe
PALLIQ : La baie
PALLIRYUAQ : La grande baie
PINGUALUUK : Les deux monts
PINGUGYUAQ : Le grand mont
PINGULAHAIN : Les monts (plus que deux)
PITUUTAQ : L'isthme
QAGLUGYUAQ : Le grand trou d'eau (dans le cours d'une rivière)
QAGLUK : Le trou d'eau (dans le cours d'une rivière)
QARITARNAK : Où il y a de jolies plages de galets
QIGUUHUIN : Les petites falaises
QIGUUHUUK : Les deux petites falaises
QIKIQTAALUK : La grande île
QIKIQTAARYUK : La petite île
QIKIQTAHUIN : Les petites îles
QIKIQTAHUK : La petite île
QIKIQTAHURYUK : La toute petite île
QIKIQTAKAFAALUK : La plus grande île
QIKIQTALIGYUAQ : Le grand endroit qui a une île
QIKIQTALIK : L'endroit qui a une île
QIKIQTANAYUQ : L'espèce d'île
QIKIQTAQTUUQ : Celui qui est avec beaucoup d'îles
QIKIQTARALUIN : Les toutes petites îles
QIKIQTARYUAQ : La grande île
QINGAGYUK : La haute terre
QINGAUK : Le lieu du haut
QINGAUTALIK : L'endroit qui a un lieu élevé
QINGINALUK : Le grand lieu qui est élevé
QUKIVIAYUK : Le petit ruisseau
QUNGUARYUK : Le petit détroit lacustre
QUNGUGYUAQ : Le grand détroit lacustre
QUNGUK : Le détroit lacustre
QUNGULIK : L'endroit qui a un détroit lacustre
QURLUQ : La chute ou les rapides (selon le contexte)
QURLUQTUALUK : Les grandes chutes ou les grands rapides (selon le contexte)
QURLUQTUARYUQ : La grande rivière tumultueuse
TAHIALUK : Le grand lac
TAHIALUUK : Les deux grands lacs
TAHIAPIK : Là où sont les lacs
TAHIARYUK : Le petit lac
TAHIHUIN : Les petits lacs
TAHIHUK : Le petit lac
TAHIKAFAALUK : Le plus grand des lacs
TAHILUAK : Le "vrai" lac (le lac par excellence)
TAHILUGYUAQ : Le "vrai" grand lac
TAHIQPAALUK : Le lac vraiment grand
TAHIQPAK : Le très grand lac
TAHIRALUK : Le grand presque-comme-un-lac (la grande mare)
TAHIRYUAQ : Le grand lac
TAHIRYUHUK : Le tout petit lac
TAHIUYAQ : Celui qui est comme un lac
TARIUNNUAQ : La petite salée (la petite mer)
TATIIK : Les deux lacs
TATIIN : Les lacs
TIKYAT : Le banc de sable

B. Milieu physique, toponyme non-référencé dans l'espace, terme non géographique, Analogie morphologique

AGIAQ : La lime
AKHAKTUGAYUIN : Les oursons grizzlys
AKHAKTUGAYUK : L'ourson grizzly
AKHAKTURYUAQ : Le gros ours grizzly
AKULIAQATTAK : Qui est comme un visage
ALGAK : La main
AQAMAK : Qui est comme un bras qui pousse quelque chose
AQIARUALUK : Là où il y a un grand estomac
AQIARULIK : L'endroit qui a un estomac
AQIARURYUAQ : Le gros estomac
ATGALIK : L'endroit qui a la forme d'un doigt
HANIRUTIIN : Qui sont comme un ferme-blessure (rapprochées l'une de l'autre comme les deux côtés d'une blessure fermée par un *hanirut)*
HAULLUUN : L'ustensile à extraire la mœlle des pattes de caribou
IGLUVIKKAN : L'endroit qui a la forme d'un iglou
IKUHIK : Le coude
INGALUAQ : Les intestins
IQHIQPAK : Celui qui a la forme d'une dent de sagesse
ITIQTUQ : Celui qui est avec une entrée
IVIANGINGNAQ : Les tétons
KINGMIRUT : La forme d'une dent
KUUTTIQ : La hanche
KUVIQPIK : L'entonnoir
NAULLAN : La pointe de flèche
NIAQUQTALIK : L'endroit qui a une tête
NIAQUQTUQ : Celui qui est une tête
NIAQURNAARYUGAK : La forme d'une très petite tête
NIAQURNAARYUK : La forme d'une petite tête
NIAQURNAHUK : La forme d'une tête minuscule
NIAQURNAK : La forme d'une tête
NIAQURNARYUAQ : La grande forme de tête
PITIKHITAQ : La forme d'un carquois à flèche, ou d'une housse de fusil
PUALRINAK : La forme d'une moufle
QALURAUN : Le petit récipient pour puiser l'eau
QARLIIK : La paire de pantalons
QAYUKTAQTUQ : Celui qui est une poêle à frire
QIMIQ : La colonne vertébrale
QIMIRLUGUTAQ : Celui qui a une longue colonne vertébrale
QINGALIK : Celui-avec-un-nez (canard eider)
QINGARLUAQ : La grande forme d'un nez
QUUGAYAQ : La couleur de l'urine
TALIUYAQ : La forme d'un bras
TIKIRAARYUHUK : La forme d'un tout petit doigt pointé
TIKIRAARYUK : La forme d'un petit doigt pointé
TIKIRAAYUNNUAQ : La petite forme qui a la forme d'un doigt pointé
TIKIRAQ : La forme d'un doigt pointé
TIKIRARYUAQ : La forme d'un long doigt pointé
TUNGMIQQAN : Les marches
TUNGMIRAUTAK : Les grandes marches
TUNIHITARNIQ : L'arrière de la tête
TUQHUUK : Le couloir d'entrée (d'un iglou) / la trachée-artère
TUQHUUKATAK : Le petit couloir d'entrée / la petite trachée-artère
UNGIRUN : Le dessous du genou, serré par le lacet de la botte

Annexe 1

UQAQ : La langue
UTKUHIUYAQ : La forme d'une marmite
UUMADLUK : Celui qui est un cœur
UUMANNAQ : La forme d'un cœur

C. Milieu physique, toponyme non-référencé dans l'espace, terme non géographique, Description simple

AKHIAK : Celui qui s'écoule
ALIGULAAQ : Où il y a des roches tendres
AMITTUALUK : Le long étroit
AMITTUARYUK : Le petit étroit
AMITTUQ : Celui qui est étroit
AMITTURYUAQ : Celui qui est étroit et grand
ANGMALUKATAAQ : La petite chose ronde
ANGMALUQTUALUK : Le grand rond
ANGMALUQTUARYUK : Le petit rond
ANGMALUQTUHUK : Le tout petit rond
ANGMALUQTUQ : Celui qui est rond
ANIKAHIMAYUQ : Le premier à sortir (à être complètement dégelé)
ANIUVALIK : L'endroit qui a toujours de la neige
ARIMAYAK : Le trouble
AUNNIQ : Le pourri, qui se casse facilement
AUPALUK : Le rougeâtre
AUPILATUQ : Celui qui est sanglant (où du sang semble sourdre du sol)
AUPILATUT : Qui est comme du sang (mais ce n'est pas du sang)
AVVAQ : Le coupé en deux
HAGURYUAQ : Les nombreux rochers plats
HALLARYUK : Le petit plat
HAVAGAQTUQ : Celui qui est à pic
HIGAARVIK : L'endroit où il y a de la fumée
HIKTINIQ : Le sable s'empile
HIQINIQUGIAQ : Où les rayons du soleil se réfléchissent
HIURALIK : L'endroit qui a du sable
HIURAQTUUQ : Celui qui est sablonneux
IHUGTAQ : Celui qui a quelque chose de gros
IHUQTUQ : Celui qui est boueux
IKAAQTURYUAQ : Celui qui est le grand entre-deux
IKIARILIK : L'endroit qui a des lignes (dessinées sur le versant de la falaise)
IKIARULLIK : L'endroit qui a une ligne (le bord de la falaise)
IKKATTUALUK : Le très peu profond
IMAINNILIK : L'endroit qui n'a pas d'eau
IMAINNIQ : Là où l'eau se vide
IMAIQTAQTUQ : Celui dont l'eau se vide
IMAQ : L'étendue d'eau
IMARYUK : La grande eau
IMIGVIK : Là où il y a de l'écho
IMIRAHUK : La petite eau douce (lac)
INGILRANIQ : Le courant
IPIULIK : L'endroit qui a deux choses liées ou enchaînées
ITIGAHUNNI : Là où ça pue comme des pieds
ITIRVILIK : L'endroit qui a le petit passage par lequel on traverse
IVITAALIK : L'endroit qui a du rouge
KAIPTALUK : La grande forme ronde
KANGILLIALUK : Le grand étroit à une extrémité / ou le grand de la fin (selon le contexte)
KATAKTAQTUQ : Celui qui est la chute (d'eau)
KATIMANIQ : Le lieu de rencontre (en toponymie, désigne le plus souvent une confluence)
KILGAVILIQUT : L'endroit qui a des faucons pèlerins (lieu de nidification)

MARLUIT : Le boueux
MIHUMAYUQ : Qui tombe bien droit vers le fond (en toponymie, désigne les vraies falaises)
NAPIMANIQ : Celui qui est tordu
NAPTUK : Le dur
NAUYAAN : Les mouettes (lieu de nidification)
NAUYAAQ : La mouette (lieu de nidification)
NAUYAARYUK : La petite mouette (lieu de nidification)
NAUYAAT : Les mouettes (lieu de nidification)
NAUYAATTURAQ : Où il y a beaucoup de mouettes (qui nidifient)
NAUYAATTUUQ : Celui qui est avec des mouettes (lieu de nidification)
NAUYAHUIN : Les petites mouettes (lieu de nidification)
NUYALIGYUAQ : L'endroit qui a beaucoup de poils
PIRIN'NGANIQ : Celui qui est tordu
PIRIN'NGAYUHUK : Le tout petit tordu
PIRIN'NGAYULIK : L'endroit qui a "le tordu"
PIRIN'NGAYUQ : Le petit tordu
PIRIN'NGIQ : Le tordu
PIRIN'NGYUAQ : Le grand tordu
PIRNIQ : Le tournant (en toponymie, désigne le coude d'une rivière)
PUTULIK : L'endroit qui a un trou
QAALAKTUQ : Celui qui racle
QAIRAYUKTUQ : Celui qui est un rocher doux, tendre
QAKUQTALIK : L'endroit qui a un point blanc
QAKUQTUARYUK : L'endroit qui a de petits (rochers) blancs
QAUMAUGAKTUQ : Celui qui est clair
QAUVAKTUQ : Celui qui est où il se fait jour
QIKTURAQ : Le cassé en deux

QILIQTINGUALIK : L'endroit qui a comme un lacet tout autour
QITTUQAN : Le cassé / la cassure
QUKILRUK : L'endroit étroit
TAKIYUAQATTAALUK : Le plus long
TAKIYUAQATTAK : Le très long
TAKIYUQ : Le long
TARIURNIQTUQ : Celui qui est salé
TUAPALUIN : Les graviers
TUARUQ : Celui qui est étroit, fin
TUKINGAYUT : La forme d'une torsade
TULUKKAAK : Les deux corbeaux
TULUKKAALUK : Où sont les corbeaux
UHINGUYAT : Celui qui est nu, sans végétation
UN'NGUQTUUQ : Celui qui est des verrues
UQAUYAGVIK : L'endroit où il y a des arbrisseaux qui poussent horizontalement le long du sol et dont les feuilles sont petites et plates
UQPIGYUAN : Les grands saules
UQPIKTUUQ : Celui qui est des saules
UQPILIK : L'endroit qui a des saules
UVAYUALUK : Le grand dont l'un des versants est plus long que l'autre
UVINGAYUQ : Le petit dont l'un des versants est plus long que l'autre
UYARAGYUALIK : L'endroit qui a de gros rochers
UYARAGYUAQ : Le gros rocher
UYARAHUGYULIK : L'endroit qui a un gros rocher
UYARAKTUUQ : Celui qui est rocailleux
UYARALIAQ : Où il y a de la rocaille**

Annexe 1

D. Milieu physique, toponyme référencé dans l'espace, référencé à un autre lieu ou à l'orientation générale du relief

AGUNGTIKTIVIK : L'endroit où l'on est au milieu
AIMAUQATTAIN KUGAA : La rivière de "les deux (lacs) au milieu d'une rivière"
AKULLIALUK : Le grand entre les deux / au milieu
AKULLIQ : L'entre-deux / au milieu
AKULRUTAAQ : Entre les deux / au milieu
ALGARUHIQ : Celui qui fait partie de la terre qui est à côté
ALIGULGUP KUUGAA : La rivière de "où il y a des roches tendres"
ALLIQ : L'arrière
APTALUUM TAHIA : Le lac d'*Aptaluk* (du lieu qui porte ce nom propre)
AVVAKUN : La moitié de
HALLIQ : Loin au loin dans la mer
HANIRARUN : Celui qui est de côté
HANNIMUGAKAFAALUK : Le très grand qui est de travers
HANNIMUK : Celui qui est de travers
HANNIMUKAFAALUK : Celui qui est vraiment de travers
HANNINGAYUQ : Le grand qui est de travers
HANNINGUP NUVUA : La pointe de "celui qui est de travers"
HANNINIQ : Celui qui s'est mis de travers
HATQAHIQ : Celui qui est plus loin devant
HATTIKTUQ : Celui qui est plus au large
HAVVIURVINGNAHIQ : L'endroit où ils font des couteaux, mais plus petit que l'autre "l'endroit où ils font des couteaux" qui est dans les environs
HINGIGYUARNAHIQ : Le grand cap mais plus petit que l'autre "le grand cap" qui est dans les environs

HINGILINGNAHIQ : L'endroit qui a un cap mais plus petit que l'autre "l'endroit qui a un cap" qui est dans les environs
HIVUGAKHIQ TAHIRYUAQ : La partie la plus en avant, la plus méridionale, de "le grand lac"
HIVUGAKHIT : Le plus en avant, le plus au Sud
HUANGNAHIQ : Le "*huaq*" plus petit que l'autre, qui est dans les environs (sens précis inconnu)
IGIYUQ : Celles qui sont au milieu des eaux profondes
IGLULGUM KANGIQHUA : La baie de "l'endroit où se trouve la maison"
IHUKHITKUN : Très loin dans l'intérieur des terres (fond d'un golfe)
IKAAQTULIRYUAQ : Celui qui est très loin lorsque l'on traverse
ILGAYAM TAHIA : Le lac de *Ilgayaq* (du lieu qui porte ce nom propre)
IMNARUN : Là où sont les dernières falaises
IMNARYUAKKAT : Celle qui est juste après "la haute falaise"
IQALUVIUM TAHIA : Le lac de "l'endroit où il y a des ombles arctiques"
ITIBLIAP KATIMANIQ : Le raccourci de "le lieu de rencontre"
ITIRUYUIT : Celui qui est loin à l'intérieur des terres
KANGIRYUAKTIAQ : La presque comme la grande baie (mais un peu plus petite)
KAVAHIKTUQ : Celui qui est plus haut
KILINGUYAK : La petite terre le long de la côte
KILLIARYUK : Celui qui est à la fin, le dernier

KILUHIKTUM KUUGAA : La rivière de "celui qui est loin vers l'intérieur des terres"
KILUHIKTUQ : Celui qui est loin vers l'intérieur des terres
KILULIRUTAQ : Celui qui est sur le côté
KIMAKTUUP KUUGAA : La rivière de *Kimaktuut* (du lieu qui porte ce nom propre)
KIN'NGAGYUALIM TAHIA : Le lac de "l'endroit qui a une grande colline"
KIN'NGUGLUK : Celui là qui est derrière la colline
KINGULLIQ : L'endroit qui a le dernier
KUUGARYUARNAHIQ : La grande rivière mais moins grande que l'autre "la grande rivière" qui est dans les environs
KUUNGNAHIQ : La rivière mais plus petite que l'autre "la rivière" qui est dans les environs
MANAKTURVIK TUNULIK : L'autre côté de "l'endroit où ils utilisent des appâts" (ancienne technique de pêche)
MASHUYAM TAHIA : Le lac de *Mashuyaq* (du lieu qui porte ce nom propre)
NAUYAAN IKIRAHAA : Le détroit de "les mouettes"
NAUYAAN TAHIA : Le lac de "les mouettes"
NUVUKHII : Les derniers, ceux de la fin
QALII : Au-dessus
QARIAQ : Celle qui est une partie de quelque chose de plus grand mais dont elle est séparée
QIGUUKHALLIQ : La falaise qui est plus loin là-bas
QILAKAVIK : L'endroit qui est le plus éloigné
QILANITURVIK : L'endroit qui est tout en haut
QILATURVIK : L'endroit qui est en haut
QINGARLUAM TAHIA : Le lac de "la grande forme d'un nez"
QINNGUA : Loin à l'intérieur
QINNGUK : La fin, le bout

QITIIQ : Le milieu
QULLIQ : Au sommet
QULLIQTAAK : Le plus grand sommet
QURLUQTUUP KUUGAA : La rivière de "qui est des rapides"
TAHIALUUM KUUGAA : La rivière de "les deux lacs"
TAHIAPIK MANIRUAQ : Les monts qui sont à côté de "là où sont les lacs"
TAHIHUINNALAN : Celui qui est en face de "les deux petits lacs"
TAHIKAFAALUNGNAHIQ : Le plus grand des lacs mais moins grand que "le plus grand des lacs" qui est dans les environs
TAHIRYUARNAHIQ : Le grand lac, mais moins grand que "le grand lac" qui est dans les environs
TIFFIKTUQ : Celui qui est loin là-bas
TUKINGAYUQ : Le vraiment dernier
TUNUN'NGAM KUUGAA : La rivière du "dos de la terre"
TUNUN'NGAYULIK : L'endroit qui a celui qui regarde vers le dos de la terre (orientation du versant)
TUNUNIQ : Le dos de la terre, l'autre côté de la terre
TUTQUHIKTUQ : Celui qui est placé sur le côté
UALIRAALUK : Celui qui est plus loin vers l'Ouest
ULUGIAP TAHIA : Le lac de "avec des couteaux de femmes"
ULUKHAQTUURALUK : Celui qui est comme "celui 'où l'on trouve des pierres pour faire des lames pour les couteaux de femmes'"
UMINGMAKTUP NUVUA : La pointe de "celui qui est le bœuf musqué"
UNGAHIKTUQ : Celui qui est éloigné
UVAYUQ : Celui dont l'un des versants est plus long que l'autre (à Coppermine : "celui

Annexe 1

qui regarde du mauvais côté", par rapport à l'orientation des autres versants)
UVAYURRUHIQ : Le petit de "celui dont l'un des versants est plus long que l'autre"

(à Coppermine : "le petit de 'celui qui regarde du mauvais côté'", par rapport à l'orientation des autres versants)

E. Milieu physique, toponyme référencé dans l'espace, auto-référencé

AKILLIIT : Celles qui sont ensemble (serrées l'une contre l'autre)
ALITIMAK : Les deux minuscules îles qui sont ensemble
ATANIHIRIIK : Les petits qui sont reliés l'un à l'autre (par un petit cours d'eau)
ATANIRIIK : Ceux qui sont reliés l'un à l'autre (par un petit cours d'eau)
ATAYURNATIT : Ceux qui sont dispersés (les uns par rapport aux autres)
HANIRUTIT : Celles qui sont très rapprochées les unes des autres
HIAKHAK : Les écartelées / les dispersées (les unes par rapport aux autres)

ILUITKALUK : L'ensemble, toutes (petit archipel)
IPIRVIKHAQ : Le talus qu'il faut franchir (lorsque l'on suit certain itinéraire)
KIVYAKTUQ : Ceux qui sont déployés en plusieurs petits groupes
NALIKATURVIT : Celles qui sont alignées à la suite les unes des autres
TAHIAPIK AKULLIQ : De "là où sont les lacs" (*Tahiapik*), celui du milieu
TAHIAPIK ATTANI : De "là où sont les lacs" (*Tahiapik*), celui du bas
TAHIAPIK QULLIQ : De "là où sont les lacs" (*Tahiapik*), celui du haut
UNIQUK : Celles lié(e)s ensemble

F. Milieu humanisé, activités régulières, pas d'informations supplémentaires

AMARUQ : Le loup
ANARVIK : L'endroit où l'on défèque
AVAK : Suffoquer à la suite d'une strangulation
NIKAVIK : L'endroit où l'on porte le deuil

NIVIKTUUYUQ : Les boyaux de poissons
PANGNIQTUQ : Celui qui est un caribou mâle
QINMIRYUAQ : Le très grand chien

G. Milieu humanisé, activités régulières, vie quotidienne

AGIRAQ : Aiguiser (quelque chose)
ALIGULIK : L'endroit qui a des roches tendres
ALINGNAM TAHIA : Le lac de *Aliknak* (nom propre)
ALLIAKHAQHIURVIK : L'endroit où l'on se fabrique ses traîneaux
ANAVILUK : Nom propre
ANGULAALIK : Nom propre

APTALUK : Nom propre
HAUNIQTUUQ : Celui qui est avec des os
HAVVIURVIK : L'endroit où ils font des couteaux
HIGLUKUT : Nom propre
HINIKTALIK : L'endroit qui a ceux qui dorment en dehors de chez eux (lieu d'étape où l'on passe une nuit en cours de voyage)

HINIKTANILIK : Le lieu d'étape pour une nuit (voir ci-dessus)
HULURAQ : Nom propre
IGLUHUKYUIN : Les maisons vraiment très grandes
IGLUHUKYUKUN : Les maisons vraiment nombreuses
IGLULIK : L'endroit qui a une maison
IGLULINGAYUQ : L'endroit qui a beaucoup de maisons
IGLURYUALIK : L'endroit qui a une grande maison
IGUKTUQ : Action en rapport avec le grattage des peaux de caribous une fois sèches (sens précis incertain)
IKUTIK : Nom propre
ILGAYALUK : Nom propre
ILGUQ LAKE : Le lac de *Ilguq* (Nom propre)
ILUVILIK : L'endroit qui a des tombes
ILUVIQHIVIK : L'endroit où sont les tombes
INGNIQHIN : Beaucoup de feux (de pierres pour faire du feu)
INGNIQHIURVIK : L'endroit où l'on peut trouver de quoi faire du feu (des pierres à feu)
INUILARMIUQ : Là où il n'y a personne
INUTQUAKHAARVIK : L'endroit où les gens âgés habitent
INUTQUAKHAARYUK : Le très vieil homme
IQALLIVIK : L'endroit où il y a des ombles arctiques (cache où le poisson séché est remisé)
IQALUUTIQARVIK : L'endroit où ils entreposent des ombles arctiques (cache)
KAGIUQALIK : L'endroit qui a des gens qui s'arrêtent pour faire des cartouches (pour leurs fusils)
KANNUYAQ : Nom propre
KATAUYAM TAHIA : Le lac de *Katauyaq* (nom propre)

KIKIVLIAQTUQ : Celui qui est avec de la poussière de cuivre mélangée au sable de la grève
KIMAKTUUP TAHIA : Le lac de *Kimaktuut* (nom propre)
KINAVIAK : nom propre
KUKUVIRNAK : L'endroit où l'on se gratte car on a des démangeaisons
MAKKUALUK : Nom propre
MAKPIRAIRVIK : L'endroit où ils déposent le courrier
MIMURANAM KUUGAA : La rivière de *Mimurana* (nom propre)
NANIYITAQ : Où quelqu'un a déjà trouvé quelque chose une fois
NAPAAQTULIK : L'endroit qui a des arbres
NAPAAQTUTUUQ : Celui qui est avec des arbres
NAPIRARVIK : L'endroit où l'on joue à *napirak* (jeu d'adresse)
NATKUSIAM KUGAA : La rivière de *Natkusiaq* (nom propre, guide de Stefansson de 1913 à 1918)
NAUHIRVIK : L'endroit où les femmes attendent leurs maris (quand ils partent chasser plusieurs jours)
NIRIHURVIK : L'endroit où l'on mange
NUNANGIYAAQ : Celles là font partie de la terre (îles éloignées de la côte)
NUNANGIYAQ : Celle là fait partie de la terre (île éloignée de la côte)
NUNATURLIQ : L'endroit sur la terre qui a celui qui est "le camp"
PANAKTAK : Nom propre
PAPILLUQTALIK : L'endroit qui a *Papilluq* (nom propre)
PAPILLUUM TAHIA : Le lac de *Papilluq* (nom propre)
PIYUMALIQHIAQ : Là où l'on veut quelque chose
PUTUITAAM HINGIA : La pointe de *Putuitaaq* (nom propre)

Annexe 1

QAINNIVILIK : L'endroit qui a ceux qui construisent leurs kayaks
QAIRUHULIK : L'endroit qui a ceux qui s'attendent pour passer l'hiver ensemble (lieu de rassemblement d'automne)
QALGILIK : L'endroit qui a une maison de danse
QALGILIUMANIQ : Celui qui ressemble à une maison de danse (il ne s'agit pas de la forme de l'entité nommée)
QALRUVIK : L'endroit où ils aboient
QILUKUM QIKIQTAA : L'île de *Qiluk* (nom propre)
QIUYUHIVIT : Les lieux où il y a beaucoup de bois
QIYUKTARVIK : L'endroit où il y a du bois
QIYUKTUKAM KUGAA : La rivière de "celui qui a du bois"
QIYUKTULUAQ : L'endroit qui a beaucoup de longs morceaux de bois
QIYUQITTIVIK : L'endroit où il y a du bois pour fabriquer des choses
QUAHAM TAHIA : Le lac de *Quaha* (nom propre)
QULLIHAK : Où il y a des lumières
QUPILRUQTUUQ : Celui qui est avec beaucoup de larves
QUQAAQ : Nom propre
SILIKAFAALUK LAKE : Le lac de *Silikafaaluk* ("le grand imbécile", surnom d'un trappeur Blanc)
TATITAQANAQTIT : L'endroit où l'on traîne sa viande sur le sol (au lieu de la porter sur le dos)
TULLAAT : Le lieu de rencontre (entre sous-groupes)
TUPIRYUAQ : La grande tente
UINGIQ ISLAND : L'île de *Uingiq* (nom propre)
UKIURVIK : L'endroit où l'on campe en hiver
ULISIVIK : L'endroit où ils font la course
ULUGIAQ : Celui des couteaux de femmes (où l'on trouve des pierres pour les faire)
ULUKHAQTUUQ : Celui qui est où l'on trouve des pierres pour faire des lames pour les couteaux de femmes
ULURVIK : L'endroit où l'on utilise des planches pour racler les peaux (sens contemporain : planche à lessive)
ULUYURVIK : L'endroit où l'on fabrique des couteaux de femmes
UNGIVIK : L'endroit où l'on passe une nuit en hiver, quand on voyage
UNNUAGAKHIURVIK : L'endroit où l'on passe des nuits blanches
UQAUHIRVIK : L'endroit où l'on utilise quelque chose pour se parler (une radio)
UQHUQHIRVIK : L'endroit où l'on transforme la graisse de phoque en huile (pour les lampes qui éclairent et chauffent les iglous, et sur lesquelles on cuisait les aliments)
UQUHIKHAALUK : Celui qui a de la stéatite
UYARALIAQTARVIK : L'endroit où l'on vient prendre du gravier

H. Milieu humanisé, activités régulières, activités cynégétiques

AAHANGIQTUUQ : Qui est des cacaouis
AGLUVIK : L'endroit où sont les trous de respiration des phoques
AHIARNIARVIK : L'endroit où l'on cueille des airelles
AMUAQATTARVIK : L'endroit où on les pêche l'un après l'autre (où l'on prend beaucoup de poissons en peu de temps)

ANAAKHILIK : L'endroit qui a des "poissons blancs" (espèce de poisson particulière)
ANAAKHIURVIK : L'endroit où l'on pêche des "poissons blancs"
ANAQANIAK : Où ils défèquent (les poissons, quand on les tire hors de l'eau)
ANARUVIK : L'endroit où ils défèquent
ANNIALIK : L'endroit qui a ces ombles arctiques (*anniaq*) qui vivent habituellement dans les lacs mais en sortent parfois pour descendre vers la mer
ANNIAQHIURVIK : L'endroit par lequel passent les *anniaq*
ANNIYALGUP KUUGAA : La rivière par où passent les *anniaq*
ANNIYALGUP TAHIA : Le lac des *anniaq*
ANNIYAQ : Le passage par lequel ils traversent (les poissons ou les phoques)
ANNIYIVIK : L'endroit depuis lequel partent les *anniaq*
AQILGIQTURVIK : L'endroit où il y a habituellement des lagopèdes
ATIQHILIRVIK : L'endroit par où ils (les caribous) traversent : passage à gué
ATIQTUQHIURVILIK : L'endroit où ils (les chasseurs) restent à l'affût pour attendre ceux qui traversent (les caribous)
HALURVIK : L'endroit où ils les (les poissons) attrapent à la main
HIAKHAT : Où sont les poils (d'animaux)
HIATKULUK : Celui-là où il y a beaucoup de poils (d'animaux)
HIHUNGAQ : Où il y a des plantes comestibles
HIKHIKTUUQ : Celui qui est le spermophile arctique (famille des écureuils)
HIUQQITAK : L'endroit sableux et peu profond / le passage à gué des caribous
IHURVIK : L'endroit où les chasseurs restent à l'affût

IHUUQTULIK : L'endroit qui a de très gros poissons (truites ou ombles arctiques)
IQALUGAQHIURVIK : L'endroit où ils "chassent" de petits ombles arctiques
IQALUKPILIK : L'endroit qui a des ombles arctiques que l'on pêche
IQALUKTUUQ : Celui qui est avec des ombles arctiques
IQALUKTUUTTIAQ : Le bon coin pour (pêcher) les ombles arctiques
IQALULIALIK : L'endroit qui a des ombles arctiques
IQALULIALUK : Là où l'on pêche des ombles arctiques
IQALULIGARYUAQ : L'endroit qui a beaucoup de petits ombles arctiques
IQALULIK : L'endroit qui a des ombles arctiques
IQALUQAQTUN : L'endroit qui a des ombles arctiques
IQILGAGIAQ : L'oiseau qui ressemble à un sterne arctique
IQQAKHARVIALUK : Le grand endroit où l'on jette sa ligne (pour pêcher)
IQQAKHARVIK : L'endroit où l'on jette sa ligne (pour pêcher)
IVATURLIK : Celui qui est avec des nids de canards
IVITAAHURLIK : L'endroit qui a "ceux qui sont rouges" (ombles arctiques sur le point de pondre)
IVITAARUQ : Celui qui est rouge (omble arctique sur le point de pondre)
IVITAARUQTUUQ : Celui qui est avec "ceux qui sont rouges"
KAPIHILIKTUUN : Les deux qui ont "ceux qui ont des écailles" (petit poisson blanc de lac)
KAPIHILIKTUUQ : Celui qui est avec "ceux qui ont des écailles"
KIJJIVIK : L'endroit où les poissons prennent le soleil (parce qu'ils nagent presque en surface)

Annexe 1

KUVIAQTURVIALUK : Le grand coin où l'on pêche beaucoup
KUVYAQTURVIK : L'endroit où ils posent des filets à poissons
MANAKTURVIK : L'endroit où ils utilisent des appâts (ancienne technique de pêche)
MANNIK : Les œufs
MAUTARINA : Le point d'observation
MAYURLIHUK : Par là où les poissons remontent vers les lacs
NAGYUKTUUQ : Celui qui est avec beaucoup d'andouillers (ramure de caribous)
NAHAUYAN : Où les oiseaux nichent parfois
NALLUARYUK : Le petit endroit où l'on nage (les caribous)
NALLUKAFAALUK : Le très grand endroit où l'on nage (les caribous)
NALLUQ : L'endroit où l'on nage (les caribous)
NALLURYUAQ : Le grand endroit où l'on nage (les caribous)
NATTIQTURAYUK : Le grand endroit où sont les phoques
NATTIQTUUQ : Celui qui est avec des phoques
NUNATURNIQ : La bonne herbe de la terre
NURRALIKTUN : L'endroit qui a les tous jeunes caribous
NUVIKHAQTUQ : Celui qui est où ils font ou réparent des filets à poisson
PATUTAAK : Où les poissons gèlent avec l'eau du lac
PAUN'NGATUUN : Les airelles noires
PIKIULIK : L'endroit qui a des nids
PUBLAHIRVIK : L'endroit où l'air sort (par les trous creusés pour pêcher sous la glace)
QAKPIK : La plage où les phoques barbus s'échouent presque en été (parce que la mer est profonde très près de la côte)
QALIQUVILIK : L'endroit qui a des phoques en train de muer (nom très ancien, traduction délicate)
QANIUYUQHIURVIK : L'endroit où les chasseurs restent à l'affût
QILANAAQTURVIK : L'endroit où l'on est très excité
QIN'NGIGVIK : L'endroit où l'on observe
QIN'NGUNMILVIK : L'endroit où l'on utilise des jumelles
QIRRAQTUQ : Celui qui est gelé jusqu'au fond
QITYIVIK : L'endroit où l'on harponne les poissons
QUGYULIK : L'endroit qui a des cygnes
TUKTUTUUQ : Où sont les deux caribous
UGYUKHIURVIK : L'endroit où l'on chasse des phoques barbus
UKALIQTUUQ : Celui qui est avec des lièvres arctiques
UMINGMAGYUK : Le petit bœuf musqué
UMINGMAGYUUQ : Les petits bœufs musqués
UMINGMAKTUUQ : Celui qui est avec les bœufs musqués
UQHULIUTILIK : L'endroit qui en a de bien gras (les poissons)
UTIRVIK : L'endroit où ils reviennent (les gens ou les caribous)

I. Milieu humanisé, activités régulières, déplacements

AULLATIVIK : L'endroit où sont (où se rassemblent) les gens qui voyagent ensemble
AURARYUAQ : Le grand voûté
AYUK : Le point de repère (naturel et non pas construit par les hommes)
HANIRAHIK : Celle qui est longée (la côte)

HIKUHUILAQ : Celui qui ne s'englace jamais
HIKUNGIYUITTUQ : Celui qui n'est jamais libre de glace
HILALIURVIK : L'endroit où se fait le temps (d'où viennent les tempêtes)
HINATAKHIURVIK : L'endroit par lequel on longe la côte (quand on voyage)
HINIRALUK : Celui-là vers où on longe la côte quand on voyage
HINIUMANIQ : Où l'on s'éloigne du rivage (quand on voyage)
IKPIGVIKHAQ : Le talus qu'il faut franchir (quand on suit certain itinéraire)
INUKHULIK : L'endroit qui a un inukhuk (cairn de pierres ayant une forme humaine)
INUUYALIK : L'endroit qui a une poupée, l'inukhuk
IPIRAUHIQHAQHIVIK : L'endroit où il faut des bottes étanches (en peau de phoque barbu)
IPIRAUYARVIK : L'endroit où l'on utilise des bottes étanches
ITIBLIAQ : Le raccourci
ITIBLIARYUAQ : Le grand raccourci
ITIBLIARYUK : Le petit raccourci
ITIMYAQ : Celui qui passe à travers (raccourci)
ITIRAHUGYUAQ : La longue partie à traverser
IVIYUQTUUQ : Celui qui est de la glace pressée qui s'empile
IVUNIRYUK : Où la glace est pressée et s'empile, où il y a des couches de glace empilée
KANGIQUTAAK : Là où l'on traverse la pointe (au lieu d'en faire le tour par la banquise)
MALIGHIURVIK : L'endroit où il faut passer de hautes vagues, une mer toujours agitée
MALLIQTUUQ : Celui qui est avec de grosses vagues

MAYUATUN : Celui qu'il faut escalader
NAMAKHIVIK : L'endroit où sont les derniers
NAPAAQUYUT : Où un signe de repère en bois a été placé
NILAK : L'embouchure d'une rivière dont l'eau coule tout l'hiver et où la glace devient très épaisse et où la glace s'empile
NILALIALUK : Le grand *nilak*
NILALIK : L'endroit qui a un *nilak*
NULAHURYUK : Où les vêtements sont couverts de glace (traduction exacte incertaine)
NUNAHUNA : Celui qui a une bonne odeur de terre, ou de plantes
PIRIN'NGAHIURVIK : L'endroit par où le chemin devient tortueux
QAHINGUKTARVIK : L'endroit où ils font une halte quand ils voyagent
QAKIUMANNAK : Là où il n'y a jamais de neige, où le sol est toujours à nu
QANIQHIURVIK : L'endroit où la glace commence à fondre précocement
QITARUNGAK : Celle que l'on laisse sur le côté en passant
QUARAUKKAT : Celui-là où la glace n'est pas recouverte par la neige (traduction exacte incertaine)
QULLIQTAARIAQ : Le chemin vers "le plus haut" (vers *Qulliqtaak*)
UGALIURVIK : L'endroit où les gens attendent quand souffle le vent d'Ouest
UIVALLUK : Celui qu'il faut contourner lorsque l'on voyage
UIVALLURAALUK : Le gros qu'il faut contourner lorsque l'on voyage
UIVYAARUT : Celui qui est long à traverser

Annexe 1

J. Milieu humanisé, activités régulières, événement accidentel

AGAKTITIVIK : L'endroit où l'on pousse quelque chose vers le bas
AGUPQANA : Nom propre
AHUNGAHUNGALIK : L'endroit qui a une bosse (lié à l'histoire du géant)
AIVIRLAK : Le presque morse
AKHAKTALIK : L'endroit qui a un ours grizzly
AKUVAAM TAHIA : Le lac d'*Akuvak* (nom propre)
ALIUGUN : La gamelle de chien
ALLIYARVIK : L'endroit où quelqu'un a cassé son traîneau
AMAAQTUQ : Celui qui est une femme qui porte son bébé dans son do, (nom de la première femme qui mourut)
ANARAHUIRHIRVIK : L'endroit où l'on se précipite pour déféquer
ANGUYUHIQ : Là où quelqu'un a déjà pris quelque chose
APTALUK : Nom propre
AQHAAGAQ : Celui où quelqu'un a pris quelque chose à quelqu'un d'autre
ATUAQTARVIK : L'endroit où quelqu'un a laissé une hache
AVAHARVIK : L'endroit où quelqu'un fut assommé
AYAAYAAQ : En chantant
AYAAYAARA : Ma chanson
AYAPPAQPAQTURVIK : L'endroit où quelqu'un perdit l'équilibre
HALUAQHIVIK : L'endroit où l'on fait sécher ses vêtements
HAVIIRVIK : L'endroit où quelqu'un a été privé (a perdu) d'un couteau
HAVIKTALIK : L'endroit qui a un couteau
HITAMAIYARVIN : L'endroit où quatre furent enlevés
HULURAHUK : Nom propre
ILGAAVIK : L'endroit où quelqu'un perdit ses lunettes
INUARULLIGAQ : L'endroit qui a des "petites personnes" qui vivent là
INUINNGIRIT : Le lieu avec ceux qui ne sont plus vivants (les morts)
IRIARALUK : Celui-là où l'on ne reste pas longtemps car l'endroit est effrayant
ITIBLIVIK : L'endroit où l'on fait des cauchemars
JAIGUM TAHIA : Le lac de *Jaiguk* (nom propre)
KANGUAQ : Nom propre
KATIQHUNNGUVIKUK : L'endroit où il y a une carcasse
KIGUTAIRVIK : L'endroit où quelqu'un perdit une dent
KUNIGVIK : L'endroit où l'on s'embrasse
MALINIQ : Nom propre
MALIRUT : Nom propre
MANGILANA : Nom propre
MASHUYAQ : Nom propre
MATAM TAHIA : Le lac de Martha
MIMURANA : Nom propre
NAKAHUNGATUARYUN : Là où quelqu'un avait la vessie vraiment pleine (et se précipita pour la vider)
NANUALUK : Celui-là avec l'ours polaire
NANUQTUUN : Celui qui avait deux ours polaires
NIAQQINNGUVIK : L'endroit où quelqu'un est tombé sur la tête
NIAQUALUK : Nom propre
NIPALAARIYUK : Nom propre
NIPALAARIYUM TAHIA : Le lac de *Nipalaariyuk* (nom propre)
NIRIUNAK : Nom propre
NIRIYUQ : Nom propre
NIRLIQ : Nom propre

NIVIKTUUYUQ : Les boyaux de poissons
PANGNIQTUQ : Celui qui est un caribou mâle
PUALUIRVIK : L'endroit où il y a une paire de moufles
PUTULIK : L'endroit qui a un trou
QALVIURVIK : L'endroit où il y a un glouton (parce que quelqu'un y a tué un glouton)
QAMUTIKTALIK : L'endroit qui a un traîneau
QAULUAQ : Nom propre
QAYAKIQTALIK : L'endroit qui a un kayak
QAYALIHUK : Celui-là qui a le kayak
QILALUGARVIK : L'endroit où l'on trouva une baleine
QIMMIARYUKTURVIK : L'endroit où ils ont mangé des chiots
QIQITTIIVIK : L'endroit où il y a un congélateur
QITAK : Nom propre (d'un chien)
QIYUQUTAQ : La boite en bois
QUTUIRVIK : L'endroit où quelqu'un s'est cassé la clavicule
SIKIIIYARVIK : L'endroit où il y a un ski (de moto-neige)
TAHIURVIK : L'endroit où ils se tiennent par la main
TAKPALUK : Nom propre
TIGUHIVVIK : L'endroit où l'on saisit des choses
TIKHIRVIK : L'endroit où quelqu'un est parti à la dérive
TUNIQTALIK : L'endroit qui a des "petites personnes"
UHINGUTYAT : Où quelque chose a été renversé (peut-être de l'huile de phoque, nom ancien, traduction exacte incertaine)
UHUILAQ : Le pénis coupé
UKKUTITAQ : Le canif
UNGUARVIK : L'endroit où ils ont vécu des temps difficiles
UQHUQTIQTUQ : Celui qui a été couvert d'huile
UQQINAP TAHIA : Le lac de *Uqqina* (nom propre)
UTKUHILIK : L'endroit qui a une marmite
UVAYUQ : Nom du premier homme qui mourut
UVAYURRUHIQ : Le petit *Uvayuq*, nom du premier enfant qui mourut

Annexe 2

A propos des sources et des méthodes

L'OBSERVATION PARTICIPANTE

Pour appréhender les catégories opératoires propres aux Inuinnait en matière de géographie, il fallait que ma parole ne brouille pas la leur. Je me suis donc gardée le plus souvent de poser des questions directes ou d'orienter artificiellement les conversations. Si je voulais comprendre dans quelles occasions le savoir géographique est mobilisé, il me fallait attendre qu'il le soit et non pas provoquer son apparition. L'observation participante était l'unique moyen d'y parvenir. Le temps dont je disposais dans chaque village - tout comme leur taille réduite - me permettait d'y avoir recours. Dans les villages les plus étendus, Coppermine et Cambridge Bay, cette méthode a cependant révélé ses limites : dans les communautés trop nombreuses, il est impossible au chercheur de créer avec suffisamment de familles les liens de confiance indispensables à ce type d'approche.

Bien sûr, les conversations étaient de toute façon influencées par ma seule présence et par mon sujet de recherche, qu'il était normal de présenter en termes clairs à mes hôtes. Avertis de mon intérêt pour les "choses géographiques", ils ont sans aucun doute plus souvent que d'habitude orienté leurs conversations sur ce terrain. Cependant, cette tendance était en quelque sorte corrigée par la longueur des séjours dans chaque communauté. Aux efforts des premiers jours pour satisfaire ce que l'on suppose être l'attente du visiteur, succède bien vite le retour aux habitudes et aux conversations quotidiennes. Le temps aidant, j'étais peu à peu perçue plus comme une personne à part entière et moins comme un chercheur, ce qui déplaçait les curiosités et les sujets d'échanges. Cela a été plus facile et rapide à Holman, du fait de l'ancienneté de mes relations avec cette communauté. Ailleurs, la tâche s'est trouvée simplifiée par le fait que j'arrivais d'Holman - sorte de "camp de base" pendant ma plus longue mission - et non de France, c'est-à-dire de nulle part. Mes nouveaux interlocuteurs, voyant que mon univers de

Annexe 2

relations recouvrait au moins partiellement le leur, m'intégraient plus facilement dans leur cercle de familiarité.

Une recherche qui s'appuie sur l'observation participante ne peut se faire que dans le cadre d'un long séjour sur le terrain. Observateur et informateurs ont besoin de temps, pour s'accepter mutuellement, se faire confiance et se comprendre. Disposant de près d'une année (septembre 91 à juin 92), je pouvais m'offrir ce luxe de poser très peu de questions et de ne pas provoquer de discussions artificielles. Même au cours de l'enquête toponymique, les questions directes étaient limitées au strict nécessaire. Une bonne partie de mon séjour sur le terrain s'est ainsi passée dans l'attente patiente de réponses spontanées à mes interrogations silencieuses. Lié au temps, un autre atout considérable était la possibilité d'effectuer plusieurs séjours dans chaque communauté (sauf à Umingmaktok). Cela permettait de laisser les interlocuteurs se reposer, de casser l'effet inéluctable de lassitude et de susciter un regain d'intérêt et de sympathie à chacun de mes retours. Tout comme j'élaborais de mieux en mieux mes problématiques et cernais les points à creuser, mes interlocuteurs avaient le temps d'assimiler plus en profondeur la nature du projet et ma réapparition provoquait immanquablement le partage de réflexions nouvelles, approfondies, avec les Inuinnait les plus intéressés par mon projet.

L'observation participante implique que l'on travaille beaucoup dans le flou et sur l'implicite, ce qui ne va pas sans difficultés... Isolé, on s'inquiète parfois de ce qui, sur le terrain, semble n'être qu'une bien maigre moisson. Ce n'est qu'avec le temps, le recul et la réflexion que la stratégie s'avère efficace.

LES ENQUETES PAR QUESTIONNAIRES

Cette méthode de recueil d'informations, couramment utilisée par les géographes et les anthropologues, n'a pourtant pas été retenue dans ce travail, principalement pour deux raisons.

Tout d'abord, un tel outil se prête peu à une recherche sur un savoir vernaculaire. Que demander en effet ? Interroger sur les pratiques de l'espace, les déplacements, les destinations, le rythme de ceux-ci ? Cela, en fait, n'avance guère sur le savoir géographique : réduite à l'identification des zones de chasse et trappe, l'utilisation du territoire ne renseigne que très incidemment sur la perception que l'on en a. Un très grand nombre d'enquêtes de ce type ont été menées en Arctique canadien ces vingt dernières années : leur consultation n'apporte rien à l'ethnogéographe. De plus, le questionnaire tend à enfermer l'interlocuteur dans un discours qui n'est pas le sien mais celui de l'enquêteur. Dans ces conditions, comment appréhender le savoir de l'autre ? Comment trouver ses catégories propres, celles qu'il utilise pour ordonner ses connaissances et leur donner un sens global ? Un questionnaire peut être efficace, mais à condition d'être établi après une période d'observations préliminaires et d'être ensuite proposé à un groupe très large. Le petit nombre d'Inuinnait en âge d'y répondre ne le permettait pas.

Par ailleurs, mes réticences étaient aussi nourries par mon expérience antérieure et le témoignage de plusieurs collègues travaillant avec des Inuit. Laconisme et propos vagues sont les deux qualités des réponses que l'on obtient habituellement. Une question n'engage pas une conversation mais un bref dialogue. Il est très rare d'obtenir hors contexte des réponses précises à des questions précises, quel que soit le sujet sur lequel elles portent. De plus, les Inuit se lassent vite de cette forme d'échange, sans doute parce que pour eux, elle n'en est pas un. Je ne pouvais espérer appréhender la relation personnelle au territoire, ni même les connaissances liées aux activités cynégétiques, au moyen d'un outil si peu apprécié.

LES ENTRETIENS DIRECTIFS, SEMI-DIRECTIFS ET LIBRES

Le refus plus ou moins masqué de répondre aux questionnaires d'enquêtes ne doit pas être compris comme une volonté de cacher des informations. Il dénonce seulement, implicitement mais fermement, une inadaptation de ce procédé aux modalités de communication que les Inuinnait - et plus généralement, la plupart des Eskimo - jugent acceptables. Les récits des explorateurs puis les expériences des chercheurs de diverses disciplines montrent que les Inuit sont en général plutôt enclins à partager leur savoir avec les étrangers. Encore faut-il les écouter et les laisser maîtres de se livrer comme ils l'entendent. Aussi les entretiens semi-directifs sont-ils beaucoup plus efficaces, parce qu'ils laissent l'interlocuteur libre d'organiser son discours.

Un très grand nombre d'entretiens ont été menés sous cette forme. Sauf dans le cadre de l'enquête toponymique (voir *infra*), ceux-ci se sont toujours déroulés de façon informelle et sans rendez-vous, à l'occasion des visites qui rythment la vie quotidienne des villages inuit. Après quelques semaines, il est facile de savoir qui sera dans quelle maison vers quelle heure et d'organiser en conséquence des passages réguliers dans les foyers les plus variés possible. Passé un premier temps d'observation mutuelle, la confiance

Annexe 2

établie permet d'aborder, selon les besoins du moment et l'humeur des uns et des autres, des points que l'on cherche à clarifier. Ainsi, certains individus deviennent des informateurs privilégiés avec lesquels se partagent régulièrement réflexions et interrogations. Dans ces moments là, des échanges très ouverts s'instaurent car les Inuinnait apprécient ces conversations où leur statut de connaisseur est reconnu et où toute latitude leur est laissée pour développer leurs pensées.

L'ENQUETE TOPONYMIQUE

Le relevé et la reconnaissance des toponymes autochtones

En Arctique, le relevé des toponymes endogènes remonte aux premiers explorateurs, qui firent souvent appel aux Inuit pour se repérer (Müller-Wille, 1985). Du XVIè au début du XXè siècle, ils enregistrèrent des noms de lieux, qu'ils inscrivaient sur les cartes à côté de ceux qu'ils se croyaient autorisés à inventer pour désigner d'autres entités. Malheureusement, leur méconnaissance de la langue et de la culture les porta à souvent mal transcrire les toponymes inuit, ou à les amputer de plusieurs syllabes parce qu'ils les trouvaient trop longs. Ils perdirent ainsi le sens d'un système géographique dont ils ne récoltaient que des miettes. De plus, ils commettaient fréquemment des erreurs sur l'entité exacte que ces noms désignaient. Parmi les ethnologues, F. Boas fut le premier à s'intéresser sérieusement aux toponymes inuit, auxquels il reconnaissait une grande valeur[1]. En 1883-1884, il entreprit un relevé systématique des noms de lieux de la partie méridionale de la Terre de Baffin et en recueillit plus de 900. Par la suite, les ethnologues comme les missionnaires prirent l'habitude de dresser de longues listes, mais qui pêchaient souvent par manque de rigueur. Il fallut attendre les années soixante pour que reprennent les relevés à vocation exhaustive.

L'organisation de ma propre collecte s'est inspirée de deux entreprises. Celle de J.-F Le Mouël (1978) et celle de L. Müller-Wille et de son épouse L. Weber. Le premier s'est appuyé sur la collecte des toponymes utilisés par les *Naujamiut* (côte occidentale du Groenland, district d'Upernavik) pour appréhender la relation des hommes à leur territoire dans les sociétés eskimo. Les seconds ont procédé à un relevé exhaustif de

---

1 Voir note 1, page 105.

A propos des sources et des méthodes

l'ensemble des toponymes inuit du Nouveau Québec[2] puis du Keewatin. Au cours de la décennie consacrée à ces vastes enquêtes, ils ont élaboré une méthode fort efficace pour le recueil des toponymes autochtones. J'ai eu la chance de profiter de leurs conseils et ai suivi de très près leur démarche.

Mon enquête a été menée dans une double perspective. La collecte d'informations relatives au savoir géographique d'une part, l'officialisation - par le Comité canadien permanent pour les noms géographiques - des toponymes ainsi recueillis d'autre part. Ce débouché pratique intéressait particulièrement les Inuinnait. Il m'a permis en outre d'obtenir l'aide du *Territorial Toponymy Program*[3], qui a pour mission de favoriser le relevé des toponymes autochtones en vue de leur officialisation. Celle-ci peut aboutir au changement de nom de certains lieux portant actuellement un nom d'origine allogène. L'intégration de mon projet à ce programme m'a permis d'obtenir gratuitement l'ensemble des cartes - au 1/250 000ème et au 1/50 000ème quand elles existent - dont j'avais besoin, soit 520 cartes en tout. La procédure d'officialisation des toponymes recueillis est en cours et pourrait poser problème pour quelques 229 lieux, identifiés officiellement par d'autres toponymes qui sont soit d'origine allogène soit des toponymes inuinnait mal transcrits ou mal situés.

L'organisation de l'enquête

Trouver une pièce où travailler, suffisamment grande pour que plusieurs cartes puissent être étalées et consultées par au minimum trois personnes à la fois était la première contrainte, et cela n'a pas toujours été facile. Cependant, la vraie difficulté était de trouver un bon traducteur, capable non seulement de transcrire les toponymes mais encore de les traduire, tout comme de traduire l'ensemble de l'entretien au fur et à mesure de son déroulement.

---

[2] Dans le cadre du projet NUNA-TOP, qui doit son nom à l'association du mot *nuna* : "la terre" à la première syllabe du mot *toponymy*.

[3] Financé par le gouvernement des Territoires du Nord-Ouest et installé à Yellowknife.

Annexe 2

Le traducteur

Le traducteur idéal doit s'impliquer dans le projet[4] et être capable d'aider à relancer un informateur "en panne", sans tomber dans le piège des questions. Il doit au contraire savoir laisser aux informateurs la liberté de suivre le fil de leur propre pensée. Côté linguistique, la connaissance approfondie de la langue vernaculaire doit s'accompagner de celle des règles de transcription écrite[5] et d'une maîtrise de la langue véhiculaire (avec les Inuinnait, l'anglais) suffisante pour traduire au plus juste les toponymes ou, du moins, bien en expliquer le sens. Pour traduire des toponymes, au-delà du mot simple, la réalité qu'ils recouvrent en les replaçant dans le contexte culturel des jours anciens dans lequel ils faisaient sens, le traducteur doit lui-même avoir une bonne compréhension de sa culture. Avec les Inuinnait, en dépit de mon projet initial, j'ai dû renoncer à embaucher de jeunes adultes - moins de 35 ans - car, même lorsqu'ils ont suivi une formation de traducteur, leur connaissance de leur langue maternelle est trop superficielle. Leur vocabulaire anglais est plus étendu que celui des non professionnels avec lesquels j'ai travaillé, mais ils ne sont pas suffisamment impliqués dans la culture traditionnelle pour comprendre le sens profond de ce qu'expriment les informateurs. Le traducteur doit aussi bien connaître la communauté afin de guider le choix des informateurs en passant au-dessus des cloisonnements qui organisent la vie sociale villageoise[6].

Malgré ces difficultés, j'ai toujours trouvé des personnes compétentes - le plus souvent des femmes - sauf à Umingmaktok, où personne ne se sentait capable de bien traduire mais où tous se sont collectivement appliqués à fournir des explications et à vérifier l'orthographe des toponymes

---

4 Cette condition a été très facilement remplie. Tous les traducteurs et traductrices étaient avides de mieux connaître leur propre territoire et profitaient souvent des entretiens pour demander aux Anciens des précisions sur divers sujets : un lieu dont ils ignoraient la localisation exacte, des incidents de la vie de leurs parents ou grand-parents, etc.

5 Cela n'est pas toujours courant dans les cultures de tradition orale et a été un obstacle avec les Inuinnait qui, contrairement aux Inuit du Nouveau Québec et de l'Est des T.N.O, n'utilisent pas d'alphabet syllabaire et n'ont pas reçu à l'école de formation pour la transcription en alphabet latin. Ils ne suivent donc aucune règle précise, d'autant plus qu'ils refusent d'utiliser l'alphabet standardisé de l'I.C.I (voir p. 213).

6 A Holman - où ce cloisonnement est pourtant limité - ma traductrice essaya ainsi de me dissuader de parler avec deux Anciens dont les excentricités leur valent d'être exclus du groupe et de n'entretenir de relations qu'avec leur famille directe. A Cambridge Bay, ces coupures au sein de la communauté villageoise posèrent de réels problèmes.

que je notais. A Holman, où l'enquête a débuté, j'ai eu la chance de travailler avec une excellente traductrice. A 58 ans, Mary Uyarartek avait une vue globale du système toponymique, ce qui lui permettait de traduire avec beaucoup de précision et de nuance. Ses explications ont joué un grand rôle dans la qualité des informations recueillies tout au long de ce travail.

Le déroulement de l'enquête

Une fois commencée, l'enquête s'est étalée sur deux semaines à Umingmaktok, quatre à Holman, six à Coppermine et sept à Cambridge Bay, où elle n'a pu être achevée. L'objectif était de relever de la façon la plus exhaustive possible, village après village, le *corpus* des toponymes connus par les Inuinnait en tant que groupe[7].

Le déroulement était toujours le même : munis d'une liste de la population, nous sélectionnions avec le traducteur les informateurs potentiels. Parce que l'objectif allait au-delà de la simple collecte de noms de lieux, nous ne nous arrêtions pas aux quelques chasseurs reconnus pour la qualité de leur savoir toponymique. Mon but était de mener des entretiens avec le plus grand nombre possible de personnes âgées de plus de 35 ans et avec toutes celles de plus de 60 ans encore lucides. A partir de cette liste, des rendez-vous étaient fixés au jour le jour. Chaque fin d'après-midi, un informateur potentiel était contacté (par téléphone, radio amateur, contact direct) pour le lendemain 13h. Le traducteur se chargeait en général de cette tâche : le projet rapidement présenté, il demandait à son interlocuteur s'il était d'accord pour y participer. Les Inuinnait ayant tendance à se coucher très avant dans la nuit, et donc à se lever tard, j'avais dès le début renoncé à mener des enquêtes le matin. Certains informateurs passaient l'après-midi entière avec nous, quelques uns ont même dû revenir deux voire trois fois pour nous dire tout leur savoir toponymique. Lorsqu'il nous restait du temps, nous cherchions à joindre sur le moment un autre informateur, pour mettre à profit le reste de l'après-midi. En moyenne, les entretiens avec chaque informateur duraient trois heures les dix premiers jours, une heure et demi ensuite, parce que la couverture toponymique était déjà bien avancée.

Au début de l'entretien, nous expliquions le projet à l'informateur, puis nous lui demandions où il était né, où il avait surtout vécu et s'il pouvait

---

7 Il aurait aussi été intéressant de relever le *corpus* maîtrisé par chaque chasseur. Malheureusement, cela n'était matériellement pas possible. Il aurait fallu disposer d'un lot de cartes pour chaque chasseur... et d'encore plus de temps. De plus un tel travail, très répétitif, n'aurait pas manqué de lasser les traducteurs, éléments clefs du bon déroulement de l'enquête.

Annexe 2

nous indiquer - sur une carte régionale au 1/500 000ème ou au 1/1 000 000ème - les zones pour lesquelles il pensait connaître des toponymes. Souvent, nous commencions tout simplement en enregistrant sur la carte le toponyme de son lieu de naissance et amorcions à partir de là un tour du territoire. Mise à part la nécessité de donner des toponymes, les informateurs bénéficiaient d'une entière liberté pour organiser leur discours. C'est bien nous qui suivions leur pensée et non le contraire. Nous prenions soin de les laisser dérouler leurs toponymes selon l'ordre qui leur convenait. La plupart suivaient des itinéraires, quelques uns, rares, procédaient par zones. Parce que l'exercice est fatigant, tant pour la mémoire et les yeux de l'informateur que pour la concentration du traducteur et de l'enquêteur, nous ne manquions pas de nous octroyer une pause de temps à autre. Celle-ci permettait d'élargir la discussion, de l'ouvrir à des réflexions plus générales. L'entretien, de directif devenait semi-directif. Le dialogue s'enrichissait souvent des interventions d'Inuinnait de passage. Les informateurs eux-mêmes aimaient à revenir dans la salle où se déroulait l'enquête pour écouter les autres et participer aux conversations connexes.

L'enregistrement et le traitement des données

Pour l'enregistrement des données, la méthode de L. Müller-Wille (1991) a été suivie de très près. Seuls les numéros des toponymes étaient indiqués sur les cartes (au 1/50 000 ou 1/250 000). Le nom et les informations connexes étaient notés sur une fiche, à raison d'une pour chaque toponyme. De même, une fiche était remplie pour chaque informateur ainsi que pour chaque traducteur. D'abord notées sur papier, ces données étaient ensuite saisies sur ordinateur pour traitement informatique. Le programme utilisé, *Nuna-Top,* a été écrit par Linna Weber, sous le logiciel de base de données *DataPerfect.* Son auteur l'a légèrement adapté pour répondre à mes besoins propres et, considérant la faiblesse de mes crédits de recherche, m'a fait don d'une copie de son programme.

Construction d'une représentation cartographique

La représentation cartographique n'était possible que pour les lieux nommés dont les coordonnées géographiques pouvaient être relevées. De ce fait, elle ne donne qu'une image partielle, limitée à 779 entités, de la distribution spatiale du système toponymique des Inuinnait (voir figure 13, page 64 et note 7, page 65).

La réalisation des cartes s'est faite avec la gracieuse collaboration de J.-L Vannière, ingénieur informaticien auprès de la société 3IG, qui développe sous UNIX le système d'information géographique (S.I.G.) URIAH. Il a écrit sous ce S.I.G. un programme permettant de récupérer les traits de côte de la région habitée par les Inuinnait dans une projection de Bonne, à partir de la banque de données numériques D.C.W. (Digital Chart of the World). Une conversion dans la même projection a été appliquée aux coordonnées des toponymes. Les deux jeux de données ont ensuite été associés sous URIAH pour visualisation et impression.

Pour toutes les cartes présentées (figures 13, 17a, b, c, 20a, b, c et 23a, b, c) la projection est centrée sur le point de coordonnées : 69°Nord, 110°Ouest. Grâce aux relevés effectués pour les besoins de la *D.E.W. Line*, la précision du tracé des côtes est de 50 mètres.

PERMIS DE RECHERCHE

Depuis Pythéas, les glaces de Thulé ont fait rêver plus d'un Occidental. Pendant longtemps, n'importe qui pouvait arriver dans une communauté inuit, s'installer, mener sa recherche, repartir... sans que rien ne l'oblige à expliquer à ses hôtes ce qu'il venait faire là, à s'assurer qu'ils étaient d'accord avec son projet, encore moins à leur communiquer par la suite ses conclusions. Lassés de se sentir trop souvent simples objets d'études et non pas partenaires, les Inuit du Canada ont mis en place, avec l'aide du gouvernement fédéral, un système de contrôle des recherches menées dans toutes les disciplines dans leurs villages ou sur leur territoire. Pour les Territoires du Nord-Ouest, le *Science Institute of the NorthWest Territories*, installé à Yellowknife, est chargé de délivrer les permis de recherche. L'obtention du permis est liée à l'approbation écrite du projet par chaque communauté autochtone dans laquelle le chercheur désire travailler. Sans permis, il n'est pas autorisé à mener quelque étude que ce soit et peut se voir prier par les Inuit de bien vouloir quitter le village où il tente malgré tout de travailler. Trois permis de recherche successifs m'ont été délivrés, en 1991 et 1992, permis n° : 11165N, 12067R, 12257R.

(d'après Aliknak, Holman)

BIBLIOGRAPHIE

ABRAHAMSON G. et al., 1963, *The Copper Eskimo, an Area Economic Survey,* Ottawa, MANRN, 194 p.
ANAWAK G. (dir.), 1996, *Inuuqatigiit - The Curriculum from the Inuit Perspective,* Iqaluit, Department of Education, Culture and Employment - G.N.W.T., 171 p.
BALICKI A. et ROUSSELIERE G.M., 1969, *The Netsilik,* Ottawa, Musée de l'Homme, série de 12 films.
BALIKCI A., 1970, *The Netsilik Eskimo,* New-York, The Natural History Press, 264 p.
BALTO A., 1996, "Tradition and Innovation in the Transmission of Knowledge - Examples from Sami child-rearing", *in* Tennberg M. (dir.), *Unity and Diversity in Arctic Societies,* Rovaniemi, I.A.S.S.A., coll. "Topics in Arctic Social Sciences", pp. 7-17.
BERNUS E., 1995, "Perception du temps et de l'espace par les Touaregs nomades sahéliens", *in* Claval P. et Singaravelou (dir.), *Ethnogéographies,* Paris, L'Harmattan, coll. "Géographie et Cultures", pp. 42-50.
BERNUS E., 1982, "Territoires nomades - approches d'un géographe", *Production pastorale et société,* Paris, MSH, pp. 84-90.
BERNUS E., 1981, *Touaregs nigériens - Unité culturelle et diversité régionale d'un peuple pasteur,* Paris, O.R.S.T.O.M., coll. "Mémoires ORSTOM", 94, 508 p.
Bibliothèque nationale du Canada, 1974, *Indian - Inuit Authors; an Annotated Bibliography / Auteurs indiens et inuit; bibliographie annotée,* Ottawa, Information Canada, 108 p.
BIELAWSKI E., 1993, "Inuit Indigenous Knowledge in Contemporary Times", *Occasionnal Papers of the Institute,* Salado (Texas), Institute for the Humanities, pp. 17-25.
BIELAWSKI E., 1984, "Anthropological Observations on Science in the North : the Role of the Scientist in Human Development in the Northwest Territories", *Arctic Journal,* 37,1, Calgary, Arctic Institute of North America, pp. 1-6.
BIRKET - SMITH K., 1959, *The Eskimos,* Londres, Methuen & Co, 262 p.
BLAISEL X., 1995, "Tradition et déconstruction dans trois mythes inuit", *in* Charrin A.-V., Lacroix J.-M. et Therrien M. (dir.), *Peuples des Grands Nords - Traditions et transitions,* Paris, Presses de la Sorbonne Nouvelle / I.N.A.L.C.O. pp. 315-324.
BLAISEL X., 1993, *Espace cérémoniel et temps universel chez les Inuit du Nunavut : les valeurs coutumières inuit et les rapports rituels entre humains, gibier, esprits et forces de l'univers,* Paris, thèse de doctorat de l'E.H.E.S.S. non publiée, 692 p.
BLAISEL X. et ARNAKAK J., 1993, "Trajet rituel : du harponnage à la naissance dans le mythe d'Arnaqtaaqtuq", *Etudes / Inuit / Studies,* 17,1, Québec, G.E.T.I.C, pp. 15-46.

Bibliographie

BLAKEMORE M., 1981, "From way-finding to map-making : the spatial information fields of aboriginal peoples", *Progress in Human Geography,* 5,1, London, E. Arnold, pp. 1-25.
BOAS F., 1888, "The Central Eskimo", *6th Annual Report of the Bureau of American Ethnology for the Years 1884-1885,* Washington, Bureau of American Ethnology, pp. 399-669.
BONNEMAISON J., 1992, "Le territoire enchanté en Mélanésie", *Géographie et Cultures,* 3, Paris, L'Harmattan, pp. 71-88.
BONNEMAISON J., 1986-87, *Les fondements d'une identité. Territoire, histoire et société dans l'archipel de Vanuatu (Mélanésie),* Paris, O.R.S.T.O.M, coll. "Travaux et Documents", 20, 2 vol., 540 et 680 p.
BONNEMAISON J., 1981, "Voyage autour du territoire", *L'espace Géographique,* 10, 4, Paris, Doin, pp. 249-262.
Boreal Institute for Northern Studies, 1986, *Keeveeok, Awake ! Mamnguqsualuk and the Rebirth of Legend at Baker Lake,* Edmonton, Boreal Institute for Northern Studies, University of Alberta, 66 p.
BRODY H., 1981, *Maps and Dreams - Indians and the British Columbia Frontier,* New York, Douglas & McIntyre, (édition de poche, 1983, Londres, Penguin Books, 297 p.)
BRODY H., 1975, *The People's Land - Eskimos and Whites in the Eastern Arctic,* Harmondsworth (G. B.) / Markham (Canada), Penguin Books, 240 p.
BULIARD R., 1950, *Inuk - "au dos de la terre" -,* Paris, Nouvelles Editions Latines, 316 p.
BURCH ES. Jr, 1993, "The Organization of Arctic Social Sciences", *in* Dorais L.-J et Müller-Wille L. (dir.), *Social Sciences in the North,* Québec, G.E.T.I.C. / I.A.S.S.A., coll. "Topics in Arctic Social Sciences", pp. 31-114.
BUSHEY R, 1983, "Native Settlements in Arctic Canada : a Decade of Change", *Habitat,* 26,1, Ottawa, M.A.I.N., pp. 27-31.
BUSHMAN L.N., 1969, "Eskimo Art", *Canadian Ethnic Studies - Bulletin of the Research Centre for Canadian Ethnic Studies,* 1, 2, Calgary, The University of Calgary, pp. 43-50.
BUTTIMER A. & SEAMON D., 1980, *The Human Experience of Space and Place,* Londres, Croom Helm Ltd, 199 p.
BYERS R.B. et SLACK M., 1986, *Strategy and the Arctic,* Toronto, The Canadian Institute of Strategic Studies, coll. "The Polaris Papers", 4, 116 p.
CARPENTER E., 1986, "Northern Arts and Culture", *Information North,* hiver 1986, Calgary, the Arctic Institute of North America / the University of Calgary / the University of Alaska, 16 p.
CARPENTER E., 1973, *Eskimo Realities,* New York / Chicago, Holt / Rinehart and Winston, 220 p.
CHARRIN A.-V., LACROIX J.-M. et THERRIEN M. (dir.), 1995, *Peuples des Grands Nords - Traditions et transitions,* Paris, Presses de la Sorbonne Nouvelle / I.N.A.L.C.O., 349 p.
CLAVAL P.,1995, *La géographie culturelle,* Paris, Nathan, coll. "fac. géographie", 384 p.
CLAVAL P., 1992, "Champs et perspectives de la géographie culturelle", *Géographie et Cultures,* 1, Paris, L'Harmattan, pp. 7-38.

COLLIGNON B., 1997, "La construction de l'identité par le territoire : réflexions à partir du cas des Inuit d'hier (nomades) et d'aujourd'hui (sédentarisés), *in* Bonnemaison J. et Cambrésis L. (dir.), *Les représentations du territoire*, Paris, L'Harmattan, coll. "Géographie et Cultures", env. 12 p.
COLLIGNON B., 1996, "Dynamique du savoir géographique inuit - l'exemple des Inuinnait", *in* Tersis N. et Therrien M. (dir.), *La dynamique dans la langue et la culture inuit - Sibérie, Alaska, Canada, Groenland*, Paris, Peeters, coll. "Arctique", pp. 57-74.
COLLIGNON B., 1994, *Le savoir géographique des Inuinnait (Eskimo du Cuivre, Arctique central occidental canadien) Hilaqaqpuq : "comprendre l'Univers"*, thèse de doctorat non publiée, 345 p.
COLLIGNON B., 1993, "The Variations of a Land Use Pattern : Seasonal Movements and Cultural Change among the Copper Inuit", *Etudes / Inuit / Studies*, 17,1, Québec, G.E.T.I.C, pp. 49-66.
COLLIGNON B., 1991, "Holman Island : évolution du rapport d'un groupe inuit à son territoire (1900 - 1991)", *Acta Geographica*, 87,3, Paris, Société Française de Géographie, pp. 3-27.
COLLIGNON B. et STASZAK J.-F., 1997, "La constitution d'un objet géographique : l'arctique canadien dans les trois premières G.U.", *in* Berdoulay V. (dir.), *Les géographes français et le Canada*, Bordeaux, Presses Universitaires de Bordeaux, env. 20 p.
COLLINGS P.F., 1990, *Waiting for the big game : recreation, stress and coping among the young adult Inuit males in the Copper Inuit community of Holman, NWT*, Université d'Arkansas, mémoire de maîtrise non publié, 144 p.
CONDON R.G., 1994, "East meets West : Fort Collinson, the fur trade, and the economic acculturation of the northern Copper Inuit, 1928-1939", *Etudes / Inuit / Studies*, 18,1-2, Québec, G.E.T.I.C., pp. 109-136.
CONDON R.G., 1987, *Inuit Youth - Growth and Change in the Canadian Arctic*, New Brunswick (E.U.), Rutgers University Press, 252 p.
CONDON R.G., 1981, *Inuit Behaviour and Seasonal Change in the Canadian Arctic*, UMI Research Press, 228 p.
CORRELL Th., 1976, "Language and Location in Traditional Inuit Societies", *in* Freeman M. (dir.), *Inuit Land Use and Occupancy Project*, vol. 2, Ottawa, M.A.I.N, pp. 173-180.
CSONKA Y., 1995, *Les Ahiarmiut - A l'écart des Inuit Caribou*, Neuchatel (C.H), Victor Attinger, 516 p.
CSONKA Y., 1994, "Intermédiaires au long cours : les relations entre Inuit du Caribou et Inuit du Cuivre au début du XXè siècle", *Etudes / Inuit / Studies*, 18,1-2, Québec, G.E.T.I.C., pp. 21-48.
DAMAS D., 1972, "The Copper Eskimo", *in* Bicchieri M.G. (dir.), *Hunters and Gatherers Today*, New York, Holt, Rinehart and Winston, pp. 3-50.
DAMAS D., 1969, "Characteristics of Central Eskimo Band Structure", *in* Damas D. (dir.), *Anthropological Series*, 84, "Contributions to Anthropology : Band Societies", Ottawa, National Museum of Canada, coll. "Bulletin", 228, pp. 116-134.
DAMAS D. (dir.), 1984, *Arctic - Handbook of North American Indians, vol. 5*, Washington D.C., Smithsonian Institution, 829 p.

DARDEL E., 1952, *L'homme et la terre*, Paris, P.U.F., 199 p. (réédité en 1990, C.T.H.S.)
De COCCOLA R. et KING P., 1986, *The Incredible Eskimo - Life among the Barren Land Eskimo*, Surrey (Canada) / Blaine (EU), Hancock House Publishers Ltd, 435 p.
DORAIS L.-J., 1990, *Inuit uqausingit - 1 000 - mots inuit*, Québec, GETIC / Association Inuksiutiit Katimajiit, coll. "Inuit Studies Occasional Papers", 3, 215 p.
DORAIS L.J., 1990, *Inuit Uqausiqatigiit - Inuit Languages and Dialects*, Iqaluit, Arctic College - Nunatta Campus, 193 p.
DORAIS L.-J. (dir.), 1975, *Inuksiutiit - Ce qui concerne les Inuit - Recherches Amérindiennes au Québec*, 5,3, (n° spécial), Montréal, 80 p.
DUHAIME G., 1985, *De l'igloo au H.L.M : Les Inuit Sédentaires et l'Etat Providence*, Québec, Centre d'Etudes Nordiques, Université Laval, coll. "Nordicana", 80 p.
Environnement Canada, 1982, *Canadian Normals Climate - 1951 - 1980 / Normales du climat canadien - 1951 - 1980*, Ottawa, Ministère de l'environnement, Programme climatologique canadien, 9 vol.
FIENUP-RIORDAN A., 1990, *Eskimo Essays - Yup'ik lives and how we see them*, New Brunswick (E.U.), Rutgers University Press, 269 p.
FORTESCUE M., 1988, "Eskimo orientation systems", *Meddelelser om Gronland - Man & Society*, 11, Copenhagen, Kommissionen for videnskabelige Undersogelser i Gronland, pp. 3-30.
FREEMAN M. (dir.), 1976, *Report of the Inuit Land Use and Occupancy Project*, Ottawa, M.A.I.N., 3 vol., 820 p.
FREMONT A., 1976, *La région, espace vécu*, Paris, P.U.F., coll. "Sup - le géographe", 223 p.
FREUCHEN'S P., 1961, *Book of the Eskimos*, Cleveland / New-York, The World Publishing Company, 441 p.
GOEHRING B., 1992, "Economic Development : movement to employment in the Kitikmeot region of the Northwest Territories", Québec, I.C.A.S.S. 1, 28-31 octobre, communication non publiée, env. 15 p.
GOEHRING B., 1989, *Aboriginal Toponymies in Canada*, Vancouver, University of British Columbia, mémoire de maitrise non publié, 140 p.
GRABURN N.H., 1969, *Eskimos Without Igloos - (Social and Economic Development in Sugluk)*, Boston, Little, Brown et Co., 244 p.
HADDIN, DAVIS & BROWN CO, 1963, *Report on Holman Settlement - N.W.T.*, Ottawa, MANRN, 122 p.
HEHMSOTH - LE MOUEL M., 1992, "Seasonal Alternation of Movement and Stability of Prehistoric Man in the Arctic : an Ethnohistoric Approach to an Archaeological Question", Québec, Université laval, I.C.A.S.S. 1, communication non publiée, env. 15 p.
HEHMSOTH - LE MOUEL M., 1983, "Sites côtiers et sites de l'intérieur de l'île Victoria : complémentarité saisonnière des espaces de prédation", *in* Leroi-Gourhan A. ed., *Séminaire sur les structures d'habitat - Circulation, échanges, le déplacement et le séjour*, Paris, Collège de France, pp. 102-121.
HOLMER N.M., 1967-69, "The Native Place Names of Arctic America", *Names,* 15 et 17, pp. 182-196 et 138-148.

JACKSON M., 1994, "Concepts of Space and Time in Inuit Art", 9ème conférence des *Etudes / Inuit / Studies,* communication non publiée, 12 p.
JACOB C., 1992, *L'empire des cartes - Approche théorique de la cartographie à travers l'histoire,* Paris, Albin Michel, coll. "Bibliothèque Albin Michel Histoire", 537 p.
JENNESS D., 1928, *The people of the twilight,* Chicago / Londres, The University of Chicago Press, (6ème édition, 1972, 250 p.)
JENNESS D., 1924, *Eskimo Folk-lore - Myths and Traditions from Northern Alaska, the Mackenzie Delta and Coronation Gulf, Report of the Canadian Arctic Expedition - 1913-18, Southern Party - 1913-16, Vol. XIII. A,* Ottawa, F.A. Acland, 90 p.
JENNESS D., 1922, *The life of the Copper Eskimo - Report of the Canadian Arctic Expedition 1913-1918 - Southern Party 1913-1916, Vol. XII. A,* Ottawa, F.A. Acland, 277 p.
JENNESS D., 1921, "The Cultural Transformation of the Copper Eskimo", *Geographical Review,* 11, New-York, American Society of Geography, pp. 541-550.
JENNESS D. & ROBERTS H.H., 1946, *Material Culture of the Copper Eskimo, Report of the Canadian Arctic Expedition - 1913-18, Southern Party - 1913-16, Vol. XVI,* Ottawa, Edmond Cloutier, 148 p.
JENNESS D. & ROBERTS H.H., 1925, *Eskimo Songs - Songs of the Copper Eskimos, Report of the Canadian Arctic Expedition - 1913-18, Southern Party - 1913-16, Vol. XIV,* Ottawa, F.A. Acland, 506 p.
JENNESS S.E., 1991, *Arctic Odyssey - The Diary of Diamond Jenness, Ethnologist with the Canadian Arctic Expedition in Northern Alaska and Canada, 1913-1916,* Ottawa, Canadian Museum of Civilization, 859 p.
JUDD D., 1969, "Canada's Northern Policy : Retrospect and Prospect", *Polar Record,* 14, 92, Cambridge (G.B.), Cambridge University Press, pp. 593-602.
KALLUAK M., 1974, *How Kabloonat Became and Other Inuit Legends,* Eskimo Point / Yellowknife, G.N.W.T., Department of Education, Program Development Division et Canarctic Publishing ltd, 141 p.
KAWAGLEY O. A., 1996, "Alaska Native Education Research Requires that We Reach into the Profound Silence of Self to Know", *in* Tennberg M. (dir.), *Unity and Diversity in Arctic Societies,* Rovaniemi, I.A.S.S.A., coll. "Topics in Arctic Social Sciences", pp. 29-36.
KAWAGLEY, 1995, *A Yupiaq Worldview - a pathway to ecology and spirit,* Prospect Heights (E.U.), Waveland Press, 166 p.
KESKITALO A.I., 1994, *Research as an Inter-Ethnic Relation,* Rovaniemi, Arctic Centre - University of Lapland, coll. "Arctic Centre Reports", 11, 31 p.
KLENGENBERG C., 1932, *Klengenberg of the Arctic : An Autobiography,* London, J. Cape.
LE MOUËL J.-F., 1991, "André Leroi-Gourhan et les Eskimo - D'une rive à l'autre", *Le petit journal du Musée de l'Homme,* mars, Paris, Musée de l'Homme, p. 3.
LE MOUEL J.-F., 1978, *"Ceux des Mouettes" - Les Eskimo Naujâmiut, Groenland Ouest,* Paris, Museum National d'Histoire Naturelle, Mémoires de l'Institut d'Ethnologie, vol. XVI, 322 p.
LE MOUEL J.-F. et M., 1986, *The Copper Eskimo Tradition - Music of the Inuit,* Berlin, E.M.I, Musical Atlas, Unesco Collection.

LEROI - GOURHAN A., 1964-65, *Le geste et la parole*, Paris, Albin Michel, coll. "Sciences d'aujourd'hui", 2 vol., 323 et 285 p.
LLOYD H.G., 1974, *Report on Review of Northern Native Relocation Programs*, Ottawa, M.A.I.N., 48 p.
LOWE R., 1991, *Les trois dialectes inuit de l'Arctique canadien de l'Ouest - analyse descriptive et étude comparative*, Québec, GETIC, coll. "Travaux de recherche", 11, 259 p.
LOWE R., 1985, *Kangiryuarmiut Uqauhingita Ilihautdjutikhangit - Basic Kangiryuarmiut Eskimo Grammar*, Inuvik, C.O.P.E., 233 p.
LOWE R., 1983, *Kangiryuarmiut Uqauhingita Numiktittitdjutingit - Basic Kangiryuarmiut Eskimo Dictionary*, Inuvik, C.O.P.E., 241 p.
M.A.N.R.N., 1960, *Eskimo Mortality and Housing*, Ottawa, M.A.I.N.
MAILHOT J., 1978, "L'étymologie de 'Esquimau' revue et corrigée", *Etudes / Inuit / Studies*, 2,2, Québec, Université Laval, pp. 59-69.
MALAURIE J.-N., 1989, "Une autre lecture de l'espace arctique pour une géographie sacrée des lieux", *Ethnologie et Anthropogéographie Arctiques*, 1, Paris, Centre d'Etudes Arctiques, pp. 159-176.
MALAURIE J.-N. (dir.), 1978, *Le Peuple Esquimau Aujourd'hui et Demain : the Eskimo People Today and Tomorrow, 4ème congrès international de la Fondation française d'études nordiques*, Paris, Mouton, 696 p.
MARTINELLI B., 1982, "Toponymie et société - Contribution à l'étude de l'espace communautaire en Basse-Provence", *Etudes Rurales*, 85, Paris, Editions de l'E.H.E.S.S., pp. 9-31.
MAUSS M. et BEUCHAT H., 1904 - 1905, "Essai sur les Variations Saisonnières des Sociétés Eskimo - Etude de Morphologie Sociale", *L'Année Sociologique*, IXème année, Paris, P.U.F., pp. 39-132 (dernière réédition en date 1989, P.U.F, coll. "Quadrige").
McGRAPH R., 1993, "Samuel Hearne and Inuit Oral Tradition", *Studies in Canadian Literature / Etudes en littérature canadienne*, 18,2, University of New Brunswick, pp. 94-109.
McGRAPH R., 1991, "Inuit maps and Inuit Art", *The Inuit Art Enthusiasts Newsletter*, 45, Edmonton, pp. 1-20.
METAYER M., 1973, *Unipkat - Tradition Esquimaude de Coppermine - Territoires du Nord-Ouest - Canada*, Québec, Université Laval, Centre d'Etudes Nordiques, Coll. "Nordicana", 40, 3 vol., 861 p.
METAYER M. & NANOGAK A., 1972, *Contes de mon iglou*, Montréal, Editions du Jour, 127 p.
MÜLLER-WILLE L., 1991, *Toponymic Inquiry and Oral Tradition - The Nuna-Top Method : Surveying Indegenous Geographical Names in Canada, Indegenous Names Surveys*, Montréal, manuscrit non publié, 80 p.
MÜLLER-WILLE L., 1987, *Inuttitut Nunait Atingitta Katirsutauningit Nunavimmi (Kupaimmi, Kanatami) / Gazetteer of Inuit Place Names in Nunavik (Québec, Canada) / Répertoire toponymique Inuit du Nunavik (Québec, Canada)*, Inukjuak, Institut Culturel Avataq, 368 p.

MÜLLER-WILLE L., 1986, "Snow and Ice in Inuit Place Names in the Eastern Canadian Arctic", *Proceedings of the 42nd Eastern Snow Conference*, Montreal, McGill University Press, pp. 55-57.

MÜLLER-WILLE L., 1985, "Une méthodologie pour les enquêtes toponymiques autochtones : le répertoire inuit de la région de Kativik et de sa zone côtière", *Etudes / Inuit / Studies*, 9,1, Québec, G.E.T.I.C., pp. 61-66.

MÜLLER-WILLE L., 1978, "Cost Analysis of Modern Hunting Among the Inuit of the Central Arctic", *Polar Geography*, 2,2, Silverstring (E.U.), V.H. Winston & son, pp. 100-114.

MÜLLER-WILLE L. et WEBER L., 1983, "Inuit Place Name Inventory of Northeastern Québec-Labrador", *McGill Subarctic Research Paper*, 37, Montréal, McGill University, pp. 151-222.

NAHANNI Ph., 1993, "Thoughts on Aboriginal Knowledge", *in* Dorais L.-J et Müller-Wille L. (dir.), *Social Sciences in the North*, Québec, G.E.T.I.C. / I.A.S.S.A., coll. "Topics in Arctic Social Sciences", pp. 23-29.

NAKASHIMA D., 1993, "Astute Observers of the Sea-ice Edge : Inuit knowledge as a basis for arctic co-management", *in* Inglis J.T. (dir.), *Traditional Ecological Knowledge : Concepts and Cases*, Ottawa, IPTEK/IDRC, pp. 99-110.

NAKASHIMA D., 1992, *Les connaissances des autochtones appliquées aux études d'impact environnemental : les Inuit, les eiders et le pétrole de la baie d'Hudson*, Ottawa, CEARC, 27 p.

NAKASHIMA D., 1991, *The Ecological Knowledge of Belcher Island Inuit : a traditional basis for contemporary wildlife management*, Montréal, McGill University, thèse de Ph.D non publiée, 369 p.

NULIGAK et METAYER M., 1966, *I, Nuligak*, Toronto, Peter Martin Associates, 195 p.

OOSTEN J. G., 1983, "The Incest of Sun and Moon : an examination of the symbolism of time and space in two Iglukik myths", *Etudes / Inuit / Studies*, 7,1, Québec, Université Laval, pp. 143-151.

PELLY D.F., 1991, "How Inuit find their way in the trackless Arctic", *Canadian Geographic*, 111,4, Ottawa, Royal Canadian Geographical Society, pp. 58-64.

PETRONE P. (dir.), 1988, *Northern Voices*, Toronto, University of Toronto Press, (édition poche, 1992, 314 p.)

PINCHEMEL Ph. et G., 1988, *La face de la terre*, Paris, Armand Colin, coll. "U", 519 p.

PUNGOWIYI C., 1996, "Inuit Concerns and Arctic Social Sciences", *in* Tennberg M. (dir.), *Unity and Diversity in Arctic Societies*, Rovaniemi, I.A.S.S.A., coll. "Topics in Arctic Social Sciences", pp. 25-28.

QUPPERSIMAAN G., 1992, *Mon passé Eskimo*, Paris, Gallimard, coll. "N.R.F - L'aube des peuples", édité par Sandgreen O., traduit du danois par Enel C., 181 p., (1ère édition en groenlandais, 1972).

RASMUSSEN K., 1932, *Intellectual Culture of the Copper Eskimos - Report of the Fifth Thule Expedition 1921-1924, Vol. IX*, Copenhagen, Gyldendalske Boghandel, Nordisk Forlag, 350 p.

Bibliographie

RASMUSSEN K., 1931, *The Netsilik Eskimo - Social Life and Spiritual Culture - Report of the Fifth Thule Expedition, vol. XIII - 1-2*, Copenhagen, Gyldendalske Boghandel, Nordisk Forlag, 542 p.
RASMUSSEN K., 1929a, *Intellectual Culture of the Iglulik Eskimos - Report of the Fifth Thule Expedition, 1921-1924, vol VII - 1*, Copenhagen, Gyldendalske Boghandel, Nordisk Forlag, 308 p.
RASMUSSEN K., 1929b, *Du Groenland au Pacifique - deux ans d'intimité avec des tribus d'Esquimaux inconnus*, Paris, Plon, 354 p. (traduction, 1ère version danoise 1927 ; réédition française 1994, C.T.H.S.)
RASMUSSEN K. (H. OSTERMANN dir.), 1941, *Alaskan Eskimo Words - Report of the Fifth Thule Expedition, 1921-1924, vol III - 4*, Copenhagen, Gyldendalske Boghandel, Nordisk Forlag, 84 p.
RIEWE R., 1992, *Nunavut Atlas*, Edmonton, Canadian Circumpolar Institute / Tungavik Federation of Nunavut, 259 p.
ROBBE P., 1994, *Les Inuit d'Ammassalik, chasseurs de l'Arctique*, Paris, Museum d'histoire naturelle, coll. "Mémoires du Museum d'histoire naturelle", 159, 389 p.
RUNDSTROM R.A., 1990, "A cultural interpretation of Inuit map accuracy", *The Geographical Review*, 80,2, New-York, American Society of Geography, pp. 155-168.
RUNDSTROM R.A., 1987, *Maps, Man and Land in the Cultural Cartography of the Eskimo (Inuit)*, Kansas City, Université du Kansas, thèse de Ph.D. non publiée, 262 p.
SALADIN D'ANGLURE B., 1978, *La parole changée en pierre - Vie et œuvre de Davidialuk Alasuaq, artiste inuit du Québec arctique*, Québec, Gouvernement du Québec - Ministère des Affaires culturelles - Direction du patrimoine, coll. "Les cahiers du patrimoine", 11, 123 p.
SALADIN D'ANGLURE B., ARIMA E. et NUNGAK Z., 1988, *Inuit stories / légendes Inuit*, Ottawa, Musée canadien des civilisations.
SMITH T., 1979-1980, "How Inuit Trapper-Hunters Make Ends Meet", *Canadian Geographic*, 99,3, Ottawa, Royal Canadian Geographical Society, pp. 56-61.
SMITH T. & WIGHT H., 1989, "Economic Status and Role of Hunters in a Modern Inuit Village", *Polar Record*, 25,153, Cambridge, Cambridge University Press, pp. 93-98.
SONNENFELD J., 1991, "Way-keeping, way-finding, way-losing : disorientation in a complex environment", *National Geographic Journal of India*, 37,1-2, Bénarès, National Geographic Society of India, pp. 147-160.
SPALDING A., 1979, *Eight Inuit Myths / Inuit Unipkaaqtuat Pingasuniarvinilit*, Ottawa, Musée National de L'homme, coll. "Mercure", 59, 102 p.
STASZAK J.-F, 1996, "Ethnogéographie et savoirs géographiques : quelques problèmes méthodologiques et épistémologiques", *Bulletin de l'Association des géographes français*, 1, Paris, Association des géographes français, pp. 39-54.
STEFANSSON V., 1921, *The friendly Arctic - The Story of Five Years in Polar Regions*, New-York, Macmillan, 784 p.
STEFANSSON V., 1913, *My life with the Eskimo*, New-York / Toronto, Macmillan.
TAGOONA A., 1975, *Shadows*, Ottawa, Oberon Press, 60 p.

TERSIS N. et THERRIEN M. (dir.), 1996, *La dynamique dans la langue et la culture inuit - Sibérie, Alaska, Canada, Groenland*, Paris, SELAF, coll. "Arctique", 198 p.
THERRIEN M., 1995, "La notion de dynamique chez les Inuit", *in* Charrin A.-V., Lacroix J.-M. et Therrien M. (dir.), *Peuples des Grands Nords - Traditions et transitions*, Paris, Presses de la Sorbonne Nouvelle / I.N.A.L.C.O., pp. 245-254.
THERRIEN M., 1987, *Le corps Inuit*, Paris, SELAF / PUB, coll. "Arctique", 199 p.
THOMPSON et THOMAS D.K., 1972, *Eskimo Housing as Planned Cultural Change*, Ottawa, M.A.I.N., Northern Science Research Group, "Social Science Notes", 4, 27 p.
TUAN Y.-F., 1977, *Space and Place - The Perspective of Experience*, Londres, Edwards Arnold Ltd., 235 p.
USHER P., 1972, "The Use of Snowmobiles for Trapping on Banks Island", *Arctic*, 25,3, Montreal, Arctic Institute of North America, pp. 171-181.
USHER P., 1972, *Postes de Traite des Pelleteries des Territoires du Nord-Ouest. 1870-1970*, Ottawa, M.A.I.N.
USHER P., 1965, *Economic Basis and Resource Use of the Coppermine - Holman Region*, Ottawa, M.A.N.R.N., 290 p.
USHER P. et WENZEL G., 1988, "Socioeconomic Aspects of Harvesting", *in* Ames R. et al. (dir.), *Keeping on the Land : a Study of the Feasibility of a Comprehensive Wildlife Harvest Support Program in the N.W.T*, Ottawa, Canadian Arctic Resources Committee, pp. 1-52.
VEZINET M., 1974, "La toponymie comme modalité de l'appropriation de l'espace : le cas des Inuit", *Recherches Amérindiennes au Québec*, 4,1, Montréal, pp. 9-11.
WENZEL G., 1991, *Animal Rights, Human Rights - Ecology, Economy and Ideology in the Canadian Arctic*, Toronto, University of Toronto Press, 206 p.
WENZEL G., 1986, "Canadian Inuit in a Mixed Economy : Thoughts on Seals, Snowmobiles and Animal Rights'", *Native Studies Review*, 2,1, pp. 69-82.
WILLIAMSON R.G., 1974, *Eskimo Underground - Social Cultural Change in the Canadian Central Arctic*, Uppsala, Almqvist & Wiksell, coll. "Occasional Papers", 196 p.
ZASLOW M., 1981, *A Century of Canada's Arctic Island - 1880-1980*, Ottawa, Société Royale du Canada.

TABLE DES FIGURES

1 : Vue circumpolaire du territoire des Inuinnait....................................4
2 - La région de *Tatiik*..16
3 - L'Arctique eskimo 24
4 - Territoires des *Natsilingmiut* et des Inuinnait...............................26
5 - La côte Ouest de l'île Victoria...28
6 - Les sous-groupes inuinnait au début du siècle, extension minimale......30
7 - Diagrammes ombro-thermiques d'Holman et de Coppermine..............34
8 - Cycle annuel de la luminosité à Holman......................................35
9 - L'alternance saisonnière des *Kangiryuarmiut* au début du siècle..........38
10 - Ancienne division administrative des T.N.O. : 3 districts..................50
11 - Nouvelle division administrative des T.N.O. : 5 régions 52
12 - Les territoires inuit autonomes du Canada 54
13 - Localisation des lieux nommés par les toponymes inuinnait recueillis 64
14 - Les 6 principales saisons des Inuinnait..80
15 - Les 12 saisons des Inuit du *Nunavik* 81
16 - Schéma théorique de la perception inuinnait du territoire................101
17a - Lieux nommés par des toponymes inuinnait, région de Coppermine .108
17b - Lieux nommés par des toponymes inuinnait, baie de Bathurst..........109
17c - Lieux nommés par des toponymes inuinnait, région d'Holman...........110
18 - Structure de la typologie fondée sur la nature de l'entité nommée......120
19 - Répartition des toponymes par types d'entités nommées 121
Légende des figures 20a, 20b et 20c 124
20a - Localisation des toponymes, typologie 1, région d'Holman 125
20b - Localisation des toponymes, typologie 1, région de Coppermine......126
20c - Localisation des toponymes, typologie 1, baie de Bathurst................127
21 - Structure de la typologie fondée sur le sens des toponymes...............131
22 - Répartition des toponymes par types de sens..................................134
Légende des figures 23a, 23b et 23c 138
23a - Localisation des toponymes, typologie 2, région d'Holman 139
23b - Localisation des toponymes, typologie 2, région de Coppermine......140
23c - Localisation des toponymes, typologie 2, baie de Bathurst................141
24a - Termes principaux de la parenté en inuinnaqtun, ego masculin 174
24b - Termes principaux de la parenté en inuinnaqtun,, ego féminin 175

TABLE DES MATIERES

Introduction 5
Prologue - *Tatiik*, chronique d'un camp d'automne 13
Aller à *Tatiik* 13
Vivre à *Tatiik* 17
Chapitre 1 - Les Inuinnait 21
Les Inuinnait : Un groupe eskimo de l'Arctique central 23
    Une organisation sociale de chasseurs-cueilleurs 25
        Un faible rapport ressources - territoire 25
        Faiblesse numérique et éclatement spatial 27
        Une société non hiérarchisée 31
    L'occupation du territoire : le cycle annuel du nomadisme 33
        "Variations saisonnières" au début du siècle 33
        Un système d'occupation du territoire souple 40
    Territoire, identité et appropriation 43
Des Inuit sous administration allogène 47
    La sédentarisation (1950 - 1965) 48
    L'encadrement administratif 51
    Répartition des Inuinnait en 1992 53
Conclusion 57

Chapitre 2 - Méthodes et sources 59
L'approche des connaissances non discursives 59
    L'observation participante 60
    Enquêtes et entretiens 61
L'enquête toponymique 62
    L'enquête au fil des semaines 63
    Types d'informations recueillies 63
L'analyse de la tradition orale 66
    Sources écrites : trois grands corpus 67
        Les recueils de D. Jenness et K. Rasmussen 67
        Le recueil du Père M. Métayer 67
    Sources orales 69
Conclusion 71

Chapitre 3 - Les connaissances géographiques : des pratiques et des récits 73
Les pratiques : déplacements et activités cynégétiques 73
    Des connaissances techniques 74
        L'orientation 74
        La reconnaissance du terrain 75
        La maîtrise d'un vocabulaire géographique spécifique 77
    La compréhension des écosystèmes 79
    Un espace vécu, une pratique affective 82
Le verbe : la tradition orale 83
    Une explication de l'Univers et de la vie humaine 84
        Cosmogonies 85
        Origines de la vie et de l'humanité 86
        Mise en ordre du monde 88
    Un mode d'emploi du territoire 89
        Explications de configurations topographiques 89
        Recommandations quant à la pratique du territoire 91
    Une géographie de l'espace vécu 95
La perception du territoire : essai de reconstruction 96
    La part du local : un semis de lieux 96
    La part du savoir cynégétique : lignes et surfaces 98
        Des lignes 98
        Des surfaces 99
    La part de la mémoire : de l'espace parcours à l'espace historique 102
Conclusion 104

Chapitre 4 - Les toponymes **104**
Toponymes inuinnait : distribution spatiale et problèmes d'interprétation .. 107
    Répartition spatiale : un semis de lieux distribués entre trois zones 107
    Interpréter les toponymes, paroles d'Inuit 113
        Hypothèse de départ et voix concordantes 113
        Voix discordantes : infirmation de l'hypothèse 114
    Réévaluation du statut des toponymes dans la culture des Inuinnait 116
Typologie 1 : types d'entités nommées 118
    Elaboration 118
    Résultats 119
Typologie 2 : types de toponymes d'après leur sens 128
    Elaboration 128
    Résultats 133
        Une lecture humaine du territoire ? 133
        A propos de la répartition spatiale des types de toponymes 136

    Réflexion critique 142
Conclusion - Quelle distribution des connaissances ? 145

Chapitre 5 - Caractérisation du savoir géographique **149**
Modalités d'organisation du savoir 149
    Une mobilisation conjointe des connaissances géographiques 150
        Connaissances cynégétiques, toponymiques et récits 150
        La part de la pensée magique 151
    Une cristallisation des connaissances en un savoir 153
    L'expression du savoir géographique 155
Les catégories opératoires du savoir géographique 156
    Un espace de relations 157
    Un espace relatif 159
    Un espace subjectif 164
Catégories géographiques, catégories culturelles 166
    La structure de la langue 167
        Une langue de la description, une langue particularisante 168
        Une langue de la relation et de la subjectivité 169
    L'organisme social 171
        Un réseau de relations 171
        Un statut contingent de l'individu 173
Conclusion 178

Chapitre 6 - Mutations contemporaines et savoir géographique **181**
Une société aujourd'hui en profonde mutation : la fin des chasseurs 183
    L'adoption des motos-neige 183
    La multiplication des emplois salariés 185
    Les conséquences de l'interdiction d'importation de peaux de phoque
    par la C.E.E. 189
Vers une atomisation du savoir géographique ? 190
    Transformation du rapport au territoire : de nouvelles pratiques 190
    Crise des modalités traditionnelles de transmission du savoir 193
    Un savoir menacé 195
Vers l'élaboration d'un nouveau savoir géographique ? 197
    Retour aux sources : à la découverte du territoire des Anciens 198
    Un nouveau territoire : le village 200
    Investissement de nouveaux espaces : territoires réels et virtuels 200
Conclusion 203

Conclusion **205**

Annexe 1 - Traduction des toponymes **213**

Annexe 2 - A propos des sources et des méthodes **231**
L'observation participante 231
Les enquêtes par questionnaires 232
Les entretiens directifs, semi-directifs et libres 233
L'enquête toponymique 234
    Le relevé et la reconnaissance des toponymes autochtones 234
    L'organisation de l'enquête 235
        Le traducteur 236
        Le déroulement de l'enquête 237
    L'enregistrement et le traitement des données 238
    Construction d'une représentation cartographique 238
Permis de recherche 239

Bibliographie **241**

Table des figures **250**

(d'après Ohoveluk, Holman)

646113 - Mars 2016
Achevé d'imprimer par